백인의 취약성

백인의 취약성

왜 백인은 인종주의에 대해 이야기하기를
그토록 어려워하는가

로빈 디앤젤로 지음 | 이재만 옮김

책과함께

유아기부터 거행하는, 백인 우월주의를 우러르는 이런 의례는 자각적 정신에서 잊히고 근육 깊이 파고들어… 결국 떼어낼 수 없게 된다.

— 릴리언 스미스Lillian Smith, 《꿈의 살인자들Killers of the Dream》(1949)

WHITE FRAGILITY

차례

추천사_ 카이저 소제, 비욘세, 증인 보호 프로그램 (마이클 에릭 다이슨) 9

머리말 15

서론_ 우리는 여기서 저기로 갈 수 없다 23

제1장 백인에게 인종주의에 대해 이야기할 때 부딪히는 난제들 31

제2장 인종주의와 백인 우월주의 45

제3장 시민권 운동 이후의 인종주의 83

제4장 인종은 백인의 삶에 어떻게 영향을 주는가 103

제5장 좋은/나쁜 이분법 133

제6장 반反흑인성 161

제7장 백인의 인종적 방아쇠 177

제8장 그 결과: 백인의 취약성 189

제9장 행동으로 나타나는 백인의 취약성 201

제10장 백인의 취약성과 관여의 규칙 215

제11장 백인 여성의 눈물 227

제12장 우리는 여기서 어디로 가야 하는가 239

감사의 말 265

옮긴이의 말 267

교육을 지속하기 위한 자료 271

주 275

일러두기

- 이 책은 Robin DiAngelo의 *White Fragility: Why It's So Hard for White People to Talk about Racism* (Dystel & Goderich Literary Management, 2018)을 완역한 것이다.
- 지은이가 강조한 부분은 굵은 글씨로 표시했다.
- 옮긴이가 한국어판을 읽는 독자의 이해를 돕고자 덧붙인 해설은 괄호에 '옮긴이'를 표기해 구분했다.
- 특정 사건명에 피해자 이름이 명기된 경우 원서의 표기를 따르되, 따옴표를 붙여 표기했다(예: '트레이본 마틴 사건').
- 인명·지명 등은 국립국어원 외래어표기법을 따랐다.

카이저 소제, 비욘세,
증인 보호 프로그램

마이클 에릭 다이슨Michael Eric Dyson

인종, 그리고 인종주의에 대한 은유는 하나로는 부족할 것이다. 어쨌거나 인종과 인종주의는 지극히 복잡한 힘이기 때문이다. 우리에게는 문화의 각기 다른 영역에서나마 현명한 언어적 분업을 통해 협력하는 여러 은유가 필요하다. 인종은 조건이다. 질병이다. 신분증이다. 전염병이다. 원죄다. 미국 역사 거의 내내 인종은 흑인 문화의 쟁점이었고, 인종주의는 흑인의 짐이었다. 흑인 외에 다른 모든 유색인도 똑같은 문제에 시달려왔다. 그렇지만 백인성whiteness은 줄곧 상수였다. 인종 방정식에는 매력적인 다른 은유도 있다. 바로 백인성은 변하지 않는 변수라는 것이다. 아미리 바라카Amiri Baraka의 울림 있는 표현을 빌려 이 은유를 바꾸자면, 백인성은 "변화하는 동일성", 즉 어디에서든 늘 꼭대기에 머무르는 매우 유연하고 유동적인 힘이다. 어떤 의미에서 백인성은 지배의 수단인 동시에 목표이며, 가장 순수한 형태의 백인성은 가장 거대한 환상 속에서 결코 끝나지 않는 지배의 핵심이기도 하다.

　물론 인종의 나머지 측면과 마찬가지로 백인성은 하나의 허구, 학계의 전문용어로 말하자면 사회적 구성물, 즉 그 본질이 아니라 효과 때문에 사람들이 꾸준히 경험하면서 동의하게 되는 신화다. 그런데 백인성은 여기서 한 걸음 더 나아간다. 백인성은 그 존재를 부인당할 때 오히려 가장 유용한 하나의 정체성 범주다. 이것은 백인성의 일그러진 특성이다. 백인성은 "악마의 가장 절묘한 속임수는 자신이 존재하지 않음을 당신에게 납득시킨다는 것이다"라는 샤를 보들레르Charles Baudelaire의 경고를 구현하고 있다. 또는 영화 〈유주얼 서스펙트〉에서 등장인물 카이저 소제의 또 다른 자아가 말하는 대로 "악마가 구사한 최고의 속임수는 자신이 존재하지 않는다는 것을 온 세상에 납득시킨 것이다." 악마. 인종주의. 또 다른 은유. 결국은 같은 것들.

　로빈 디앤젤로는 이 책에서 복음주의자들—그리고 래퍼 릭 로스Rick Ross와 제이 지Jay-Z—의 말마따나 "악마는 거짓말이다"라고 선언한다. 백인성은 인종과 마찬가지로 **참**이 아닐 것이다. 백인성은 생리학적 구조나 유전자나 염색체에 새겨진, 생물학적으로 유전되는 특성이 아니다. 그러나 사회, 권리, 재화, 자원, 특권의 토대를 이루어왔다는 점에서 백인성은 **현실**이다. 디앤젤로

는 거명되기를 원하지 않는 백인성을 거명하고, 인류애라는 위
장복을 입은 백인성을 발가벗기고, 미국인 행세를 하는 백인성의
정체를 드러내고, 가시적 비가시성 속에 숨는 편을 더 좋아하는
백인성을 무대의 중앙으로 불러낸다.

　백인성을 해체하고 탈신화화하려는 사람은 수사학자 겸 기호
학자인 것만으로 충분하지 않다. 그 일을 해내려면 정치적인 것
과 사회적인 것의 마법사, 정신적인 것과 심리적인 것의 연금술
사이기도 해야 한다. 인종주의적 고정관념을 떨쳐버리고 백인의
우월주의, 백인의 특권, 백인의 거짓말과 싸워온 풍성한 역사—
대개 미국 흑인의 어둡고 비옥한 땅 깊은 곳에 묻혀 있던 역사
—를 불러내야 한다. 이 책에서 디앤젤로는 수많은 흑인이 오랫
동안 생각하고 믿고 말해왔지만 너무나 예민한 귀와 너무나 취
약한 영혼을 가진 백인에게는 들리지 않았던 이야기를 그들 백
인에게 말한다는 사실을 자각하고 있다.

　디앤젤로는 양심을 흔드는 외침으로 중요한 반인종주의 백인
사상가들의 대열에 합류한다. 무엇보다 중요한 점은 그녀가 같
은 백인 형제와 자매의 양심을 흔든다는 것이다. 백인의 취약성
white fragility은 진정으로 생산적인 개념이다. 우리로 하여금 백인
이 그들 자신의 백인성을 어떻게 이해하고 있는지, 그리고 백인
성이 아주 오랫동안 인종 탐지기에 걸리지 않은 이유를 설명해달
라는 요구에 그들이 얼마나 방어적으로 반응하는지를 더 깊게 생
각하도록 자극하는 결정적인 개념이다. 디앤젤로는 랭스턴 휴스

Langston Hughes가 말한 "백인의 방식들"을 끊임없이 현명하고도 통렬하게 공격한다. 그러면서도 그녀는 사회적 운명과 정치적 처방의 뒤엉킨 가닥들, 즉 백인의 정체성을 도덕적 중립성과 문화적 보편성에 묶어놓는 가닥들을 풀어낼 때는 명민하며 감상에 젖지 않는다.

디앤젤로는 백인성이 국가적 정체성이 되어가는 추세에 용감하게 도전한다. 최근에 비욘세는 "인종주의가 얼마나 미국적인가 하면, 우리가 인종주의에 항의할 때면 누군가는 우리가 미국에 항의한다고 생각한다"라고 말했다. 디앤젤로는 비욘세가 옳다는 것을, 백인의 정체성이 미국인의 정체성이 되어가는 흐름—인종주의적 신념이 국가적 신념이 되어가는 흐름—에 정면으로 맞서 미국인이라는 것이 곧 백인이라는 의미는 아니라고, 적어도 완전히 그런 의미는 아니고 주로 그런 의미인 것도 아니라며 목청껏 주장해야 한다는 것을 입증해 보인다. 이 나라의 집단적 자기이해는 그보다 훨씬 더 복잡하다. 디앤젤로는 능수능란한 솜씨로 정체성 정치가 해악이라는 관념을, 적어도 유색인종이나 여성을 포함한 정체성 정치가 문제라는 생각을 분해한다. 그리고 정체성 정치가 아닌 다른 무언가 위에 백인의 인종 카드로 집을 지을 수 있다거나 지어야 한다는 전제를 날려버린다.

디앤젤로는 우리로 하여금 모든 정치의 관건이 줄곧 여러 정체성이었다는 것, 그리고 이들 정체성이 우리가 상황을 바로잡으려 애쓰다가 엇나간 과정—여러 정체성을 걸핏하면 백인의 정체성으로 바꾸려 한 과정—의 결정적 특징이라는 것을 직시하게 한다. 민주주의든 진리든 정의든 평등이든 간에 각각에 붙어 있는 정체성을 거명할 수 없다면, 이것들이 초래하는 해악 역시 거명할 수 없다. 예컨대 미국의 역사 거의 내내 이성애자 백인 남성이 담당해온 증인 보호 프로그램은 그들의 정체성을 지키고 그들의 범죄를 사면하는 동시에 그들에게 과거의 거추장스러운 걸림돌과 죄에서 자유로운 미래를 제공하는 기능을 해왔다.

로빈 디앤젤로는 새로운 인종 보안관이다. 그녀는 인종적 사법 절차에 기존과 다른 법과 질서를 적용한다. 혜택과 이점, 실수와 잘못을 직시하기를 거부하는 백인성을 감싸지 않고 오히려 부당하게 비방당하는 사람들의 인간성을 옹호하는 동시에 자격 없이 칭송받는 사람들의 위법행위를 폭로하려 한다.

백인의 취약성은 이 시대에 필요한 개념이다. 백인의 상한 감정, 부서진 자아, 우려스러운 정신, 초조한 신체, 짓눌린 정서를 나타내는 개념이다. 실제로 백인의 고통은 그들이 백인이라는 사실을 인정하는 데서 온다. 다시 말해 백인성이 그들이 살아가는 데 큰 도움을 주는 동시에 다른 사람들의 꿈을 깨부순다는 것, 백인성이야말로 그들이 국가에 해롭다고 주장하는 정체성 정치의 가장 분명한 사례라는 것, 그들이 살아가면서 백인성에 의지하지 않았더라면 능력껏 빠르게 성장할 수 있었을 텐데 백인성 때문에 그럴 가능성을 차단당했다는 것을 인정하는 데서 온다. 이 책은 활기차고 아름다운 필독서이자, 모든 곳의 백인에게 백인성을 있는 그대로 보고 당장 상황을 개선할 기회를 붙잡으라고 권유하는 외침이다. 로빈 디앤젤로는 백인의 버팀목들을 모두 걷어치우고서, 이제 성숙한 자세로 백인이 만들어온 세계를 직시하는 한편 백인의 특권도, 보호책도 갖지 못한 사람들을 위해 세계를 바꾸는 데 힘을 보탤 것을 요구한다.

머리말

정체성 정치

미국은 모든 사람이 평등하게 태어났다는 이념에 기초해 건국
되었다. 그러나 이 나라는 처음부터 아메리카 토착민을 학살하
고 그들의 땅을 강탈하려 했다. 미국의 부는 납치해 노예로 만든
아프리카인과 그들 후손의 노동으로 쌓아올린 것이었다. 여성은
1920년까지 투표권을 갖지 못했고, 흑인 여성은 1965년까지 그
권리를 얻지 못했다. **정체성 정치**라는 용어는 특정 집단이 평등
을 위해 투쟁할 때 맞닥뜨리는 장벽에 초점을 맞추는 정치를 가
리킨다. 우리는 아직까지 건국 이념을 실현하지 못했지만 무언
가를 이루어내긴 했으며, 그 성과는 정체성 정치를 통해 달성한

것이다.

이 나라에서 권력의 자리에 앉은 사람들의 정체성은 줄곧 눈에 띄게 비슷했다. 그들은 백인, 남성, 중간계급 혹은 상층계급, 비장애인이었다. 이 사실을 인정하는 것을 정치적 올바름으로 일축할지도 모르지만, 그래도 사실이다. 권력의 자리에서 내리는 결정은 그곳에 없는 사람들의 삶에 영향을 준다. 그 자리에 앉는 사람들이 다른 사람들을 꼭 의도적으로 배제하는 것은 아니다. 우리가 배제를 의도하지 않더라도 우리의 행위는 배제로 귀결될 수 있다. 누구에게나 편향이 있으므로 암묵적인 편향이 언제나 작용하긴 하지만, 불공평은 그저 집단의 균질성 때문에 생길 수도 있다. 가령 당신이 장벽을 마주하고 있음을 내가 알지 못한다면 나는 그 장벽을 보려 하지 않을 것이고, 그것을 제거할 생각은 더더욱 하지 않을 것이다. 또 그 장벽이 내게 어떤 이점을 제공한다면, 나로서는 그것을 없앨 마음을 먹지 않을 것이다.

여성의 투표권, 미국 장애인법, 타이틀 9(1972년 미국 교육수정법의 일부로서 교육 과정의 성차별을 없애기 위해 제정되었다―옮긴이), 연방 차원의 동성결혼 인정 등 시민권의 영역에서 우리가 이루어낸 모든 진보는 정체성 정치를 통해 달성한 것이다. 2016년 대통령 선거에서 핵심 쟁점은 백인 노동계급이었다. 이것들은 모두 정체성 정치가 분명하게 드러난 사례다.

여성의 투표권을 따져보자. 만약 당신이 여성이라서 투표권을 인정받지 못한다면, 당연히 스스로에게 투표권을 부여할 수 없다. 그리고 분명히 당신에게 투표권을 부여하려는 방안에 찬성 투표할 수도 없다. 남성이 여성을 투표에서 배제하는 모든 절차뿐 아니라 그런 배제를 뒤집을 수 있는 모든 절차까지 통제한다면, 여성은 남성에게 공정성을 요구할 수밖에 없다. 당신은 여성과 남성을 거명하지 않고는 여성의 투표권에 대해, 그리고 남성이 여성에게 투표권을 부여해야 할 필요성에 대해 대화할 수 없다. 장벽에 부딪힌 집단을 거명하지 않는다면 이미 투표권을 가진 집단에게 유리할 뿐이다. 투표권을 통제하는 집단이 누리는 권리를 보편적인 권리로 가정하는 셈이다. 예컨대 우리는 1920년에 여성에게 투표권이 부여되었다고 배우면서도, 완전한 투표권을 얻은 집단은 백인 여성뿐이었다는 사실이나 그 권리를 부여한 것이 백인 남성이라는 사실을 간과한다. 1960년대에 이르러서야 모든 여성이 인종에 상관없이 투표할 권리를 부여받았다. 권리를 가진 사람들과 갖지 못한 사람들을 거명하는 행위는 불의에 도전하는 우리의 노력을 인도하는 지침이다.

당당히 말하건대 이 책은 정체성 정치에 뿌리박고 있다. 나는 백인이며 이 책에서 백인의 집단역학을 다룬다. 나는 주로 백인 독자를 염두에 두고 썼다. 내가 **우리**라고 말할 때 그것은 백인 집단을 가리킨다. 이 용법이 백인 독자들에게 거슬릴지도 모르겠다. 우리는 인종적 관점에서 우리 자신이나 같은 백인에 대해 생각해보라는 요청을 좀처럼 받지 않기 때문이다. 하지만 우리는 그런 불편함을 회피하지 않고 오히려 백인 정체성을 비판적으로 검토하기 위한 체력을 기르는 계기—백인의 취약성에 필요한 해독제—로 삼을 수 있다. 이런 노력은 정체성 정치에 뿌리박은 또 다른 문제를 드러낸다. 다시 말해 나는 백인으로서 주로 백인 청중에게 말함으로써 또다시 백인과 백인의 목소리에 초점을 맞추게 된다. 나는 이 딜레마를 우회할 길을 찾지 못했는데, 백인 집단의 내부자인 덕에 백인의 경험에 대해 부인하기 어려울 만한 방식으로 말할 수 있는 것은 사실이기 때문이다. 요컨대 나는 백인의 목소리에 초점을 맞추면서도 나의 내부자 지위를 활용해 인종주의에 도전한다. 나의 위치를 이런 식으로 활용하지 않는 것은 곧 인종주의를 옹호하는 것이며, 그것은 용납될 수 없다. 나는 '내부자 겸 외부자'로 살아갈 수밖에 없다. 나는 결코 내 목소리만 들어야 한다고 주장하지 않을 것이다. 내 목소리는 수수께끼 전체를 푸는 데 필요한 많은 조각들 중 하나일 뿐이다.

스스로를 백인으로 의식하지 않는 사람들 또한 백인과 인종주의에 대해 이야기하는 것이 무척이나 어려운 이유를 이해하는 데 이 책이 도움이 된다고 생각할 것이다. 이 사회에서 성공하고자 하는 유색인이라면 백인의 자의식을 어느 정도 이해하지 않을 수 없지만, 지배 문화의 그 무엇도 유색인들의 이해를 확인해주지 않고, 그들이 백인과 소통할 때 느끼는 좌절감을 인정해주지도 않는다. 나의 이 탐구가 유색인의 인종 간 경험을 확인해주고 약간의 유익한 통찰을 제공하기를 바란다.

이 책은 미국과 서구(미국, 캐나다, 유럽)의 전반적인 맥락을 살펴본다. 다른 사회정치적 환경들 내부의 미묘한 차이와 편차는 다루지 않는다. 그렇지만 서구의 패턴은 오스트레일리아, 뉴질랜드, 남아프리카공화국 같은 다른 백인 정착민 사회에서도 관찰되었다.

혼혈인 사람들은?

이 책에서 나는 줄곧 인종주의는 매우 복잡하고 미묘하며 이를 고려하면 우리의 학습을 결코 완결하거나 종결할 수 없다고 주장한다. '백인'과 '유색인'이라는 인종 범주를 사용하는 방식 자체가 인종주의의 복잡성을 예증한다. 나는 **백인**과 **유색인**이라는 용어를 사용해 거시적 수준에서 사회적으로 인식되는 인종 위계의 두 부분을 가리킨다. 그러나 두 용어를 사용함으로써 나는 개인 간의 엄청난 편차를 무시하는 셈이 된다. 그리고 나는 (제1장에서 설명하는 이유들 때문에) 일시적으로 개성을 유보한 채 집단 정체성에 초점을 맞추는 것이 백인에게 유익하다고 믿기는 하지만, 이와 같은 행위가 유색인에게는 매우 다른 영향을 주게 된다. 특히 혼혈인은 백인/유색인 이분법 범주에서 불만스러운 '중간'으로 남게 된다.

혼혈인은 인종 구성물과 경계에 도전하는 까닭에 인종 범주에 깊은 의미가 있는 사회에서 독특한 곤경에 직면한다. 지배적 사회는 혼혈인에게 신체 면에서 가장 비슷한 인종의 정체성을 부여할 테지만, 그들 내면의 인종 정체성은 그렇게 부여받은 정체성과 일치하지 않을 수 있다. 일례로 음악가 밥 말리Bob Marley는 혼혈인이었음에도 사회는 그를 흑인으로 여겼고, 따라서 그를 마치 흑인인 양 대했다. 혼혈인의 인종 정체성이 모호할 때, 그는 스스로를 설명하고 '어느 한쪽을 선택하라'는 압력에 끊임없이 시달릴 것이다. 혼혈인의 인종 정체성은 부모의 인종 정체성과 그가 자란 공동체의 인종 인구 통계 때문에 더욱 복잡해진다. 예컨대 어떤 아이가 흑인처럼 보이고 흑인으로 간주될지라도 주로 백인 부모 밑에서 자랐을 수 있고, 따라서 백인이라는 자의식이 더 강할 수 있다.

백인으로 '통하는'—백인으로 받아들여지는—사회적 역학도 혼혈인의 정체성에 영향을 줄 텐데, 그런 혼혈인은 사회에서 백인성의 보상을 받을 것이기 때문이다. 그렇지만 백인으로 통하는 혼혈인은 그렇게 통하지 못하는 유색인의 분노와 배척을 경험할지도 모른다. 또 혼혈인은 '진짜' 유색인이나 '진짜' 백인으로 보이지 않을 수도 있다('통하다passing'라는 표현은 백인으로서 사회에 섞여드는 능력을 가리키며, 유색인으로 통하는 능력을 가리키는 대응 표현은 없다는 것은 주목할 만한 사실이다. 이 사실은 인종주의적 사회에서 사람들이 언제나 백인으로 여겨지기를 바라며 유색인으로 여겨지기를 바라지 않는다는 것을 잘 보여준다).

　나는 혼혈인 정체성의 복잡성을 공정하게 다루지 못할 것이다. 하지만 백인의 취약성과 씨름해야 하기에 혼혈인에게 **현저성** saliency 개념을 제안하고자 한다. 우리 개개인은 서로 교차하는 다수의 사회적 위치를 점하고 있다. 나는 백인이지만 동시에 시스젠더 여성, 비장애인, 중년이기도 하다. 이 정체성들은 서로를 상쇄하지 않으며 맥락에 따라 각각 어느 정도 두드러진다. 가령 어느 집단에서 내가 유일한 여성이라면 나의 정체성 가운데 젠더가 매우 두드러질 가능성이 높다. 또 내가 한 명만 유색인이고 나머지는 모두 백인인 집단에 있다면, 나의 정체성 가운데 인종이 가장 두드러질 공산이 크다. 이 책을 읽으면서 무엇이 여러분의 경험에 호소하고 무엇이 호소하지 않는지, 또 어떤 맥락에서 그러한지 판단하는 것은 여러분의 몫이다. 나의 바람은 여러분이 스스로를 백인으로 의식하는 사람들이 인종을 주제로 대화하는 것을 그토록 어려워하는 이유에 대한 통찰 그리고/또는 일상생활에서 요동치는 인종의 바다를 항해할 때 여러분 자신이 어떤 인종적 반응을 보이는지에 대한 통찰을 얻는 것이다.

우리는 여기서
저기로 갈 수 없다

나는 백인 여성이다. 지금 흑인 여성 옆에 서 있다. 우리 앞에는 백인 집단이 앉아 있다. 우리는 그들 고용주의 의뢰를 받아 그들의 직장에서 인종을 주제로 하는 대화를 이끌려는 참이다. 방 안은 긴장감으로 가득하고 적대감으로 팽팽하다. 방금 나는 백인이 유색인에 대한 사회적·제도적 권력을 쥐고 있음을 인정하는 것을 포함하는 인종주의 정의를 제시했다. 한 백인 남성이 주먹으로 탁자를 쾅쾅 내리친다. 그렇게 치면서 "백인은 더 이상 일자리를 얻지 못해!"라고 고함을 지른다. 나는 주위를 둘러본다. 직원 40명 가운데 38명이 백인이다. 이 백인 남성은 왜 이토록 화가 났을까? 자신의 분노가 끼치는 영향에 왜 이토록 무심할까? 이렇게 쏟아내는 감정이 같은 공간에 있는 소수의 유색인에게 끼치는 영향을 왜 알아채지 못할까? 다른 백인들은 왜 그에게 암묵적으로 동의하며 가만히 앉아 있거나 딴청을 피우고 있을까? 이제 겨우 인종주의의 정의를 말했을 뿐인데.

북미의 백인은 인종 분리와 불평등이 심한 사회에서 그에 따른 혜택을 받으며 살아간다. 그 결과 우리는 인종 스트레스로부터 차단되는 동시에 우리에게 이점을 누릴 권리와 자격이 있다고 생각하게 된다. 우리가 지배하는 사회에서 인종으로 인한 불편함을 거의 겪지 않기에 이제까지 우리는 인종 체력을 기를 필요가 없었다. 우리는 사회화 과정에서 우리가 의식하지 못하거나 결코 인정하지 않는 우월의식을 내면화하게 되고, 결국 인종에 관한 대화에 매우 취약하게 된다. 우리는 우리의 인종적 세계관에 대한 도전을 선량하고 도덕적인 사람들이라는 우리 자신의 정체성에 대한 도전으로 간주한다. 그런 이유로 우리는 인종주의 체제와 우리를 연관짓는 모든 시도를 마음을 어지럽히는 부당한 도덕적 모욕으로 여긴다. 아무리 적은 인종 스트레스라도 우리는 견디지 못한다. 이 사회에서 백인이라는 것에 의미가 있다고 암시하기만 해도 대개 일군의 방어적 반응을 보인다. 그런 반응에는 분노, 두려움, 죄책감 같은 감정과 논쟁하기, 침묵하기, 스트레스를 유발하는 상황에서 벗어나기 같은 행동이 포함된다. 우리 백인은 이런 반응으로 도전을 물리쳐 균형을 회복하고, 인종적 편안함을 되찾고, 인종 위계에서의 우위를 유지한다. 나는 이 과정을 **백인의 취약성**으로 개념화한다. 백인의 취약성을 촉발하는 것은 불편함과 불안이지만, 이것을 낳는 것은 백인이 우월하고 권리를 누릴 자격이 있다는 의식이다. 백인의 취약성은 그 자체로는 약점이 아니다. 실은 인종을 통제하고 백인의 이점을 보호하는 강력한 수단이다.

백인이 인종적 불편함에 보이는 반응들의 익숙한 패턴을 백인의 취약성으로 요약하는 나의 시도에 많은 이들이 공감했다. 이런 민감한 반응이 너무도 익숙한 까닭은 우리가 저마다 다른 서사를 가지고 있으면서도 모두 같은 인종 바다에서 헤엄치고 있기 때문이다. 나의 경우에는 직업 활동을 통해 이 점을 깨달았다. 나는 흔치 않은 직업을 가지고 있다. 매일 인종에 대해 토론하는 자리에서 주로 백인 청중을 이끄는 일, 우리 대다수가 무슨 수를 써서라도 피하고 싶어 하는 일이다.

당시 다양성 훈련사라고 불리는 직업을 시작한 초기에 나는 백인이라면 어떤 식으로든 인종주의와 관련이 있다는 말에 수많은 백인이 몹시 화를 내고 방어적으로 나오는 모습에 꽤 당황했다. 그들은 인종주의에 관한 워크숍에 참석해야 한다는 사실 자체에 분개했다. 그들은 화가 난 채로 워크숍장에 들어와서는 탁자에 공책을 탁 내려놓고 활동에 참여하기를 거부하고 모든 논점을 조목조목 반박하는 식으로 온종일 자기네 감정을 드러냈다.

나는 인종주의처럼 복잡한 사회적 역학에 관해 배우는 일에 분개하거나 무관심한 그들을 이해할 수 없었다. 이런 반응은 특히 그들의 직장에 유색인이 거의 또는 아예 없을 때, 그리고 워크숍을 함께 진행하는 나의 유색인 동료들로부터 배울 기회가 있을 때 당혹스럽게 느껴졌다. 나는 그런 환경에서 인종주의에 관한 교육 워크숍이 환영받을 것이라고 생각했다. 어쨌든 직장에 다양성이 부족하다는 사실은 어떤 문제가 있다는 것, 또는 적어도 어떤 시각이 결여되어 있다는 의미가 아니겠는가? 또 참가자들은 인종 간 교류가 부족한 탓에 인종에 관해 잘 모르지 않겠는가?

몇 년 후에야 나는 이런 반응의 이면을 보게 되었다. 처음에 나는 그들에게 겁을 먹었고, 그들 때문에 주춤거리고 조심하고 말수를 줄였다. 하지만 시간이 갈수록 인종에 대해 토론하거나 유색인의 말을 들어야 하는 상황에 분노하고 저항하는 이런 반응의 이면을 보기 시작했다. 나는 다양한 참가자들의 한결같은 반응을 관찰했다. 예컨대 교외의 백인 동네에 거주하고 유색인과 지속적인 관계를 맺지 않는 백인 참가자들은 대부분 자신에게 인종 편견이나 적대감이 없다고 확신했다. 다른 참가자들은 인종주의를 좋은 사람들 대 비열한 사람들의 문제로 일축해버렸다. 대다수는 1865년 노예제 폐지와 함께 인종주의가 끝났다고 믿는 듯했다. 백인이라는 것에 의미가 있다고 암시하기만 해도 마치 무릎반사처럼 방어적 반응을 보이는 동시에 이 사회에서 백인인 것이 조금이라도 유리하다는 점을 인정하기를 거부했다. 대다수 참가자들은 오늘날 백인이 억압받는 집단이라고 주장했고, 소수집단 우대 정책으로 보이는 모든 조치에 몹시 분개했다.

이런 반응들이 너무나 예측 가능했던 터라 나는 그들의 저항을 개인적인 일로 받아들이기를 멈추고 나 자신의 갈등 회피에서 벗어나 그들의 반응 이면에 무엇이 있는지 곰곰이 생각할 수 있었다.

나는 내가 백인성의 기둥들—우리의 인종적 반응을 떠받치는 검증되지 않은 믿음들—이라고 생각하는 것을 보기 시작했다. 나쁜 사람들만 인종주의자라는 믿음의 힘뿐 아니라, 개인주의 덕에 백인이 어떻게 스스로를 사회화의 구속력에서 벗어난 존재로 여기는지도 볼 수 있었다. 인종주의를 개개인이 저지르는 개별 행위로만 치부하고 상호 연관된 복잡한 체제로 생각하지 않도록 우리에게 가르치는 방식을 볼 수 있었다. 그리고 유색인을 향해 분노를 표출하는 수많은 백인을 보면서 우리가 유색인보다 더 많은 권리를 가질 자격이 있다고 생각한다는 것을 깨달았다. 우리에게 이로운 체제에 투자하는 우리의 모습도 보았다. 또 우리가 이 모든 점을 부인하기 위해 얼마나 애쓰는지, 이런 역학이 거명될 때면 얼마나 방어적으로 나오는지를 보았다. 요컨대 나는 우리의 방어적 태도가 어떻게 현재 인종 상황을 유지하는지를 보았다.

나 자신의 인종주의에 대한 반성, 미디어를 비롯한 문화의 여러 측면에 대한 한층 비판적인 견해, 명석하고 끈기 있는 유색인 멘토들의 시각 등은 모두 인종주의의 기둥들이 어떻게 유지되는지 알아채는 데 도움을 주었다. 내가 나쁜 사람만이 인종을 이유로 타인에게 상처를 입히려 한다고 믿는다면, 내가 인종주의에 관여한다고 누군가 암시하기만 해도 분노 반응을 보일 것이 분명했다. 그렇게 믿을 경우 나는 억울하다고 느낄 것이고, 당연히 나의 인격을 변호하고 싶을 것이다(그리고 분명히 나 자신도 이렇게 반성할 만한 방식으로 반응한 순간이 많이 있었다). 나는 우리가 인종주의에 관해 배우는 방식 탓에 백인이 인종주의를 이해하기란 사실상 불가능하다는 것을 알게 되었다. 우리의 인종적 분리에 잘못된 정보가 더해진 결과, 우리는 백인이 인종주의의 공범임을 암시하는 모든 말을 체제를 겨냥하는 일종의 달갑지 않고 모욕적인 충격으로 받아들인다.

그렇지만 인종주의를 나 자신을 사회화시킨 체제로 이해할 경우, 문제가 있는 나의 인종적 패턴에 대한 피드백을 배움과 성장을 자극하는 유익한 의견으로 받아들일 수 있다. 백인이 가장 두려워하는 사회적 상황 중 하나는 우리의 말이나 행동이 인종적으로 문제가 있다는 소리를 듣는 것이다. 그럼에도 누군가가 우리에게 방금 당신이 그런 언행을 했다고 알려줄 때, 우리는 대개 감사하고 안도하기는커녕(어쨌든 이제 문제가 있음을 알았으니 다음에는 그렇게 하지 않을 것이다) 분노하고 부인한다. 그런 순간은 비록 일시적으로는 고통스러울지라도 귀중한 경험이 될 수 있으며, 그런 경험을 한 뒤에야 우리는 인종주의를 피할 수 없다는 사실, 그리고 문제 있는 인종적 전제와 행동에서 완전히 벗어나기란 불가능하다는 사실을 받아들일 수 있다.

내가 이 책에서 묘사하는 행동을 하는 백인들 가운데 그 누구도 스스로를 인종주의자로 여기지 않을 것이다. 오히려 십중팔구 스스로를 인종 문제에서 진보적인 사람으로 여길 것이고, 인종주의에 가담한다는 모든 혐의를 완강히 부인할 것이다. 그럼에도 그런 모든 반응은 백인의 취약성을 잘 보여주고, 백인의 취약성이 어떻게 인종주의를 유지하는지 드러낸다. 그런 반응은 스스로를 포용력이 있으므로 인종주의적이지 않은 사람으로 여기는 백인 때문에 유색인이 나날이 견뎌야 하는 좌절감과 굴욕감을 더욱 키운다. 이 책은 우리들, 즉 (자각적 의도와 달리) 걸핏하면 유색인의 삶을 힘들게 만드는 백인 진보주의자들을 위한 책이다. **나는 백인 진보주의자들이 유색인에게 일상적 피해를 가장 많이 입힌다**고 믿는다. 나는 백인 진보주의자를 자신은 인종주의적이지 않다고, 또는 덜 인종주의적이라고, 또는 '전향자'라고, 또는 이미 '다 알고 있다'라고 생각하는 모든 백인으로 규정한다. 백인 진보주의자가 유색인을 가장 힘들게 할 수 있는 이유는, 스스로 다 알고 있다고 생각하는 만큼 우리가 알고 있음을 다른 사람들에게 납득시키는 데 에너지를 쓸 것이기 때문이다. 그리하여 남은 생애 동안 해야 할 일들, 이를테면 자신을 꾸준히 성찰하기, 계속 배우기, 관계 맺기, 반인종주의적 행동 실천하기 등에 에너지를 쓰지 않을 것이다. 백인 진보주의자는 실제로 인종주의를 지탱하고 영속화하면서도 방어적 태도와 확신 때문에 얼마나 그렇게 하고 있는지를 스스로 설명하지 못한다.

인종주의는 이 나라가 건국된 후부터 줄곧 가장 복잡한 사회적 딜레마 중 하나였다. 우리가 생각하는 생물학적 인종이 없긴 하지만(제2장 참조), 사회적 구성물로서의 인종은 매우 중요하고 우리 삶의 모든 측면에 영향을 끼친다.[1] 인종은 우리가 출산 과정에서 살아남을지, 어디에 거주할 가능성이 가장 높은지, 어느 학교에 다닐지, 어떤 친구와 배우자를 만날지, 어떤 경력을 쌓을지, 얼마나 돈을 잘 벌지, 얼마나 건강할지 등에 영향을 주고, 심지어 기대수명에도 영향을 끼친다.[2] 이 책은 인종주의에 대한 하나의 해결책을 제시하려 시도하지 않는다. 인종주의가 존재한다는 것을 입증하려 시도하지도 않는다. 나는 처음부터 인종주의가 존재한다고 전제한다. 나의 목표는 백인의 민감성의 한 측면, 즉 백인의 취약성이 어떻게 인종주의를 유지하는지 보여주는 것이다.

나는 백인의 취약성 현상을 설명할 것이다. 다시 말해 우리가 어떻게 백인의 취약성을 키우는지, 백인의 취약성이 어떻게 인종 간 불평등을 보호하는지, 그리고 이와 관련해 우리가 무엇을 할 수 있는지 설명할 것이다.

제1장 ◐

백인에게
인종주의에 대해
이야기할 때
부딪히는 난제들

우리는 스스로를 인종적 관점에서 보지 않는다

나는 미국에서 자란 백인 미국인이다. 나는 백인의 준거틀과 백인의 세계관을 가지고 있고, 백인의 경험으로 세상을 헤쳐나간다. 나의 경험은 인류 보편의 경험이 아니다. 인종이 매우 중요한 사회, 인종 간 분리와 불평등이 심한 사회에서 백인 쪽으로 현저하게 치우친 경험이다. 그렇지만 미국에서 자란 대다수 백인과 마찬가지로 나는 나 자신을 인종적 관점에서 보라고 배우지 않았고, 분명 나의 인종으로 관심을 끌거나 인종이 어떤 식으로든 중요한 것처럼 행동하라고 배우지도 않았다. 물론 나는 **누군가**의 인종이 중요하다는 것을 알게 되었지만, 설령 인종을 주제로 토론한다 해도 그것은 그들의 인종이지 나의 인종이 아니었다. 그러나 인종 면에서 눈에 띄는 불편한 자리에 앉아 있는 능력, 마치 우리의 인종이 중요한 것처럼(실제로 중요하다) 행동하는 능력은 인종 간 소통 기술을 익히는 데 필요한 핵심 요소다. 인종 면에서 눈에 띄는 상황은 백인의 취약성을 촉발하는 흔한 원인이며, 따라서 우리 백인은 인종 체력을 기르기 위해 첫 번째 난제에 직면해야 한다. 바로 우리 인종을 거명하는 난제다.

우리의 의견은 정보에 근거하지 않는 의견이다

나는 인종주의에 대한 의견이 없는 백인을 한 번도 만나본 적이 없다. 미국에서—또는 서구 문명의 역사를 가진 다른 어떤 문화에서든—성장하거나 상당한 시간을 보내면서도 인종주의에 대한 자기 의견을 갖지 않기란 정말로 불가능하다. 그리고 인종주의에 대한 백인의 의견은 대체로 확고하다. 그러나 인종 관계는 몹시 복잡하다. 의식적으로 꾸준히 공부하지 않을 경우 우리의 의견이 정보에 근거하지 않는 의견, 더 나아가 무지한 의견이 될 수밖에 없음을 우리는 기꺼이 인정해야 한다. 당신이 백인이라면 나는 당신을 모르더라도 인종주의에 대한 당신의 의견이 십중팔구 무지할 것이라고 말할 수 있다. 어떻게 그럴 수 있을까? 지난 수백 년을 통틀어 가장 복잡하고도 지속적인 사회적 역학이라고 하는 인종주의를 섬세하게 이해하는 데 필요한 정보를 미국의 주류 문화에서 우리에게 전혀 제공하지 않기 때문이다.

예를 들어 나는 설령 유색인의 시각이나 경험을 조금도 이해하지 못하고, 유색인과 거의 관계를 맺지 않고, 인종이라는 화제를 비판적으로 다룰 능력이 사실상 없을지라도, 이 나라에서 크거나 작은 조직을 이끌 자격을 갖춘 사람으로 보일 수 있다. 인종주의를 전혀 논의하지 않고도 대학원을 끝마칠 수 있다. 인종주의를 전혀 논의하지 않고도 로스쿨을 졸업할 수 있다. 인종주의를 전혀 논의하지 않고도 사범교육 과정을 이수할 수 있다. 만약 내가 진보적이라고 평가받는 어떤 교육 과정을 밟고 있다면, '다양성' 강좌를 하나쯤 수강해야 할지도 모른다. 몇 안 되는 교수들이 그 강좌를 교육 과정에 집어넣기 위해 아마도 다수파인 백인 교수들의 저항을 극복해가며 오랫동안 싸웠을 것이고, 앞으로도 강좌를 유지하기 위해 싸워야 할 것이다. 그 다양성 강좌에서 우리는 '소수종족' 저자들의 저술을 읽고 다양한 유색인 집단의 영웅들에 관해 배울 테지만, 인종주의를 논의할 것이라는 보장은 없다.

실제로 우리는 인종에 대해 공개적으로 솔직하게 이야기하려 시도할 때 걸핏하면 침묵, 방어적 태도, 논박, 확신과 같은 반발의 여러 형태로 백인의 취약성을 금세 드러내곤 한다. 이런 반발은 자연스러운 반응이 아니라 사회적 구속력이다. 이 사회적 구속력은 한층 생산적으로 관여하는 데 필요한 인종 지식을 얻지 못하게 막는 한편 인종 위계를 강력하게 유지하는 기능을 한다. 이 구속력에는 개인주의와 능력주의 이데올로기, 유색인을 편협한 시각으로 반복해서 재현하는 미디어, 인종에 따른 학교와 주거지의 분리, 백인성을 인류의 이상으로 묘사하는 행위, 일부 집단을 배제하는 역사와 농담과 경고, 인종에 대해 공공연히 이야기하는 것을 금기시하는 관행, 백인의 결속 등이 포함된다.

인종주의의 구속력을 저지하는 것은 평생 지속해야 하는 일인데, 인종주의적 준거틀로 우리를 길들이려는 구속력이 항상 작용하기 때문이다. 우리의 학습은 결코 끝나지 않을 것이다. 그럼에도 인종주의에 대한 지나치게 단순한 정의—비도덕적인 개인들이 자행하는 의도적인 인종차별 행위—는 우리는 문제의 일부가 아니라는 확신을 낳고, 그리하여 우리의 학습이 완결되었다는 결론을 내리게 한다. 우리가 증거라며 내놓는 주장들은 신빙성이 없다. 예컨대 당신은 누군가가 "나는 모든 사람을 똑같이 대하라고 배웠다"라거나 "서로를 존중하라고 가르치면 그만이고, 그런 가르침은 가정에서 시작된다"라고 말하는 소리를 들어봤을 것이다. 이런 발언은 지속적인 관여로부터 생겨날 수 있는 토론과 학습을 끝내버리기 십상이다. 더욱이 이런 발언은 대부분의 유색인을 납득시키지 못하고 그들의 경험을 일축할 뿐이다. 대부분의 백인은 사회화 과정을 전혀 이해하지 못하며, 이것이 우리의 두 번째 난제다.

우리는 사회화를 이해하지 못한다

백인을 상대로 인종주의에 대해 이야기할 때면 혹시 우리 모두가 같은 대본의 대사를 외우는 건 아닐까 싶을 정도로 뻔한 반응을 접하곤 한다. 실제로 어느 정도는 같은 대본을 들고 있는 셈인데, 우리가 하나의 문화를 공유하는 배우들이기 때문이다. 백인 대본의 한 가지 중요한 측면은 우리가 우리 자신을 객관적이고도 독특한 존재로 본다는 데서 비롯된다. 백인의 취약성을 이해하려면 우리가 완전히 객관적일 수도 독특할 수도 없는 이유를 먼저 이해해야 한다. 다시 말해 사회화의 힘을 이해해야 한다.

우리는 특수한 문화적 렌즈를 통해 지각과 경험을 이해한다. 이 렌즈는 보편적이지도 객관적이지도 않으며, 이것이 없을 경우 사람은 어떤 인간 사회에서도 제 역할을 할 수 없다. 그러나 서구 문화에서는 두 가지 핵심적인 서구 이데올로기 때문에 이 문화적 준거틀을 탐구하기가 유독 어려울 수 있다. 바로 개인주의와 객관성이다. 간단히 말해 개인주의는 우리가 심지어 우리의 사회 집단 내에서조차 저마다 독특하고 서로 다르다고 본다. 객관성은 우리가 모든 편견에서 자유로울 수 있다고 말한다. 이 두 가지 이데올로기 때문에 백인은 자신들의 집단적 경험을 탐구하는 데 유독 어려움을 겪는다.

개인주의는 우리가 저마다 독특한 개인이며 인종이나 계급, 젠더처럼 우리가 속한 집단은 우리의 기회와 무관하다는 생각을 만들어내고, 전달하고, 재생산하고, 강화하는 하나의 줄거리다. 개인주의는 개개인의 성공을 막는 근본적인 장애물 따위는 없으며 실패는 사회 구조의 결과가 아니라 개성의 결과라고 주장한다. 개인주의 이데올로기에 따르면 인종은 개인의 성공이나 실패와 무관하다. 그러나 우리는 뚜렷한 인종, 젠더, 계급 등 여러 위치를 점하고 있거니와, 이들 위치는 자연적이지도 자발적이지도 임의적이지도 않은 방식으로 우리 인생의 기회에 심대한 영향을 미친다. 같은 맥락에서 우리는 빌 게이츠의 아들이 평범하든 비범하든 간에 한평생 그에게 혜택을 줄 일군의 기회를 가지고 태어났다는 사실을 알고 있다. 그런데 우리는 게이츠의 아들이 노력 없이 유리한 기회를 물려받은 것이 분명하다고 보면서도 우리 자신이 노력 없이 얻은 이점을 생각해보라고 요구받을 때면 개인주의 이데올로기를 악착같이 고수한다.

사회 집단은 중요하지 않으며 우리는 모든 사람을 동등하게 여긴다고 아무리 항변한다고 해도, 우리는 지배 문화에서 남성으로 규정하는 사람의 경험과 여성으로 규정하는 사람의 경험이 다르다는 것을 알고 있다. 우리는 노인으로 보이는 경험과 청년으로 보이는 경험, 부자로 보이는 경험과 가난한 사람으로 보이는 경험, 비장애인으로 보이는 경험과 장애인으로 보이는 경험, 동성애자로 보이는 경험과 이성애자로 보이는 경험 등이 서로 다르다는 것을 알고 있다. 이런 집단들은 중요하지만, 우리가 흔히 생각하는 것처럼 본래부터 중요한 것은 아니다. 오히려 우리는 이 집단들이 중요하다고 배우게 되는 것이고, 이 집단들에 부여되는 사회적 의미가 실제 경험에서 차이를 만들어내는 것이다. 우리는 다양한 사람들과 갖가지 매체를 통해 수많은 방식으로 이런 사회적 의미를 배우게 된다. 이 훈련은 아동기를 지나 일평생 계속된다. 훈련은 대부분 우리 자신과 다른 사람들을 관찰하고 비교하는 비언어적인 방식으로 이루어진다.

우리는 사회화를 통해 이런 집단들에 단체로 속하게 된다. 주류 문화에서 우리 모두는 이 집단들의 의미와 집단 간 경험의 차이에 대해 동일한 메시지를 받는다. 또 우리는 특정 집단에 속하는 것이 반대 집단에 속하는 것보다 '낮다'는 사실을 알고 있다. 가령 노인보다는 청년이, 장애인보다는 비장애인이, 가난한 사람보다는 부자가 낫다. 우리가 공유하고 또 피할 수 없는 사회의 측면들―텔레비전, 영화, 뉴스, 노랫말, 잡지, 교과서, 학교, 종교, 문학, 이야기, 농담, 전통, 관행, 역사 등―을 통해 우리는 집단의 의미에 대한 이해를 단체로 획득한다. 우리 문화의 이런 차원들은 우리의 집단 정체성을 형성한다.

우리 자신에 대한 우리의 이해는 다른 집단과의 비교에 근거할 수밖에 없다. 잘생겼다는 개념은 못생겼다는 개념이 없으면 아무런 의미도 없고, 똑똑하다는 개념은 똑똑하지 않거나 '멍청하다'는 개념이 없으면 별반 의미가 없으며, 유자격 개념은 무자격 개념이 없으면 전혀 의미가 없다. 우리는 누가 우리가 아닌지를 이해함으로써 우리가 누구인지를 이해하게 된다. 그러나 우리 사회에서 개성을 강조하는 까닭에 우리 대다수는 우리의 집단 구성원 지위에 대해 숙고하는 데 서투르다. 그렇지만 오늘날의 인종 관계를 이해하려면 우리의 조건과 거리를 두고서 인종 집단의 구성원 지위가 얼마나, 왜 중요한가라는 물음과 씨름해야 한다.

집단 정체성과 씨름하는 것은 우리 자신의 개인으로서의 의식에 도전하는 행위일 뿐 아니라 객관성에 대한 우리의 믿음에 도전하는 행위이기도 하다. 집단 구성원 지위가 유의미하다면, 우리는 세상을 보편적인 인류의 시각이 아니라 특정한 인간 부류의 시각에서 보게 된다. 그리하여 개인주의 이데올로기와 객관성 이데올로기 모두 지장을 받게 된다. 그렇지만 대부분의 백인은 우리의 인종 프레임에 관해 숙고하기를 유독 힘들어하는데, 인종적 관점을 갖는 것은 곧 편향되는 것이라고 배우기 때문이다. 유감스럽게도 이 믿음은 우리의 편향을 보호할 뿐인데, 우리에게 편향이 있음을 부인함으로써 결국 그런 편향을 검증하거나 바로잡지 않게 하기 때문이다. 우리의 인종적 사회화를 고찰하면서 이 점을 기억해두는 것이 중요하다. 우리가 자녀에게 직접 말해주는 방식과 우리 문화의 인종적 규범을 훈련시키는 다른 방식들 사이에는 엄청난 차이가 있기 때문이다.

다수의 백인은 이 책의 제목만 보고도 내가 개인주의의 가장 중요한 규칙을 위반한다는 이유로, 즉 **일반화를 한다**는 이유로 반발할 것이다. 내가 어떤 사람이 백인이라는 이유로 마치 그에 대해 다 안다는 듯이 서술한다고 생각할 것이다. 어쩌면 당신은 자신이 나머지 백인들과 다르다고 생각하고 있을지도 모른다. 그리고 만약 내가 당신이 이 나라에 어떻게 왔는지 안다면, 당신과 가까운 사이라면, 당신과 같은 동네에서 자랐다면, 함께 고생하거나 같은 경험을 했다면, 당신은 남과 다르다는 사실, 당신은 인종주의자가 아니라는 사실을 알아줄 거라고 생각할지도 모른다. 이 같은 반사적 반응을 나는 직업생활 중에 무수히 목격했다.

일례로 나는 근래에 200명쯤 되는 직원들에게 강연을 했다. 그 조직에 유색인은 다섯 명밖에 없었고, 그중 두 명만이 아프리카계 미국인이었다. 나는 백인이 인종적 겸손함을 갖추고 또 우리 자신을 인종주의의 피할 수 없는 역학에서 자유로운 존재로 여기지 않는 것이 중요하다고 몇 번이나 강조했다. 강연을 마치자마자 백인들이 내 앞에 줄을 섰다. 내게 질문하기 위한 줄처럼 보였지만, 강연장에 들어오기 전부터 고수하던 인종에 대한 의견을 되풀이하려는 전형적인 사람이 더 많았다. 맨 앞에 선 백인 남성은 자신이 이탈리아계 미국인이며 이 나라에서 한때 이탈리아인이 흑인으로 간주되어 차별을 당했다고 설명하면서 이런 사례를 보면 백인도 인종주의를 경험한다고 생각하지 않느냐고 내게 물었다. 그가 백인 동료들이 압도적으로 많은 공간에 참석할 수 있고 한때 이탈리아인이 차별을 받았다는 이유로 자신의 백인성을 검토할 필요가 없다는 사실은 개인주의의 너무도 흔한 사례다. (그의 현재 세계관을 보호하지 않고 확장하기에) 한층 유익한 관여의 형태는 이탈리아계 미국인이 어떻게 백인이 될 수 있었고, 그 동화 과정이 현재 **백인 남성으로서의** 그의 경험에 얼마나 영향을 주었는지 고찰하는 형태일 것이다. 그의 주장은 인종에 관한 한 그가 여느 백인들과 다르다는 것을 보여주지 않았다. 이와 비슷하게 나는 많은 독자들이 자신은 예외라고 주장하리라 예상할 수 있는데, 우리 자신이 우리 문화와 별개가 아니라 그 문화의 산물이기 때문이다.

사회학자로서 나는 꽤 편안한 마음으로 일반화를 한다. 사회적 삶은 패턴화되고, 측정 가능한 방식으로 예측할 수 있다. 그러나 나는 우리 문화에서 개인주의 이데올로기를 얼마나 소중히 여기는지를 알고 있기에, 나의 일반화에 백인이 얼마간 방어적인 반응을 보일 수도 있음을 이해한다. 물론 예외는 있다. 그러나 패턴은 아주 뚜렷하게 인식될 정도로 되풀이해 발생하고 예측 가능하다. 집단행동의 패턴과 그 패턴이 개개인에게 끼치는 영향을 탐구할 수 없거나 탐구하지 않으려 할 경우, 우리는 인종주의의 현대적 형태들을 이해할 수 없다. 내가 독자들에게 권하고픈 방법은 증거를 완전히 거부하지 말고 각자의 상황에 필요하다고 생각하는 대로 증거를 구체적으로 조정하는 것이다. 예를 들어 당신은 가난한 가정에서 자랐을 수도 있고, 유럽 혈통의 아슈케나즈 유대인 가정이나 군인 가정에서 자랐을 수도 있다. 어쩌면 캐나다, 하와이, 독일 등지에서 자랐을 것이고, 가족 중에 유색인이 있을지도 모른다. 그렇지만 이런 상황들 중 그 무엇도 당신을 인종주의의 구속력에서 벗어나게 해주지 않는데, 사회의 어떤 측면도 이런 구속력 밖에 있지 않기 때문이다.

당신이 생각하는 당신의 독특한 면모를 이유로 들어 백인성을 검토하지 않는 것보다 한결 유익한 길은, 당신 자신에게 "나는 백인이고 X 경험을 가지고 있다. X 경험은 내가 **백인이기도 하기** 때문에 내게 어떤 영향을 주었을까" 하고 묻는 것이다. 당신의 독특한 면모에 대한 의식을 한쪽으로 밀어놓는 것은 우리가 살아가는 사회를 넓게 보는 데 필요한 핵심 기술이다. 개인주의를 고수해서는 사회를 넓게 볼 수 없다. 당분간 당신의 개인적 서사에 집착하지 말고 서로 공유하는 더 넓은 문화의 구성원으로서 우리 모두가 받는 집단적 메시지와 씨름해보라. 당신 이야기의 어떤 측면을 당신이 그런 메시지로부터 영향을 받지 않는 이유로 내세우지 말고 그런 메시지가 당신의 삶에 어떻게 영향을 주었는지 보려고 노력해보라.

우리는 인종주의를 단순하게 이해하고 있다

마지막으로 다루어야 할 난제는 '인종주의자'에 대한 우리의 정의다. 시민권 시대 이후로 우리는 인종주의자란 인종을 이유로 타인을 의도적으로 혐오하는 사람을 뜻한다고 배워왔다. 인종주의자는 부도덕한 사람이라는 것이다. 따라서 이 책의 독자들을 가리켜 인종주의자라고, 더 나아가 모든 백인은 인종주의자라고 말한다면, 나는 매우 모욕적인 발언을 하는 셈이다. 독자들의 도덕성 자체를 의심하는 셈이다. 독자들을 알지도 못하면서 어떻게 이런 주장을 할 수 있는가? 대부분 유색인 친구와 연인을 두고 있는 여러분이 어떻게 인종주의자일 수 있단 말인가? 사실 인종에 따라 사람들을 일반화하는 것은 인종주의적 행위이므로 나야말로 인종주의자가 아닌가! 이렇게 반박할 수 있으므로 여기서 분명히 말해두겠다. 인종주의자에 대한 여러분의 정의가 인종을 이유로 타인을 혐오하는 사람이라면, 내가 여러분을 알지도 못하면서 인종주의라고 말하는 것은 모욕적이라는 지적에 동의한다. 또한 이것이 인종주의에 대한 여러분의 정의이고 여러분이 인종주의에 반대한다면, 여러분은 인종주의자가 아니라는 데에도 동의한다. 이제 심호흡을 하시라. 나는 방금 말한 인종주의 정의를 사용하지도 않고, 여러분이 부도덕하다고 말하지도 않는다. 내가 주장을 펴는 동안 여러분이 마음을 열어둘 수 있다면, 곧 나의 말이 이해되기 시작할 것이다.

여기서 거론한 난제들을 감안할 때, 나는 백인 독자들이 이 책을 읽는 동안 여러 차례 불편함을 느낄 것으로 예상한다. 그런 감정은 내가 어떻게든 현재 인종 상황을 흔들었다—나의 목표다—는 증거일지도 모른다. 현재 인종 상황은 백인에게 편안한 상황이며, 편안함에 머물러 있는 한 우리는 인종 관계에서 한 발짝도 전진하지 못할 것이다. 전진의 관건은 우리가 불편한 감정으로 무엇을 하느냐는 것이다. 우리는 이 감정을 계기로 문 밖으로 나갈 수 있다. 다시 말해 메신저를 비난하고 메시지를 무시할 수 있다. 또는 반대로 문 안으로 들어가 스스로 이렇게 물을 수도 있다. 왜 나는 이 감정에 흔들리는가? 이것이 진실한 감정이라면 나에게 어떤 의미인가? 이 시각은 인종 역학에 대한 나의 이해를 어떻게 바꾸는가? 불편함은 내가 한 번도 검토하지 않고 고수해온 전제를 드러내는 데 얼마나 도움이 될 수 있는가? 내가 백인인 탓에 보지 못하는 어떤 인종 역학이 존재할 수 있는가? 나는 그 가능성을 고려할 의향이 있는가? 그럴 의향이 없다면 왜 그런가?

만약 당신이 여기까지 읽고도 당신이 여느 백인들과 다른 이유와 나의 서술이 당신에게 전혀 해당하지 않는 이유를 주장하고 있다면, 잠시 멈추고 숨을 돌려라. 그런 다음 위의 질문들로 돌아가 찬찬히 되풀이해 읽어라. 백인의 취약성을 끊어내려면 알지 못하는 불편함, 인종적으로 표류하는 불편함, 인종적 겸손의 불편함을 견디는 역량을 키워야 한다. 그다음 과제는 인종적 사회화의 구속력이 어떻게 끊임없이 작용하는지를 이해하는 것이다. 이 구속력을 인정하지 않을 경우 백인의 취약성에 따라 저항하고 방어적 태도를 보일 수밖에 없다. 백인의 취약성을 저지하는 인종 체력을 기르려면, 우리의 여러 정체성 전체—특히 우리의 인종 집단 정체성—에 대해 숙고해야 한다. 이 말은 우리가 먼저 백인이라는 것의 의미와 씨름해야 한다는 뜻이다.

제2장

인종주의와
백인 우월주의

우리 대부분은 인종들 사이에 뚜렷한 생물학적·유전적 차이가 있다고 배웠다. 이런 생물학은 피부색, 머릿결, 눈의 모양 같은 시각적 차이와 성별, 운동 역량, 수학적 능력처럼 우리가 본다고 믿는 개개인의 특성을 설명한다. 인종을 생물학적 구성물로 여길 경우 사회의 여러 분열상을 자연스러운 현상으로 생각하기 쉽다. 그러나 인종은 젠더와 마찬가지로 사회적 구성물이다. 우리 눈에 보이는 차이들─머릿결과 눈동자 색깔 같은─은 표면적인 것이고 지리에 적응하는 과정에서 생겨난 것이다.[1] 피부 아래에 진짜 생물학적 인종이 있는 것이 아니다. 우리가 인종을 규정할 때 사용하는 외면적 특성은 어떤 두 사람 사이의 유전적 차이와 관련해서도 신뢰할 수 없는 지표다.[2]

그렇지만 인종과 이에 연관된 차이가 생물학적 특성이라는 믿음이 우리 사회에 깊게 뿌리내리고 있다. 생물학으로서의 인종에 대한 믿음에 도전하려면 과학을 이용해 사회를 조직하는 사회적·경제적 투자, 사회에서 인종별로 할당되는 자원, 그리고 이 사회 조직이 아주 오래도록 유지되는 이유를 이해해야 한다.

미국 내 인종의 사회적 구성

건국 당시 미국은 새로운 급진적 이념인 자유와 평등—종교나 계급과 무관한—을 기치로 내걸었다. 그와 동시에 미국의 경제는 아프리카인 납치와 노예화, 원주민 강제 이주, 멕시코 땅 병합에 기반을 두었다. 더욱이 미국으로 건너온 식민주의자들은 그들을 길들인 문화적 유산에서 자유롭지 않았다. 그들은 깊이 내면화한 지배와 복종의 패턴을 미국으로 가져왔다.[3]

평등이라는 고결한 이데올로기와 집단학살, 노예화, 식민화라는 잔인한 현실 사이의 긴장을 어떻게든 해소해야 하는 상황이었다. 토머스 제퍼슨(수백 명의 노예를 소유하고 있었다)을 비롯한 이들은 과학에 주목했다. 제퍼슨은 인종들 사이에 자연적 차이가 있다고 주장하면서 과학자들에게 그 차이를 찾아달라고 요청했다.[4] 흑인이 자연적으로 본래부터 열등하다는 것을 과학이 입증할 수 있다면(제퍼슨은 원주민의 문화에 결함이 있으며 이 결함을 교정할 수 있다고 보았다), 우리가 천명하는 이상과 우리의 실제 행동 사이의 모순이 사라질 터였다. 물론 노예화와 식민화를 정당화하는 일에는 엄청난 경제적 이해관계가 걸려 있었다. 이런 사회경제적 이해관계 세력은 인종학을 동원하여 백인으로 규정된 사람들의 특권적 지위와 인종주의를 정당화하는 문화적 규범과 법적 판결을 확립했다.

미국 과학자들은 유럽 학자들의 기존 연구에 의존하여 백인이 아닌 집단들의 열등성에 대한 답을 찾기 시작했다. 우리가 수용하는 지식에 영향을 주는 질문의 힘을 잘 보여주는 이 과학자들은 "흑인(그리고 다른 유색인)은 열등한가?"라고 묻지 않고 "왜 흑인(그리고 다른 유색인)은 열등한가?"라고 물었다. 인종 간 차이에 대한 제퍼슨의 주장은 채 한 세기도 지나지 않아 사회에서 널리 받아들이는 과학적 '사실'이 되었다.[5]

인종적 열등성 관념은 불평등한 처우를 정당화하기 위해 만들어진 것이다. 인종적 열등성에 대한 믿음이 불평등한 처우를 유발했던 것이 아니다. 차이에 대한 두려움이 유발했던 것도 아니다. 타네하시 코츠Ta-Nehisi Coates의 말대로 "인종은 인종주의의 자식이지 그 아비가 아니다."[6] 이 말은 우리가 먼저 다른 사람들의 자원을 그들의 외모와 무관하게 착취했다는 뜻이다. 착취가 먼저였고, 그런 다음에 이런 착취를 정당화하기 위해 불평등한 인종 이데올로기를 만들어냈다는 것이다. 이와 비슷하게 역사가 이브람 X. 켄디Ibram X. Kendi는 전미도서상 수상작 《처음부터 짓밟힌Stamped from the Beginning》에서 이렇게 설명한다. "노예제, 인종 분리, 집단 투옥의 수혜자들은 흑인이 노예제나 인종 분리, 감방으로 속박하기에 가장 적합하거나 그렇게 속박해 마땅한 사람들이라는 인종주의 사상을 만들어냈다. 이런 인종주의 사상의 소비자들은 모종의 잘못이 흑인에게 있지 수많은 흑인을 노예화하고 억압하고 속박하는 정책에 있지 않다고 믿게 되었다."[7] 이어서 켄디는 만약 우리가 인간은 모두 평등하다고 정말로 믿는다면 사람들 간 조건의 차이는 체계적인 차별의 결과일 수밖에 없다고 주장한다.

인종에 대한 인식

인종은 인종 간 불평등을 정당화하고 백인의 이권을 보호하기 위해 만들어진, 진화하고 있는 사회적 관념이다. '백인'이라는 용어는 1600년대 말에 식민지법에 처음으로 등장했다. 미국은 1790년경 인구조사에서 사람들에게 각자의 인종을 말할 것을 요구했고, 1825년경 이른바 혈통의 등급에 따라 누구를 인디언으로 분류할지 결정했다. 1800년대 말부터 20세기 초까지 이민자들이 물밀듯이 들어옴에 따라 미국에서 백인 인종 개념은 더욱 공고해졌다.[8]

1865년 미국에서 노예제가 폐지된 후에도 백인성은 대단히 중요했다. 아프리카계 미국인에 대한 합법화된 인종주의적 배제와 폭력이 새로운 형태로 계속되었기 때문이다. 미국에서 시민권─그리고 시민권에서 비롯되는 다른 권리들─을 가지려는 사람은 법적으로 백인으로 분류되어야 했다. 비백인으로 분류된 사람들은 법원에 자신을 다시 분류해달라고 청원하기 시작했다. 당시 법원은 어떤 사람이 백인인지 아닌지를 결정하는 위치에 있었다.

일례로 아르메니아인은 백인으로 재분류해달라는 소송에서 그들이 과학적으로 '코카서스 인종'이라고 주장하는 과학계 증인의 도움을 받아 승소했다. 1922년 대법원은 일본인이 법적으로 백인일 수 없다고 판결했는데, 그들이 과학적으로 '몽골 인종'으로 분류되었기 때문이다. 1년 후 대법원은 아시아계 인디언은 법적으로 백인이 아니라고 판결했다. 그러나 과학적으로는 그들 역시 '코카서스 인종'으로 분류되어 있었다. 이 모순적 판결을 정당화하기 위해 대법원은 어떤 사람이 백인인지 여부는 백인들의 공통 이해에 근거한다고 언명했다. 달리 말하면 이미 백인으로 여겨지는 사람들이 누가 백인인지를 결정한다는 뜻이었다.[9]

미국이 '세계 곳곳의 이민자들이 모여들어 하나의 통합된 사회로 녹아드는 거대한 도가니'라는 은유는 이 나라에서 소중히 여기는 관념이다. 새로 온 이민자들은 영어를 배우고 미국의 문화와 관습에 적응하고 나면 미국인이 된다는 것이다. 그러나 실제로는 유럽 출신 이민자만이 19세기와 20세기 미국의 지배적인 문화에 녹아들거나 동화될 수 있었는데, 이들의 종족 정체성과 무관하게 이들만이 백인으로 인식되었고 따라서 백인에 속할 수 있었기 때문이다.

인종은 사회적 구성물인 까닭에 누가 백인의 범주에 포함된다는 견해는 시간이 지남에 따라 변화한다. 내가 진행한 워크숍에 참석한 이탈리아계 미국인 남성이 지적했던 대로, 과거에 아일랜드인과 이탈리아인, 폴란드인 같은 유럽 종족 집단들은 백인 범주에서 배제되었다. 그러나 출신의 관점에서 보면 본래 서로 구분되었을 법한 이 유럽인 이민자들은 미국에서 동화를 통해 인종적으로 통합되었다.[10] 이 동화 과정—영어를 말하고 '미국' 음식을 먹고 자기 집단의 고유한 관습을 버리는 과정—을 거치면서 백인 미국인이라는 인식이 구체화되었다. 인종에 대한 인식은 사회 전반에서 정체성의 형성에, 즉 우리가 우리 자신을 보는 방식에 근본적인 영향을 준다.

우리가 '백인으로 보일' 경우, 우리는 사회 전반에서 백인으로 간주될 것이다. 예를 들어 에스파냐인이나 포르투갈인 같은 남부 유럽 출신이나 옛 소련 출신인 사람들은 특히 새로 온 이민자이거나 이민자 가정에서 양육되었을 경우, 미국에서 수 세대 동안 살아온 이민자 가정의 후손과 비교해 종족 정체성을 더 강하게 의식할 가능성이 높다. 그러나 그들의 내적 정체성은 다를지 몰라도, 미국에서 백인으로 '통할' 경우 그들은 외적으로 백인의 경험을 할 것이다. 다시 말해 백인으로 보일 경우 그들은 기본적으로 백인으로 간주될 것이고, 따라서 백인으로서 대우받을 것이다. 그들은 내적 종족 정체성(예컨대 포르투갈인이나 에스파냐인)과 외적 인종 경험(백인으로서의 경험)이 일치하지 않는 까닭에 종족 정체성이 강하지 않은 사람보다 자신의 정체성을 더 복잡하거나 미묘하게 의식할 것이다. 그럼에도 그들은 백인 지위와 이 지위에 딸린 여러 이점을 누릴 것이다. 오늘날 이런 이점은 법률상의 이점이 아니라 사실상의 이점이긴 하지만, 그래도 일상생활에 강력한 영향을 미친다. 백인으로 통하는 우리 각자가 할 일은 이런 이점을 모조리 부인하는 것이 아니라 그것이 우리에게 어떤 영향을 미치는지 확인하는 것이다.

인종은 사회적 구속력의 산물인 까닭에 계급 간의 경계선을 따라 드러나기도 한다. 예컨대 가난한 노동계급 사람들이 언제나 완전한 백인으로 인식되었던 것은 아니다.[11] 백인으로 보이지 않는 사람들에게 기회가 적은 사회에서 경제적 구속력과 인종적 구속력을 구별하기란 불가능하다. 그렇지만 미국의 지배계급은 노동을 착취하기 위한 방편으로 결국 가난한 백인 노동계급에 완전한 백인 지위를 부여했다. 가난한 백인이 자신들보다 지위가 낮은 사람들에 대한 우월감을 갖게 되면 더 지위가 높은 사람들에게 덜 집중할 터였기 때문이다. 인종 간 경계를 넘어 단결했다면, 노동계급 빈민층은 강력한 세력을 형성할 수 있었을 것이다. 그러나 그들은 인종 간 분열 탓에 그들의 노동으로 이익을 얻는 지배계급에 맞서 결속하지 못했다.[12] 그런데 백인 노동계급은 계급차별을 경험하지만 인종주의까지 경험하지는 않는다. 나는 가난하게 자랐고 가난한 처지에 깊은 수치심을 느꼈다. 하지만 나는 내가 백인이라는 것과 백인인 편이 더 낫다는 것을 언제나 알고 있었다.

인종주의

인종주의를 이해하려면 먼저 단순한 편견이나 차별과 구별해야 한다. 편견이란 어떤 사람을 그가 속한 사회 집단에 근거해 예단하는 것을 말한다. 편견은 경험에 거의 또는 전혀 근거하지 않은 채 어떤 집단에 속한 모든 사람에게 투영하는 고정관념과 태도, 일반화 등을 비롯한 생각과 감정으로 이루어진다. 우리는 편견을 공유하는 경향이 있는데, 같은 문화적 바다에서 헤엄치고 같은 메시지를 흡수하기 때문이다.

사람은 누구나 편견을 가지고 있다. 우리는 편견을 피할 수 없다. 나는 어떤 사회 집단이 존재한다고 인식할 경우 나를 둘러싼 사회로부터 그 집단에 대한 정보를 얻을 것이다. 이 정보는 나의 문화적 프레임으로 그 집단을 이해하도록 돕는다. 자신은 편견이 없다고 주장하는 사람들은 자의식이 현저히 부족하다는 것을 입증하는 셈이다. 또한 역설적이게도 사회화의 힘까지 입증하는 셈이다. 우리는 모두 학교에서, 영화를 통해, 가족과 교사, 성직자로부터 편견을 갖지 말아야 한다고 배운다. 불행히도 편견은 나쁘다는 만연한 믿음이 우리로 하여금 피할 수 없는 현실을 부인하게 만든다.

편견은 백인의 취약성을 이해하는 데 매우 중요하다. 백인에게 인종 편견이 있다는 말을 우리는 부끄러운 줄 알아야 하는 나쁜 사람들이라는 뜻으로 받아들이기 때문이다. 그럴 때 우리는 그동안 흡수해온 불가피한 인종 편견을 살펴봄으로써 그것을 바꾸려 하기보다 우리의 인성을 변호할 필요가 있다고 생각한다. 이런 식으로 편견에 대한 우리의 오해는 편견을 보호한다.

차별이란 편견에 근거하는 **행동**이다. 이런 행동에는 무시, 배제, 위협, 조롱, 비방, 폭력이 포함된다. 예컨대 우리가 편견 때문에 증오의 감정을 느낀다면, 폭력과 같은 극단적인 차별 행동이 뒤따를 수 있다. 이런 형태의 차별은 대체로 분명하게 나타나기 때문에 알아챌 수 있다. 하지만 우리가 약간의 불편함 같은 더 미묘한 감정을 느낀다면, 차별도 미묘하게 나타날 가능성이 높고 알아채기 어려울 수도 있다. 우리 대다수는 자의식에 집중하기만 하면 자신이 특정한 집단 주변에서 어느 정도 불안감을 느낀다는 것을 인정할 수 있다. 그런데 이 감정은 저절로 생기지 않는다. 우리의 불안감은 그 집단과 동떨어져 생활하는 동시에 그들에 대한 불완전하거나 그릇된 정보를 흡수하는 데서 생겨난다. 내가 편견에 이끌려 다르게 행동한다면—여러분 주변에서 덜 편안해하거나 여러분과의 교류를 피한다면—나는 차별을 하는 것이다. 편견은 언제나 행동으로 드러나는데, 내가 세상을 보는 방식이 세상에서 나의 행동을 추동하기 때문이다. 누구나 편견을 가지고 있고 누구나 차별을 한다. 이런 현실을 고려하면, '역편견'이나 '역차별'이라는 말은 무의미하다.

어느 인종의 집단적 편견이 법적 권한과 제도적 통제력의 지원을 받을 때, 그것은 인종주의로, 개인 행위자들의 의도나 자아상과 무관하게 기능하는 광범한 체제로 변화한다. 웨슬리언 대학의 미국학 겸 인류학 교수 J. 케하울라니 카우아누이Kēhaulani Kauanui가 설명한 대로 "인종주의는 구조이지 사건이 아니다."[13] 미국 여성의 참정권 투쟁은 제도적 권력이 어떻게 편견과 차별을 억압 구조로 바꾸는지를 잘 보여준다. 누구나 편견을 품고 차별을 하지만, 억압 구조는 개개인을 훌쩍 넘어선다. 미국 여성은 개인적 관계에서는 남성을 상대로 편견을 갖고 차별을 할 수 있었지만, 여성 집단으로서 남성의 시민권을 부인할 수는 없었다. 그러나 미국 남성은 하나의 집단으로서 여성의 시민권을 부인할 수 있었고 실제로 부인했다. 그게 가능했던 이유는 그들이 모든 제도를 통제했기 때문이다. 그러므로 여성이 투표권을 얻을 수 있는 길은 남성이 그 권리를 여성에게 부여하는 길뿐이었다. 여성이 스스로에게 투표권을 부여할 수는 없었다.

이와 비슷하게 인종주의—성차별주의를 비롯한 억압의 다른 형태들과 마찬가지로—는 한 인종 집단의 편견이 법적 권한과 제도적 통제력의 지원을 받을 때 생겨난다. 이 권한과 통제력은 개개인의 편견을 더 이상 개인 행위자들의 선한 의도와 무관한 광범한 체제로 바꾸어놓는다. 이 체제는 사회의 기본 조건이 되어 자동으로 재생산된다. 인종주의는 하나의 체제다. 그리고 내가 앞서 투표권 사례를 들면서 태만하다는 지적을 듣지 않고자 인정한 대로, 인종과 젠더는 교차한다. **백인** 남성은 여성에게 투표권을 부여했지만, 오직 백인 여성에게만 완전한 투표권을 부여했다. 유색인 여성은 1965년 투표권법이 제정될 때까지 완전한 투표권을 인정받지 못했다.

인종주의 체제는 이데올로기로 시작하는데, 이는 사회 도처에서 강화되는 커다란 이념을 가리킨다. 우리는 태어날 때부터 이 이념을 받아들이고 의심하지 않도록 길들여진다. 이데올로기는 사회 곳곳에서, 이를테면 학교와 교과서, 정치 연설, 영화, 광고, 국경일 기념행사, 단어와 어구를 통해 강화된다. 또한 이데올로기를 의심하는 사람에 대한 사회적 처벌과 대안적 이념에 대한 접근을 제한하는 조치를 통해서도 강화된다. 이데올로기라는 준거틀을 통해 우리는 사회적 존재를 재현하고 해석하고 이해하고 납득하는 법을 배운다.[14] 이런 이념은 끊임없이 강화되기 때문에 믿지 않거나 내면화하지 않기가 매우 어렵다. 미국에서 이데올로기의 예로는 개인주의, 경제체제로서의 자본주의와 정치체제로서의 민주주의의 우월성, 바람직한 생활방식으로서의 소비자주의, 그리고 능력주의(누구든 열심히 일하면 성공할 수 있다) 등이 있다.

미국에서 통용되는 인종 이데올로기는 인종 위계를 유전학에서, 또는 개인의 노력이나 재능에서 기인하는 자연적 질서의 결과로 합리화한다. 성공하지 못하는 사람은 그저 타고난 재능이 없거나 자격이 없거나 열심히 노력하지 않은 것이다. 불평등한 체제로서의 인종주의를 감추는 이데올로기들은 아마도 가장 강력한 인종적 구속력일 텐데, 일단 인종 위계에서 우리의 위치를 받아들이고 나면 설령 우리에게 불리하다 해도 자연스럽고 의심하기 어려운 위치로 보이기 때문이다. 이런 식으로 외부 압력을 아주 조금만 가해도 사람들을 현재 그들의 위치에 묶어둘 수 있다. 불평등에 대한 합리화를 내면화하고 나면, 유리한 쪽이든 불리한 쪽이든 그들의 관계를 지탱하게 된다.

인종주의는 우리 사회의 구조에 깊숙이 박혀 있다. 인종주의는 하나의 행위나 사람에 국한되지 않는다. 어느 날은 백인에게 이롭고 어느 날은 유색인에게 이로운 식으로 오락가락하지도 않는다(시대에 따라 달라지는 것도 아니다). 백인과 유색인 사이 권력의 방향은 역사적이고 전통적인 것이며, 이데올로기에 의해 정상화된다. 인종주의는 개인의 인종 편견과 다르다. 인종주의는 역사적으로 누적되어온 인종차별이자, 제도적 권력과 권한을 계속해서 사용해 편견을 강화하고 차별 행위를 체계적으로 강요함으로써 광범한 결과를 가져오는 체제다.

유색인도 백인에게 편견을 품고 백인을 차별을 할 수는 있다. 그러나 유색인에게는 자신들의 편견과 차별을 인종주의로 바꿀 만한 사회적·제도적 권력이 없다. 유색인의 편견이 백인에게 끼치는 영향은 일시적이고 맥락적이다. 유색인과 달리 백인은 자신들의 인종 편견을 법률, 정책, 관행, 규범에 불어넣을 만한 사회적·제도적 지위를 차지하고 있다. 내가 가게에 들어갔을 때 한 유색인이 나를 응대하지 않을 수는 있겠지만, 나를 비롯한 백인이 특정한 동네에서 집을 사는 것을 금지하는 법률을 유색인 집단이 제정할 수는 없다.

유색인이 자신의 집단과 다른 유색인 집단에 대해 편견을 품고 차별을 할 수도 있지만, 이런 편향은 결국 그들을 옥죄고 백인에게 여전히 이로운 인종주의 체제를 강화하는 결과를 가져온다. 인종주의는 사회 전반에 걸쳐 집단 수준에서 작동하는 역학이다. 내가 백인만이 인종주의자일 수 있다고 말할 때 그 의미는 미국에서 백인만이 집단으로서 유색인에 대한 사회적·제도적 권력과 특권을 가지고 있다는 것이다. 유색인은 백인과의 관계에서 이런 권력과 특권을 가지고 있지 못하다.

다수의 백인은 인종주의를 과거의 일로 여긴다. 물론 현재 인종주의를 인정하지 않을 수 있다면 그 편이 나을 것이다. 그러나 백인과 유색인 간 인종 격차는 사회의 모든 제도에 상존하고, 많은 경우에 좁혀지기보다 벌어지고 있다. 백인은 인종 분리 때문에 이런 격차를 보기 어렵고 쉽게 부인할지도 모르지만, 인종 격차와 이것이 삶의 질 전반에 끼치는 영향은 그동안 다양한 기관들에 의해 폭넓게 입증되었다. 이 난제를 입증한 기관들로는 미국 인구조사국, 유엔, UCLA 시민권 프로젝트와 메트로폴리스 프로젝트 같은 학계 단체, 전미흑인지위향상협회NAACP와 반명예훼손연맹Anti-Defamation League 같은 비영리단체가 있다.[15]

학자 메릴린 프라이Marilyn Frye는 새장 은유를 사용해 서로 맞물리는 억압의 힘들을 묘사한다.[16] 당신이 새장 가까이에 서서 철망에 얼굴을 댄다면, 그 철망이 눈에 들어오지 않을 것이고 새를 가두는 장애물이 거의 없다고 느낄 것이다. 그 상태에서 고개를 돌려 철사 하나를 면밀히 검토한다면, 다른 철사들을 볼 수 없을 것이다. 당신이 이런 근시안적 견해에 근거해 새장을 이해한다면, 새가 철사 하나를 피해 날아가지 않는 이유를 도통 이해하지 못할 것이다. 심지어 새가 새장 안의 위치를 좋아하거나 선택했다고 생각할지도 모른다.

하지만 뒤로 물러나 더 넓은 시야로 본다면, 철사들이 서로 맞물려 하나의 패턴—새를 현재 위치에 단단히 묶어두는 패턴—을 이룬다는 것을 알아채기 시작할 것이다. 그물망처럼 얽힌 장벽들이 새를 둘러싸고 있는 현실이 이제 분명하게 눈에 들어올 것이다. 하나씩 보면 이 장벽들 가운데 새가 피해 가기 어려운 장벽은 없을 것이다. 그러나 이 장벽들은 서로 맞물려 있어 새를 철저히 구속할 수 있다. 새들 중 몇몇은 새장에서 탈출할지 모르지만 대부분은 벗어나지 못할 것이다. 그리고 탈출하는 새들은 분명 새장 밖의 새들과 달리 여러 장벽을 헤쳐나가야 할 것이다.

새장 은유는 우리가 인종주의를 알아보고 인식하는 것이 왜 어려운지를 이해하는 데 도움이 된다. 우리의 시야는 제한되어 있다. 우리가 어떤 위치에 있느냐에 따라 새장을 얼마만큼 볼 수 있는지가 결정된다는 것을 인식하지 못할 경우, 우리는 더 넓은 시야로 서로 맞물리는 패턴들을 보지 못하고 하나의 상황, 예외 사례, 일화적 증거에 의존하게 된다. 언제나 예외가 있긴 하지만, 패턴은 일관되고 충분히 입증된다. 유색인은 우연하거나 우발적이지 않고 피할 수 없는 여러 구속력과 장벽에 의해 속박되고 영향을 받는다. 이런 구속력들은 유색인의 움직임을 제약하는 방식으로 서로 체계적으로 연관되어 있다.

백인 개개인은 인종주의에 '반대'할지 모르지만, 그렇다 해도 그들이 백인 집단에게 특권을 주는 체제로부터 혜택을 받는다는 사실은 변하지 않는다. 데이비드 웰먼David Wellman은 인종주의를 "인종에 근거하는 이점의 체제"라고 간명하게 요약한다.[17] 이런 이점은 **백인 특권**이라 불리는데, 이 사회학 개념은 같은 환경(정부, 공동체, 직장, 학교 등)에서 백인은 당연시하지만 유색인은 백인과 비슷하게 누릴 수 없는 이점을 가리킨다.[18] 오해를 피하고자 말하자면, 인종주의가 백인에게 특혜를 준다는 말은 백인 개개인이 장벽과 싸우지 않거나 장벽에 부딪히지 않는다는 뜻이 아니다. 우리가 인종주의의 특정한 장벽에 부딪히지 않는다는 뜻이다.

역편견과 역차별을 논하지 않아도 괜찮은 것처럼, '역인종주의'를 전혀 논하지 않아도 무방하다. 인종주의는 그 정의상 역사

적으로 사회에 깊이 뿌리내린 제도적 권력의 체제다. 인종주의
는 유동적이지 않으며, 소수의 유색인 개인들이 가까스로 두각
을 나타낸다고 해서 방향을 바꾸지도 않는다.

지위로서의 백인성

백인으로 인식된다는 것에는 인종 분류 그 이상의 의미가 있
다. 백인성은 유색인은 누리지 못하는 법적·정치적·경제적·사
회적 권리와 특권으로 가득한 사회적·제도적 지위이자 정체성
이다. 인종을 비판적으로 연구하는 학자 셰릴 해리스Cheryl Harris
는 백인으로 분류되는 사람의 사회경제적 이점을 고찰하면서
'자산으로서의 백인성'이라는 표현을 만들어냈다. 법의 역사에
서 백인성 개념이 어떻게 진화해왔는지 추적하면서 해리스는 이
렇게 설명한다.

백인성에 실질적인 법적 지위를 부여함으로써 정체성의 한 측면을
자산의 외적 대상으로 바꾸고, 그리하여 백인성을 특권적 정체성에
서 기득권으로 바꾸었다. 법으로 구성한 백인성은 정체성(누가 백인
인가)과 특권(그 지위에 어떤 혜택이 있는가), 자산(그 지위에서 어떤 법적
자격이 생기는가)의 결정적인 측면을 규정하고 확정했다. 여러 경우에
백인성은 때로는 각각, 때로는 동시에 정체성, 지위, 자산을 의미하고

또 정체성, 지위, 자산으로 활용된다.[19]

해리스의 분석은 정체성 자체와 정체성에 대한 인식에 따라 어떻게 자원을 얻거나 얻지 못할 수 있는지 보여준다는 점에서 유익하다. 이 자원에는 자부심, 가시성, 낙관적인 기대, 인종의 속박에서 자유로운 심리, 이동의 자유, 소속감, 그리고 이 모든 것을 누릴 자격이 있다는 의식이 포함된다.

우리는 백인성을 백인이라는 존재의 모든 측면—단순한 신체적 차이를 넘어 사회에서 백인으로 규정된다는 것의 의미와 그에 따른 물질적 이점과 관련이 있는 측면들—으로 생각할 수 있다. 또한 그 의미에 기반해 무엇이 주어지고 어떻게 주어지는지 생각해볼 수 있다. 전형적인 시각대로 인종주의가 어떻게 유색인에게 상처를 주는가 하는 물음에 주목하지 않고 오히려 백인성을 검토한다는 것은 곧 인종주의가 백인의 지위를 어떻게 높이는가 하는 물음에 주목한다는 것이다.

백인성은 근본적인 한 가지의 전제에 의존한다. 바로 백인은 인류의 기준 또는 표준이고 유색인은 그런 기준에서 벗어난다는 규정이다. 백인은 백인성을 인정하지 않거니와, 백인의 준거점을 보편적인 준거점으로 상정하고 누구에게나 강요한다. 백인은 누군가의 삶과 인식에 영향을 줄 수 있는 특정한 상태로서의 백인성에 관해 생각하기를 아주 힘들어한다.

W. E. B. 듀보이스Du Bois와 제임스 볼드윈James Baldwin을 비

롯한 유색인은 수백 년까지는 아니더라도 수십 년 동안 백인성에 관해 썼다. 이 저자들은 백인에게 그들 자신에게로 시선을 돌려 인종에 의해 분열되는 사회에서 백인이라는 것이 무엇을 의미하는지 탐구할 것을 촉구했다. 일례로 1946년에 한 프랑스 기자가 프랑스로 이주한 미국 작가 리처드 라이트Richard Wright에게 미국의 '검둥이 문제'에 대해 어떻게 생각하느냐고 물었을 때 라이트는 "검둥이 문제는 전혀 없습니다. 오직 백인 문제만 있습니다"라고 답변했다.[20]

라이트가 지적한 대로, 유색인에 대한 인종주의는 진공에서 생겨나지 않는다. 그럼에도 미국에서 인종주의가 백인을 빼고서 작동할 수 있다는 생각이 흑인 역사의 달Black History Month(미국에서는 2월―옮긴이)과 같은 기념행사를 통해 강화되고 있다. 예컨대 흑인 역사의 달에 우리는 미국 남북전쟁과 시민권 운동에 대해 배우긴 하지만, 마치 이들 사건이 미국 역사 전체와 별개로 발생한 것처럼 배운다. 이렇게 피부색에 기반하는 기념행사에서 백인을 쏙 빼는 일반적인 방식에 더해, 유색인의 성취를 전반적인 사회적 맥락과 분리하고 탈정치화하는 특수한 방식도 있다. 이를테면 우리가 흑인 문화의 영웅들에 대해 이야기하는 방식이 그렇다.

재키 로빈슨Jackie Robinson의 이야기는 백인, 백인의 특권, 인종주의적 제도를 시야에서 지움으로써 인종주의를 감추는 백인성의 방식을 보여주는 대표적인 사례다. 로빈슨은 피부색 장벽을 깨고 메이저리그에서 활약한 최초의 아프리카계 미국인으로 칭송받곤 한다. 로빈슨이 굉장한 야구선수였던 것은 분명하지만, 이런 줄거리는 그를 인종 면에서 특별한 사람으로, 자기 능력으로 피부색 장벽을 부순 흑인으로 묘사한다. 여기에 깔린 의미는 로빈슨이 마침내 백인 선수들과 겨룰 만한 실력을 갖추었다는 것인데, 이는 로빈슨 이전에는 어떠한 흑인 선수도 그 수준에서 경쟁할 만한 실력을 갖추지 못했다는 말이나 마찬가지다. 이 이야기를 "재키 로빈슨, 백인이 허가한 최초의 메이저리그 흑인 선수"로 바꾸어 말한다고 상상해보라. 두 이야기 사이에는 결정적인 차이가 있는데, 로빈슨이 얼마나 환상적인 선수였든 간에 백인—제도를 통제한 사람들—이 허가하지 않았다면 메이저리그에서 뛸 수 없었을 것이기 때문이다. 로빈슨이 백인 구단주들과 정책 결정자들의 허가를 받지 않고 야구장 안으로 들어갔다면, 경찰이 그를 끌어냈을 것이다.

인종적 예외 사례에 대한 서사는 백인의 제도적 통제력이 유지되는 동시에 개인주의와 능력주의 이데올로기가 강화되고 있는 현실을 가린다. 이런 서사는 아프리카계 미국인 선수들에게 야구장을 열어주기 위해 보이지 않는 곳에서 오랫동안 힘쓴 백인 협력자들을 가린다는 점에서 백인에게도 해롭다. 이 협력자들은 다른 백인들에게 절실히 필요한 역할모델이 될 수 있었을 것이다(다만 야구에서 인종 격리를 폐지한 데에는 이 협력자들의 경제적 유인이 작용했다는 점도 인정해야 한다).

나는 흑인 역사의 달에 반대하지 않는다. 그러나 백인성을 강화하지 않는 방식으로 기념해야 한다고 생각한다. 백인 역사의 달은 왜 없냐고 묻는 사람들이 있는데, 그런 달이 없다는 사실 자체가 백인성이 어떻게 작동하는지를 잘 보여준다. 백인 역사는 그것을 인정하지 않는 현실에 내포되어 있다. 다시 말해 백인 역사는 역사의 표준이다. 예컨대 우리가 흑인 역사와 여성 역사에 대해 말할 자격을 갖출 필요가 있다는 사실은 이런 노력이 표준에서 벗어난다는 것을 시사한다.

백인성 연구 분야의 저명한 백인 학자인 루스 프랑켄버그Ruth Frankenberg는 백인성을 다차원적인 것으로 묘사한다. 이 차원들에는 구조적 이점을 누리는 위치, 백인이 그들 자신과 타인, 사회를 보는 관점, 거명되거나 인정되지 않는 일군의 문화적 관행 등이 포함된다.[21] 백인성이 구조적 이점을 누리는 위치라고 말하는 것은 곧 백인이 사회와 제도 내에서 특권적 위치에 있다는 것—내부자로 보이고 그런 소속에 따른 혜택을 누린다는 것—을 인식하는 것이다. 그 위치에 있으면 노력하지 않더라도 자동으로 이점을 얻게 된다. 백인은 사회의 주요한 제도를 모두 통제하고 다른 사람들이 준수할 수밖에 없는 정책과 관행을 정한다. 소수의 유색인 개인들—콜린 파월, 클래런스 토머스, 마르코 루비오, 버락 오바마—이 권력 집단에 들어갈 수는 있지만, 그들은 현상 유지를 지지하고, 인종주의를 위협할 만한 유의미한 방식으로 이 이념에 도전하지 않는다. 이 공적 인물들이 권력자 위치

에 있다고 해서 인종주의를 경험하지 않는 것은 아니지만(오바마
는 전례없는 모욕과 저항을 겪었다), 그렇더라도 현 상황은 고스란히
유지된다.

백인성이 하나의 관점이라고 말하는 것은 곧 스스로를 인종
밖에 있거나 인종에 무지한 개인—'그저 인간'—으로 보는 것이
백인 정체성의 중요한 측면이라고 말하는 것이다. 이 관점에 따
르면 백인과 그들의 이해관계가 인류의 중심에 있고 인류를 대
표한다. 또한 백인은 사회의 지배적 서사—개인주의와 능력주
의 같은 서사—를 만들어내고 강화하는 한편, 이런 서사를 이용
해 다른 인종 집단들의 위치를 설명한다. 이런 서사에 기대어 우
리는 사회의 제도 안에서 이루어내는 우리의 성공을 자축하고,
성공하지 못한다는 이유로 다른 집단들을 비난한다.

백인성에 백인이 인식하지 못하는 일군의 문화적 관행이 포
함된다고 말하는 것은 곧 인종주의를 백인에게 유리한 점과 유
색인에게 불리한 점을 끊임없이 만들어내는 규범과 행위의 망으
로 이해하는 것이다. 이런 규범과 행위에는 모든 사람에게 주어
진다고들 하지만 실제로는 백인에게만 꾸준히 주어지는 기본권
과 선의의 해석이 포함된다. 백인에게 혜택을 주는 인종주의의
차원들은 보통 백인에게는 보이지 않는다. 우리는 인종의 의미,
인종이 우리 자신의 삶에 끼치는 영향을 알지 못하거나 인정하지
않는다. 그런 이유로 우리는 백인의 특권과 이 특권을 만들어내
고 유지하는 규범을 인식하지 못하거나 인정하지 않는다. 그 결

과로 우리는 백인성이 유의미하고 부당한 이점을 제공한다는 말은 고사하고 백인성이라는 말만 들어도 몹시 당황하고 동요하게 되고, 그리하여 백인의 취약성에 따른 방어적 반응을 보이게 된다.

백인 우월주의

1950년대와 1960년대의 시민권 운동을 되돌아볼 때 우리가 생각하는 백인 우월주의자들은 간이식당에서 흑인을 두들겨패고, 흑인 교회를 폭파하고, 1960년에 루이지애나에서 백인 전용 초등학교의 인종차별을 처음으로 철폐한 아프리카계 미국인 어린이 루비 브리지스Ruby Bridges를 향해 고함을 치는, 사진과 텔레비전에서 본 사람들일 것이다. 오늘날에는 버지니아에서 횃불 행진을 벌이거나 남부연합 전쟁기념비 철거에 항의하며 '피와 땅'을 외치는 자칭 '대안 우파alt-right' 백인 민족주의자들을 떠올릴 것이다. 대다수 백인은 이런 백인 우월주의자 이미지와 자신을 동일시하지 않으므로 이 용어가 더 넓은 의미로 쓰이는 것을 몹시 불쾌해한다. 그렇지만 사회학자들과 현재 인종 정의正義 운동에 참여하는 사람들이 보기에 백인 우월주의는 유용한 기술적記述的 용어, 즉 백인으로 규정되고 인식되는 사람들이 가정하는 포괄적인 자기중심성과 우월주의, 그리고 이 가정에 기반하는 관행을 포착하는 용어다. 이 맥락에서 백인 우월주의는 백인 개개인과 그들의 개인적인 의도 또는 행위가 아니라 전체를 아우르는 정치적·경제적·사회적 지배 체제를 가리킨다. 다시 말하건대 인종주의는 사건이 아닌 구조다. 백인 우월주의를 공공연히 선언하는 혐오 단체들이 존재하고 이 용어가 그들까지 가리키는 한, 대중은 **백인 우월주의**라는 용어를 접하면 이런 과격한 단체들만 떠올릴 것이다. 이렇게 백인 우월주의를 축소하는 정의는 더 큰 체제가 작동 중인 현실을 가리고 이 체제를 논하지 못하게 막는다.

다른 문화들에서도 어느 인종 집단이 나머지 인종 집단들보다 우월하다는 다른 견해에 기반해 인종주의가 존속하긴 하지만, 미국은 세계적 강대국이며, 영화와 대중매체, 기업 문화, 광고, 미국산 제조품, 주둔군, 역사적 식민관계, 선교사업 등의 수단을 통해 백인 우월주의를 전 세계로 퍼뜨리고 있다. 이 강력한 이데올로기는 서구를 훌쩍 넘어선 지역들에서 백인성이 인류의 이상이라고 생각하도록 조장한다. 백인 우월주의는 특히 서구 국가들에 의한 식민주의 역사를 가진 나라들에서 유의미하다.

찰스 W. 밀스Charles W. Mills는 《인종계약The Racial Contract》이라는 책에서 유럽 사람들이 세계의 나머지 모든 사람들과의 관계에서 백인 우월주의라는 이상을 역설하고 조장하고 유지하기 위해 인종계약이라는 협약을 암묵적으로, 때로는 명시적으로 맺는다고 주장한다. 인종계약은 유럽 사회계약의 의도적이고 본질적인 특성으로서, 다른 모든 사회계약의 근간을 이룬다. 백인 우월주의는 백인과 비백인, 완전한 인간과 열등한 인간을 규정함으로써 유럽인의 세계 지배 체제를 형성해왔다. 백인 우월주의는 백인의 도덕이론과 도덕심리학에 영향을 주고, 이데올로기적 길들이기와 폭력을 통해 비백인에게 강요된다. 밀스는 "보통 인종주의적 '예외'로 여겨온 것이 실은 통례였고, '통례'[인종 평등]로 여겨온 것이 실은 예외였다"라고 말한다.[22]

밀스는 백인 우월주의를 "근대 세계를 오늘날의 모습으로 만든, 거명되지 않은 정치체제"로 묘사한다.[23] 그리고 백인 우월주의가 수백 년 동안 서구 정치사상에 영향을 주었음에도 불구하고 결코 거명되지 않는다고 지적한다. 이런 식으로 다른 정치체제―사회주의, 자본주의, 파시즘―를 규명하고 연구하는 동안 백인 우월주의는 보이지 않게 된다. 실제로 백인 우월주의의 힘은 대부분 그 비가시성에서, 즉 다른 모든 정치계약과 사회계약을 뒷받침하는, 당연시되는 측면에서 나온다.

밀스는 백인의 취약성을 이해하는 데 아주 중요한 두 가지 점을 지적한다. 첫째, 백인 우월주의는 결코 인정되지 않는다. 둘째, 어떤 사회·정치체제든 간에 그것이 인종에 의해 어떻게 조정되는지 다루지 않고는 연구할 수 없다. 백인 우월주의를 인정하지 않는 것은 곧 검토하지 않고 그대로 유지하는 것이다.

타네하시 코츠는 에세이 〈배상 옹호The Case for Reparations〉에서 이와 비슷한 지적을 한다.

세계에서 가장 오래된 공화국들 중 하나가 백인 우월주의라는 토대 위에 세워졌다는 사실을 무시하고, 이원적 사회의 문제들과 규제받지 않는 자본주의의 문제들이 마치 같은 것처럼 가장하는 것은, 국가적 거짓말의 죄로 국가적 약탈의 죄를 가리는 것이다. 이 거짓말은 미국의 빈곤을 줄이는 것과 백인 우월주의를 끝내는 것이 같지 않다는 사실을 무시한다. (…) 백인 우월주의는 단순히 성마른 선동가들의 소산이나 그릇된 의식의 문제가 아니라, 이것 없는 미국을 상상하기 어려울 정도로 미국의 근간을 이루는 힘이다.[24]

역사적이고 지속적인 백인 우월주의의 현실을 고려하면, 가장 기본적인 수준에서 차별을 개선하려는 프로그램 때문에 '역'인종차별을 당한다고 투덜대는 백인의 불평은 옹졸하고 기만적인 것이다. 밀스는 다음과 같이 요약했다.

전 세계에서나 특정한 민족국가 내에서나 백인과 유럽인, 그들의 후손은 인종계약 덕에 혜택을 받고 있다. 인종계약은 그들의 문화적 이미지에 들어맞는 세계, 그들의 이해관계를 차별적으로 우선하는 정치적 상황, 다른 집단에 대한 인종적 착취를 기반으로 구축된 경제, 그리고 의식적 또는 무의식적으로 그들에게 특권을 주는 한편 인종별로 자격에 차이가 있는 현 상황을 규범적으로 정당하고 더 따져볼 필요가 없는 상황으로 받아들이는 (…) 도덕적 심리를 만들어낸다.[25]

인종학자들은 **백인 우월주의**라는 용어를 사용해, 백인으로 규정되고 인식되는 사람들에게 혜택을 주는 인종 범주들에 기반하는 사회정치적·경제적 지배 체제를 설명한다. 이 구조적 권력의 체제는 하나의 집단으로서의 백인을 특권화하고, 결집하고, 밀어올린다. 예를 들어 2016~2017년에 미국의 제도를 통제한 사람들의 인종을 살펴보면, 진실을 드러내는 수치를 마주하게 된다.

- 미국 최고 부자 10명: 100퍼센트 백인(이 가운데 7명은 세계 최고 부자 10명 안에 든다)
- 미국 연방의회: 90퍼센트 백인
- 미국 주지사: 96퍼센트 백인
- 최고위 군사고문: 100퍼센트 백인
- 대통령과 부통령: 100퍼센트 백인
- 미국 의회 프리덤 코커스Freedom Caucus(공화당 내 강경 보수파의 모임—옮긴이): 99퍼센트 백인
- 현재 미국 대통령 내각: 91퍼센트 백인
- 우리가 보는 텔레비전 쇼를 결정하는 사람들: 93퍼센트 백인
- 우리가 읽는 책을 결정하는 사람들: 90퍼센트 백인
- 어떤 뉴스를 보도할지 결정하는 사람들: 85퍼센트 백인
- 어떤 음악을 생산할지 결정하는 사람들: 95퍼센트 백인
- 역대 세계 흥행 수입 상위 영화 100편의 감독들: 95퍼센트 백인

- 교사: 82퍼센트 백인

- 전임교수: 84퍼센트 백인

- 미식축구 프로팀 구단주: 97퍼센트 백인[26]

이 숫자들은 대수롭지 않은 조직을 가리키는 것이 아니다. 특수이익 집단을 가리키는 것도 아니다. 위에서 열거한 집단들은 미국에서 가장 강력한 집단들이다. 이 숫자들은 '좋은 사람들' 대 '나쁜 사람들'의 문제가 아니다. 이 숫자들은 사회 전체에서 자신들의 자아상, 세계관, 이해관계를 퍼뜨리고 보호할 수 있는 한 인종 집단의 권력과 통제력을 나타낸다.

백인 우월주의를 퍼뜨리는 가장 강력한 방법 중 하나는 우리가 세상을 보는 방식에 심대한 영향을 미치는 미디어를 통한 재현이다. 시나리오를 쓰고 영화를 감독하는 사람들은 우리 문화의 서술자이며, 그들이 말하는 이야기는 우리의 세계관을 형성한다. 백인 다수가 유색인(특히 흑인)과 동떨어진 인종적 환경에서 살아가고 진실한 인종 간 관계를 거의 맺지 않는 현실을 고려하면, 백인은 영화에 담긴 인종적 메시지로부터 깊은 영향을 받는다.

앞서 나열한 통계자료 중 하나를 생각해보라. 2016년에 역대 세계 흥행 수입 상위 영화 100편 가운데 95편의 감독이 백인 미국인이었다(100명 중 99명이 남성). 이 정도면 믿기 힘들 정도로 동질성이 높은 감독 집단이다. 이 남자들은 인종, 계급, 젠더의 면에서 십중팔구 사회 위계의 꼭대기에 있을 것이므로 진정으로 평등을 지향하는 인종 간 관계를 폭넓게 맺을 가능성이 거의 없다. 그럼에도 그들은 인종적 '타자'를 재현하는 위치에 있다. 그런 이유로 그들의 '타자' 재현은 지극히 편협하고 문제가 있지만, 그럼에도 되풀이해 강화된다. 더욱이 이렇게 편향된 재현은 전 세계로 퍼져나간다. 백인 우월주의는 서구에서 기원했으나 세계 전역에서 유포된다.

백인 우월주의에 대한 백인의 저항은 이런 메시지가 우리에게 얼마나 영향을 미치는지 검토하지 못하도록 막는다. 노골적인 백인 우월주의자들은 이를 알고 있다. 한때 백인 민족주의자였던 크리스티안 피키올리니Christian Picciolini는 백인 민족주의자들이 더 많은 사람들에게 호소하려면 **인종주의자**와 **백인 우월주의**라는 용어를 멀리해야 한다는 점을 알고 있었다고 설명한다. 그리고 '대안 우파' 운동과 백인 민족주의자 운동을 가리켜 백인 우월주의적 메시지를 듣기 좋게 다듬으려는 30년에 걸친 노력의 정점이라고 말한다. "당시 우리는 평균적인 미국 백인 우월주의자들에게 등을 돌리고 있다는 것과 우리 이웃들과 더 비슷하게 보이고 말할 필요가 있다는 것을 알고 있었다. 우리는 메시지를 뒤섞고 정상화하고 입맛에 맞게 바꾸어야 한다고 생각했다."[27] 데이비드 듀크David Duke(백인 우월주의자, 극우파 정치인, KKK의 전 대표─옮긴이)의 대자代子로 한때 백인 민족주의 운동의 청년 지도자였던 데릭 블랙Derek Black은 이렇게 설명한다. "내 말의 요지는 여러분이 백인 민족주의자로 밝혀져 그에 따르는 온갖 논쟁에 휘말리지 않는다면, 공화당 의원으로 출마할 수 있고, 이민을 차단해야 하고 소수집단 우대 정책과 싸워야 하며 세계화를 끝내야 한다는 등의 말을 할 수 있고, 이런 지위들을 차지할 수 있다는 것이었다."[28]

백인 우월주의를 노골적으로 드러내는 표현과 거리를 두는 것이 중요하다는 점을 맨 먼저 인식한 사람들은 오늘날의 백인 우월주의자들이 아니다. 로널드 레이건과 조지 H. W. 부시 대통령의 고문을 지낸 공화당 정치전략가 리 애트워터Lee Atwater는 1981년 인터뷰에서 이른바 '남부 전략'—인종주의를 공공연히 표명하지 않으면서도 백인 남부 유권자들의 인종주의에 호소하는 방법—을 설명했다.

1954년에 여러분은 "검둥이, 검둥이, 검둥이"라고 말하면서 시작했습니다. 1968년에는 "검둥이"라고 말할 수 없었습니다. 그렇게 말하면 곤란해졌어요. 역풍을 맞았죠. 그래서 강제 버스 통학, 주의 권리 따위를 말했습니다. 지금 여러분은 세금 감면에 대해 말할 정도로 추상화되고 있고, 여러분이 이야기하는 모든 사안은 완전히 경제적인 사안이며, 그 부차적인 결과로 흑인이 백인보다 더 곤란해지고 있습니다. 그리고 잠재의식의 차원에서 보면, 이런 결과는 아마도 추상화 추세의 일부일 테지요. (…) 하지만 내 말은 이야기가 추상화되고 암호화될수록 우리가 인종 문제에서 이런저런 방식으로 멀어진다는 것입니다. 나를 따라 하세요. 가만히 앉아서 "우리는 이것을 삭감하기를 원한다"라고 말하는 것이 명백히 강제 버스 통학 따위를 말하는 것보다 훨씬 더 추상적이고, "검둥이, 검둥이"라 말하는 것보다 엄청나게 더 추상적이니까요.[29]

우리가 **백인 우월주의**라는 용어에 불쾌감을 느낄수록 이 용어가 묘사하는 과정이 보호를 받고 인종 불평등의 메커니즘이 가려질 뿐이다. 나는 많은 백인이, 특히 백인 우월주의를 극단적인 혐오 단체와 연관짓는 나이 든 백인이 이 용어에 매우 격앙된 반응을 보이는 것을 이해한다. 그렇지만 내가 납득시키고자 한 대로, 백인 우월주의는 노골적인 백인 민족주의자들의 행동보다 훨씬 더 만연하고 미묘한 무언가다. 백인 우월주의는 우리가 살아가는 문화, 즉 백인인 사람들과 이들(백인성)과 연관된 모든 것을 이상적인 것으로 자리매김하는 문화를 가리킨다. 백인 우월주의는 백인이 유색인보다 우월하다는 관념 그 이상이다. 백인 우월주의는 이 관념을 뒷받침하는 더 깊은 차원의 전제다. 백인을 인류의 기준 또는 표준으로, 유색인을 이 기준에서 벗어난 존재로 규정하는 전제다.

백인 우월주의를 거명함으로써 우리는 두 가지 중요한 방식으로 대화를 바꿀 수 있다. 우선 체제를 눈에 보이도록 드러내고 변화의 초점을 그 체제에 속한 백인에게로 옮길 수 있다. 그리고 백인만이 평생 수행해야 하는 과제, 즉 인종주의에 가담하고 투자하는 행위에 도전하는 과제를 우리의 지향점으로 설정할 수 있다. 이 말은 유색인은 인종주의에 일조하지 않는다는 뜻이 아니라, 인종주의에 대한 모든 책임은 제도를 통제하는 사람들에게 있다는 뜻이다.

백인 인종 프레임

사회학자 조 피긴Joe Feagin은 백인이 스스로를 우월한 인간으로 자리매김하는 인종적 메시지를 어떻게 유포하고 강화하는지 묘사하기 위해 '백인 인종 프레임white racial frame'이라는 용어를 만들었다.[30] 백인 인종 프레임은 백인 우월주의에 의존하는 동시에 이 우월주의의 핵심 메커니즘으로 기능한다. 깊고도 넓은 이 프레임은 수천 개의 '조각들'을 내포한다. 이 조각들 각각은 한 사람과 집단에서 다른 사람과 집단으로, 한 세대에서 다음 세대로 전해지는 문화적 정보(이미지, 이야기, 해석, 생략, 침묵)다. 이 조각들은 예컨대 영화, 텔레비전, 뉴스 등의 매체와 가족과 친구가 들려주는 이야기를 통해 명시적·암묵적으로 유포된다. 백인은 끊임없이 백인 인종 프레임을 사용해 사회적 관계를 해석하고 새로운 조각을 통합함으로써 이 프레임을 점점 더 강화한다.

백인 인종 프레임의 가장 일반적인 수준에서는 백인이 문화와 성취의 면에서 우월한 존재로, 유색인이 사회적·경제적·정치적

성과의 면에서 대체로 백인보다 떨어지는 존재로 여겨진다. 또 국가를 운영하는 능력에서 유색인이 백인보다 열등하다고 여겨진다. 그다음 수준에서는 백인이 통제하는 사회제도(교육, 의료, 법률, 정부, 재정, 군대) 때문에 백인의 지배가 부각되지 않고 당연시된다. 백인이 이런 제도를 통해 불균형한 자원과 특권을 얻는다는 사실도 당연시된다. 우리가 '더 나은' 사람들이기 때문에 더 많은 자원과 특권을 얻을 자격이 있다는 것이다. 백인 인종 프레임의 가장 깊은 수준에서는 인종적 타자를 열등하게 보는 부정적인 고정관념과 이미지가 강화되고 받아들여진다. 또 이런 시각에 상응하는 두려움, 경멸, 분노 같은 감정이 축적된다.

이 프레임은 유색인에 대한 부정적인 이해와 백인과 백인 제도에 대한 긍정적인 이해를 모두 포함한다. 이 프레임은 대다수 백인이 결코 의식적으로 숙고하거나 의문시하지 않을 정도로 그들의 마음속 깊이 내면화된다. 당신의 의식적 자각 수준 아래에 있는 백인 인종 프레임을 감지하려면, 당신이 다른 인종 집단에 속하는 사람들을 처음으로 의식한 때가 언제였는지 떠올려보라. 유색인은 언제나 다른 인종 집단을 의식하며 살아왔다고 말하는 반면에 대다수 백인은 빨라도 5세부터 의식했다고 말한다. 당신이 주로 백인 환경에서 살아서 기억하기 어렵다면 디즈니 영화, 뮤직비디오, 스포츠 영웅, 중국 음식, 언트 제미마시럽(상표 이미지에 흑인 여성이 그려져 있다—옮긴이), 엉클 벤스 쌀(상표 이미지에 흑인 남성이 그려져 있다—옮긴이), 타코벨 치와와(타코벨은 멕시코 음식 체인이고 치와와는 이 기업의 마스코트다—옮긴이), 콜럼버스의 날, 만화 〈심슨 가족〉의 아푸(인도계 미국인 이민자로 나온다—옮긴이), 애니메이션 〈슈렉〉의 당나귀(흑인 배우 에디 머피가 목소리 연기를 했다—옮긴이)를 떠올려보라.

이런 재현 방식들을 되돌아본 다음 당신 자신에게 물어보라. 당신 부모는 인종은 중요하지 않으며 모든 사람이 평등하다고 당신에게 말했는가? 부모님에게 유색인 친구가 많았는가? 유색인이 당신 동네에 살지 않았다면, 그 이유는 무엇인가? 유색인은 어디서 살았는가? 당신은 어떤 이미지, 소리, 냄새를 다른 동네와 연관지었는가? 그 동네에서 어떤 종류의 활동을 한다고 생각했는가? 그 동네에 가보라는 말을 들었는가, 아니면 가지 말라는 말을 들었는가?

학교는 어떠한가? 무엇이 좋은 학교의 관건이었는가? 누가 좋은 학교에 다녔는가? 누가 나쁜 학교에 다녔는가? 당신 지역의 학교들이 인종별로 분리되어 있었다면(오늘날 미국의 대다수 학교들처럼), 왜 당신은 다인종 학교를 다니지 않았는가? 당신이 다른 동네에 살았기 때문이라면, 왜 다른 동네에 살았는가? 당신이 다닌 학교와 비교해 '그들'의 학교는 동급이었는가, 상급이었는가, 하급이었는가? 당신의 타운에서 강제 버스 통학이 시행되었다면, 누가 어떤 인종의 학교로 통학했는가? 강제 버스 통학은 왜 한쪽 방향으로만 시행되었는가?

당신이 다인종 학교에 다녔다면, 교내식당에서 모든 인종과 함께 앉았는가? 아니라면 왜 그랬는가? 우등 학급 또는 대학과 목 선이수 학급과 열등 학급에도 여러 인종이 섞여 있었는가? 아니라면 왜 그랬는가?

이제 교사들을 떠올려보라. 당신과 같은 인종의 교사를 언제 처음 만났는가? 같은 인종의 교사들을 자주 만났는가?

대다수 백인은 이런 질문들을 곰곰이 생각하다가 자신이 거의 언제나 백인 교사를 만났다는 사실, 대학에 입학할 때까지 유색인 교사를 만나지 않았다는 사실을 깨닫는다. 역으로 대다수 유색인은 그들의 인종(들)을 반영하는 교사를 좀처럼 만나지 못한다. 우리의 인종적 사회화와 우리가 학교에서 받는 메시지를 드러내려고 노력할 때 교사에 대해 숙고하는 것이 중요한 이유는 무엇인가?

지금까지 말한 질문들에 답할 때 어떤 인종들이 다른 인종들보다 당신에게 지리적으로 더 가까웠는지도 고려하라. 당신이 다닌 학교가 다양한 인종으로 이루어진 학교로 인식되었다면, 어떤 인종의 학생들이 더 많았는가? 또 인종 분포가 학교의 가치에 대한 평가에 얼마나 영향을 주었는가? 가령 백인과 아시아계 학생들이 주요 인종 집단이었다면, 당신 학교는 흑인과 라틴계 학생들이 더 많은 학교보다 더 높게 평가받았을 공산이 크다. 그 학교에서 당신은 인종 위계와 그 위계 내 당신의 위치에 관해 무엇을 배웠는가?

당신이 미국의 대다수 사람들처럼 인종 분리 동네에 살면서 인종 분리 학교에 다녔다면, 모든 사람이 평등하다는 주장과 인종 분리라는 현실 사이의 부조화를 알아챌 수밖에 없었을 것이다. 설령 당신이 인종 통합 동네에서 살았고/살았거나 인종 통합 학교에 다녔을지라도, 학교 밖 사회의 대다수 부문들에서, 특히 가치나 질이 높다고 평가받는 부문들에서 인종 분리를 알아챌 수밖에 없었을 것이다. 또 인종 통합 학교임에도 교내에 인종 분리가 존재했을 가능성이 높다. 그리고 사회계급이나 동네의 변화하는 인구 구성 때문에 인종들끼리 더 통합된 환경에서 자란 사람들의 경우, 지금까지 인종 통합을 유지하며 살아왔을 가능성은 별로 없다. 이런 문제들에 대해 숙고하는 것은 우리 모두가 흡수하고 의식 수준 아래에서 우리의 행동과 반응에 영향을 주는 메시지들을 더 깊게 논의하기 위한 출발점이다.

미국에서 인종은 지리로 암호화된다. 나는 내가 사는 도시에 속한 모든 동네의 이름을 대고 각 동네의 인종 구성을 말할 수 있다. 또 어느 동네의 집값이 오르거나 떨어지고 있다면, 그 결과가 주로 그 동네의 인종 구성 변화로 나타날 것이라고 예측할 수 있다. 집값이 오르고 있는가? 그렇다면 백인이 늘어날 것이다. 떨어지고 있는가? 그렇다면 백인이 줄어들 것이다. 어린 시절에 학교 벽에 붙은 포스터와 〈세서미 스트리트〉 같은 텔레비전 프로그램은 내게 모든 사람이 평등하다고 분명하게 말했지만, 우리는 다른 인종과 섞여 살지 않았다. 나는 이런 인종 분리를 알아챌 수밖에 없었다. 모두가 평등하다면, 우리끼리 따로 살아가는 이유는 무엇일까? 당시 나는 따로 사는 것이 틀림없이 정상적이고 자연스러운 생활방식이라고 생각했다(분명 나는 인종 분리와 관련해 어른들이 불평하는 소리를 들어본 적이 없다). 그리고 더 깊은 수준에서, 우리가 더 나은 사람들이므로 따로 사는 것이 틀림없이 옳다고 생각했다. 우리가 더 나은 사람들이라는 메시지를 나는 어떻게 받았던 것일까? 우리가 백인 동네에 대해 어떻게 말하는지 생각해보라. 안전하고 평온하며 깨끗하고 호감 가는 좋은 동네라고 말한다. 정의상 다른 공간(백인이 살지 않는)은 위험하고 범죄가 자주 발생하며 가기 꺼려지는 좋지 않은 곳이다. 그런 동네는 평온하고 무해한 곳으로 자리매김하지 못한다. 백인 인종 프레임은 이런 식으로 구성된다.

주로 백인이 사는 동네들은 인종에서 벗어나 있지 않다. 오히려 인종으로 **가득 차** 있다. 우리가 그런 환경에서 보내는 모든 순간은 백인 인종 프레임의 강력한 측면들을 강화한다. 예컨대 좁은 세계관, 유색인에 대한 매우 문제적인 묘사, 유색인을 알아가는 일에 가치가 있을지도 모른다는 생각 없이 인종 분리에 안주하는 태도, 내면화된 우월의식 등을 강화한다. 그 결과 인종 간 경계선을 넘어 건설적인 관계를 맺는 우리의 역량은 크게 제한된다.

백인 인종 프레임이 어린이에게 무엇을 가르치는지 알아보기 위해 백인 어머니와 백인 자녀가 식료품점에 있다고 상상해보자. 아이가 한 흑인 남성을 보고서 "엄마, 저 남자 피부가 검은색

이야!" 하고 소리친다. 그 흑인 남성을 포함해 몇 사람이 돌아본다. 그럴 때 백인 어머니는 어떻게 반응할까? 대부분 곧장 입에 손가락을 대고서 "쉿!"이라 말할 것이다. 백인에게 그 어머니의 기분이 어떨 것 같냐고 물어보면 대부분 그녀가 불안감과 긴장감, 당혹감을 느낄 것이라는 데 동의한다. 실제로 우리는 대부분 비슷한 경험을 한 적이 있으며, 그런 경험의 메시지는 분명했다. 인종에 대해 공공연히 말하지 말라는 메시지였다.

내가 이 사례를 학생들에게 들려준다면 이따금 어떤 학생이 백인 어머니는 자식에게 그저 예의를 지킬 것을 가르쳤을 뿐이라고 말할 것이다. 달리 말하면, 흑인 남성의 인종을 거명하는 행동이 예의에 어긋난다는 것이다. 그런데 어째서 예의에 어긋나는가? 흑인의 어떤 점이 수치스럽단 말인가? 우리가 알고도 모르는 척해야 할 정도로 수치스러운 게 무엇이란 말인가?[31] 백인 어머니는 흑인 남성이 눈에 띄는 장애인이거나 비만인이었더라도 같은 반응을 보였을 것이다. 그러나 자녀가 어떤 백인을 보고서 "엄마, 저 남자 피부가 흰색이야!" 하고 소리쳤다면, 어머니가 앞의 경우처럼 불안감과 긴장감, 당혹감을 느꼈을 가능성은 낮다.

이제 백인 아이가 어떤 남자를 보고서 정말 잘생겼다거나 정말 힘이 세다고 소리쳤다고 상상해보자. 이 말에 어머니는 싱긋 웃거나 미소를 지을 것이다. 그리고 아이에게 조용히 하라는 소리를 하지 않을 텐데, 이런 말을 칭찬으로 받아들이기 때문이다.

백인 아이가 흑인 남성의 인종을 공공연히 언급할 때 아이의 어머니가 당황해하는 예는 백인 어린이가 겪는 인종적 사회화의 몇 가지 측면을 잘 보여준다. 첫째, 백인 어린이는 인종에 대해 공공연히 말하는 것이 금기임을 배운다. 둘째, 백인 어린이는 어떤 사람들을 다른 사람들보다 덜 가치 있는 존재로 규정하는 바람직하지 않은 측면들(얼굴에 있는 큰 모반, 휠체어 사용)을 못 본 척해야 한다는 것을 배운다. 이런 가르침은 훗날 백인 성인이 백인이 아닌 사람(특히 **흑인**으로 거명되는 사람)의 인종을 거명하기에 앞서 마치 흑인성이 수치스러운 특성이거나 이 단어를 말하는 것 자체가 실례인 것처럼 목소리를 낮출 때 밖으로 드러난다. 우리가 언행을 덜 조심하는 사적인 자리에서 유색인에 대해 하는 모든 발언까지 고려하면, 백인 어린이가 인종을 대하는 법을 어떻게 배우고 있는지 눈에 들어오기 시작할 것이다.

제3장

시민권 운동 이후의
인종주의

"오늘날 어린이들은 활짝 열려 있다. 노인들이 세상을 떠날 때, 우리는 마침내 인종주의로부터 자유로워질 것이다."

"나는 작은 시골 공동체에서 자란 터라 온실 속의 화초와 같았다. 인종주의에 대해서는 아무것도 배우지 않았다."

"나는 겉모습이 아닌 행동으로 사람을 판단한다."

"나는 피부색을 보지 않는다. 사람을 본다."

"우리 모두 피부 아래는 빨간색이다."

"나는 1960년대에 행진에 참가했다."

신인종주의는 시간이 흐름에 따라 인종주의가 적응해온 방식을 포착하기 위해 영화학 교수 마틴 바커Martin Barker가 만든 용어다.

바커에 따르면 인종주의는 현대의 규범과 정책, 관행을 통해 과거와 같은 결과를 가져오면서도 인종주의를 노골적으로 드러내지 않는 방식으로 적응해왔다.[1] 사회학자 에두아르도 보닐라-실바Eduardo Bonilla-Silva는 저서 《인종주의자 없는 인종주의: 색맹 인종주의와 미국 내 인종 불평등의 지속Racism Without Racists: Color-Blind Racism and the Persistence of Racial Inequality in America》에서 이 역학을 포착한다.[2] 그는 이제 사실상 아무도 인종주의자를 자처하지 않지만 인종주의는 여전히 존재한다고 말한다. 어떻게 그럴 수 있을까? 인종주의의 적응력이 뛰어나기 때문이다. 이렇게 적응력이 뛰어나기 때문에 우리는 시간이 지나면서 인종주의가 어떻게 변화하는지 알아볼 수 있어야 한다.

일례로 백인 민족주의자들이 행진을 벌이고 반대편 시위자를 살해한 사건이 있은 후 도널드 트럼프 대통령은 "양쪽 다 아주 훌륭한 사람들"이 있다고 말했다. 몇 년 전만 해도 고위 공직자가 이런 발언을 하는 광경은 상상할 수도 없었을 것이다. 그러나 트럼프 대통령에게 당신 인종주의자냐고 묻는다면, 장담하건대 단호히 부인하는 답변이 돌아올 것이다(실제로 트럼프는 얼마 전에 자신이 세상에서 "가장 덜 인종주의적인" 사람이라고 말했다). 이 장에서는 시간의 흐름 속에서 인종주의가 인종 격차를 초래하면서도 사실상 모든 백인에게서 인종주의에 관여하거나 인종주의로부터 혜택을 받는다는 혐의를 벗겨주는 방향으로 적응해온 다양한 방식을 검토할 것이다.

모든 억압 체제는 적응력을 지니고 있다. 억압 체제는 도전을 견뎌내고 또 도전에 적응하면서도 불평등을 유지할 수 있다. 예를 들어 연방 차원에서 동성결혼과 장애인을 위한 편의를 인정한 사례를 살펴보자. 이성애주의 체제와 장애인 차별은 전반적으로 존속하면서도 한정된 방식으로 도전에 적응해왔다. 이런 적응 사례는 특정한 변화를 위해 오랫동안 힘들게 싸워온 사람들에게 이제 평등이 이루어졌음을 확인해주는 증거로 제시된다. 물론 이렇게 이정표가 되는 사건들(동성결혼 인정, 장애인법 통과, 타이틀 9, 오바마의 당선)은 중요하고 축하할 만한 일이다. 그러나 억압 체제는 사회에 깊이 뿌리내리고 있으며 법률 하나를 통과시켰다고 해서 극복할 수 있는 성질의 것이 아니다. 게다가 근래에 LGBTQI(레즈비언, 게이, 바이섹슈얼, 트랜스젠더, 퀴어 또는 퀘스처닝, 간성intersex) 사람들의 권리와 관련한 난제를 보면 알 수 있듯이, 진보는 더디게 찾아온다. 억압 체제에 융통성이 전혀 없는 것은 아니다. 그러나 억압 체제는 대중 이데올로그들이 주장하는 것보다 융통성이 훨씬 떨어지며, 역사의 여느 시대처럼 오늘날에도 불평등한 자원 분배를 통해 집단적 영향을 끼치고 있다.

색맹 인종주의

이른바 색맹 인종주의는 문화적 변화에 적응하는 인종주의의 능력을 보여주는 예다.[3] 이 이데올로기에 따르면, 우리가 인종을 보지 않는 척한다면 인종주의는 존재하지 않을 수 있다. 이 생각의 근거는 1963년 마틴 루서 킹 박사가 일자리와 자유를 위해 워싱턴으로 행진하던 중에 행한 연설 〈나에게는 꿈이 있습니다 I Have a Dream〉에 포함된 한 문장이다.

킹이 연설한 무렵에는 백인이 자신의 인종 편견과 백인의 우월성에 대한 믿음을 인정하는 것이 지금보다 사회적으로 훨씬 더 용인되는 일이었다. 그런데 백인 다수는 흑인이 폭행당하는 광경을 한 번도 목격한 적이 없었다. 그러다가 텔레비전으로 방송된 시민권 투쟁을 계기로 흑인 남성과 여성, 어린이가 평화롭게 시위하는 와중에 경찰견과 소방 호스에 공격을 당하고 간이식당에서 얻어맞고 질질 끌려나가는 끔찍한 광경을 전국의 백인들이 똑똑히 보게 되었다. 1964년 민권법(인종, 피부색, 종교, 성별, 출신 국가에 의한 차별을 불법화한, 미국 시민권 운동과 노동법 역사에서 획기적인 사건)이 통과된 후로는 백인이 자신의 인종 편견을 인정하는 것이 사회적으로 덜 용인되는 일이 되었다. 백인은 텔레비전에서 목격했던 인종주의적 행동에 가담하고 싶어 하지 않았다(게다가 이제 그런 차별은 불법이었다). 그런 상황에서 마틴 루서 킹 연설의 한 문장—언젠가 피부색이 아닌 인격으로 평가받는 날이 오면 좋겠다는 문장—이 특히 백인 대중의 이목을 끌었는데, 킹의 표현이 인종 갈등 문제에 간단하고도 즉각적인 해법을 제공하는 것으로 보였기 때문이다. 바로 인종을 보지 않는 척하는 방법으로 인종주의를 끝내는 해법이었다. 그리하여 '색맹'이 인종주의의 해결책으로 홍보되었고, 백인은 자신이 인종을 보지 않는다고, 설령 보더라도 자신에게 인종은 전혀 의미가 없다고 우기기에 이르렀다.

분명 시민권 운동은 인종주의를 끝내지 못했다. 색맹 주장도 마찬가지였다. 그러나 킹의 활동을 이렇게 단순하기 짝이 없는 발상으로 축소한 사례는 사회 변화를 위한 운동이 어떻게 다른 목적에 동원되고, 초기의 도전 정신을 빼앗기고, 본래의 대의에 해롭게 활용될 수 있는지를 잘 보여준다. 예컨대 인종 색맹을 주장하는 사람들의 흔한 반응은 인종이 중요하다고 말하는 개인이 바로 인종주의자라고 단언하는 것이다. 달리 말하면, 인종을 인정하는 사람이 곧 인종주의자라는 것이다.

색맹 이데올로기를 유색인의 시각에서 살펴보자. 내가 자주 드는 사례는 아프리카계 미국인 남성 동료와 함께 워크숍을 진행하던 중에 일어난 일이다. 한 백인 여성 참가자가 그에게 "나는 인종을 보지 않습니다. 당신을 흑인으로 보지 않아요"라고 말했다. 내 동료는 "그러면 당신은 어떻게 인종주의를 볼 수 있습니까?"라고 대꾸했다. 그런 다음 그녀에게 자신은 흑인이고, 장담하건대 당신은 이 사실을 볼 수 있으며, 자신의 인종은 본인의 경험이 당신의 경험과 매우 다르다는 것을 의미한다고 설명했다. 그녀가 인종주의를 이해하거나 인종주의에 도전하고자 한다면, 이 차이를 인정할 필요가 있다는 말이었다. 그가 흑인임을 알아채지 못하는 척하는 그녀의 태도는 여하튼 그에게 전혀 도움이 되지 않았는데, 그의 현실을 부인하고—실제로 눈앞에 있는 그를 거부했다—그녀 자신의 편협한 현실을 의심하지 않고 유지하겠다는 태도였기 때문이다. 이처럼 그녀는 그의 인종을 보지 않는 척하면서 그가 '자신과 똑같다'고 가정했고, 그로써 자신의 현실을 그에게 투영했다. 이를테면 내가 직장에서 환영받는다고 느끼고 있으니 당신도 틀림없이 똑같이 느낄 테고, 내가 나의 인종이 중요하다고 느낀 적이 없으니 당신도 틀림없이 당신의 인종이 중요하지 않다고 느낄 것이라는 식이다. 그러나 우리는 당연히 타인의 인종을 보며, 인종은 우리에게 깊은 사회적 의미가 있다.

우리는 자각적인 인종 의식을 빙산의 일각으로, 우리의 인종적 사회화의 표면으로 생각할 수 있다. 다시 말해 우리의 의도(언제나 선하다!)와 우리가 본다고 인정해야 하는 것(아무것도 없다!)을 우리의 인종적 사회화 가운데 겉으로 드러난 측면으로 생각할 수 있다. 그 표면 아래에는 엄청나게 깊은 인종주의적 사회화 과정—메시지, 신념, 이미지, 연상, 내면화된 우월의식과 자격의식, 인식, 감정 등이 전승되는 과정—이 있다. 색맹 이데올로기는 이런 무의식적 믿음을 따져보기 어렵게 한다. 인종 색맹이라는 발상은 처음에 인종주의를 저지하기 위한 선의의 전략으로 제시되었을지 몰라도, 실제로는 인종주의라는 현실을 부인함으로써 그 현실을 유지하는 기능을 해왔다.

인종 편향은 대체로 무의식적이며, 여기에 가장 어려운 난제—인종 편향 이야기를 꺼내기만 해도 튀어나오는 방어적 태도—가 있다.[4] 이런 방어적 태도는 전형적인 백인의 취약성인데, 우리의 인종 편향을 보호하는 동시에 우리의 정체성을 편견 없는 사람으로 규정하기 때문이다. 물론 우리가 좋아하지 않는 우리 자신의 면모를 마주하는 것은 불편한 일이지만, 일부러 보지 않으려는 것을 바꿀 수는 없는 법이다.

많은 경험적 연구는 유색인이 직장에서 차별당하는 현실을 보여준다.[5] 당신의 동료가 채용 과정에서 유색인을 의도치 않게 차별한다는 경험적 증거를 당신이 가지고 있다고 상상해보자. 평등에 대한 당신의 신념을 감안하면, 아마도 당신은 그 동료에게 차별 사실을 알려서 차별을 멈추어야 한다고 생각할 것이다. 당신이 최대한 정중하게 차별 행위를 지적한다고 해보자. 그럴 때 동료가 어떤 반응을 보일까? 차별한다는 사실을 알려줘서 고맙다고 말할까? 아마도 그러지 않을 것이다. 오히려 자신은 인종차별을 한 것이 아니라 가장 자격 있는 지원자를 뽑았을 뿐이라고 강하게 주장하면서 상심, 분노, 방어 등의 반응을 보일 가능성이 높다. 이 주장에 반하는 경험적 증거가 당신에게 있더라도, 동료는 자신의 말이 참이라고 진심으로 믿을 것이다. 이런 방어적 태도는 인종차별은 고의로만 저지른다는, 그릇되지만 만연한 믿음에 뿌리박고 있다. 이렇게 내면화된 암묵적 편향을 이해하지 못할 경우, 우리는 결국 회피적 인종주의에 이르게 된다.

회피적 인종주의

회피적 인종주의aversive racism는 스스로를 교양 있는 진보주의자로 여기는 사람들이 드러낼 가능성이 더 높은 인종주의의 한 양태다.[6] 이것은 의식의 표면 아래에 존재하는데, 인종 간 평등과 정의라는 의식 수준의 신념과 충돌하기 때문이다. 긍정적인 자아상을 유지할 만한 방식으로("나는 유색인 친구가 많다", "나는 피부색이 아닌 인격으로 사람을 판단한다") 인종주의를 자행한다는 점에서, 회피적 인종주의는 미묘하지만 교활한 형태의 인종주의다.

백인은 다음처럼 여러 방식으로 긍정적인 자아상을 유지하면서도 인종주의를 자행한다.

- 인종 분리를 '좋은 학교' 문제에 대처하는 유감스럽지만 필요한 방법으로 합리화한다.
- 우리 직장이 사실상 백인 일색인 것은 그저 유색인이 지원하지 않기 때문이라고 합리화한다.
- 노골적인 인종적 언어를 피하고 동네neighborhood 앞에 시내urban, 혜택을 못 받는underprivileged, 다양한diverse, 치안이 불안한 sketchy, 좋은good 등을 붙이는 식으로 인종적 의미를 에둘러 표현한다.
- 우리 공동체 또는 직장이 얼마나 다양한지 역설함으로써 우리가 인종 간 관계를 거의 맺지 않는다는 것을 부인한다.

- 백인과 유색인 간 불평등을 인종주의가 아닌 다른 원인들의 탓으로 돌린다.

내가 한 백인 친구와 나눈 대화를 검토해보자. 친구는 자기가 아는 (백인) 부부가 얼마 전에 뉴올리언스로 이사했는데 겨우 2만 5천 달러에 집을 샀다고 말했다. 그러고는 곧바로 "물론 그들은 총도 사야 했고, 조앤은 집 밖에 나가는 걸 두려워해"라고 덧붙였다. 나는 그 부부가 흑인 동네에서 집을 샀다는 뜻임을 대번에 알아들었다. 그 순간 인종적 위험에 대한 이야기를 공유한 부부와 내 친구 사이에, 그리고 그 이야기를 전해준 내 친구와 나 사이에는 백인끼리 느끼는 인종적 유대감이 있었다. 이 이야기를 통해 우리 네 사람은 인종을 직접 언급하거나 흑인 공간에 대한 우리의 경멸감을 대놓고 표현하지 않으면서도 무서운 흑인 공간이라는 익숙한 이미지를 강화하고 '우리'와 '그들' 사이에 경계선을 그었다.

이 이야기의 핵심 요소가 총의 필요성이라는 데 주목하라. 가격만 중요하다면, 주택은 지금만큼의 사회적 가치를 지니지 못할 것이다. 오히려 이 이야기의 감정적 힘은 집값이 그렇게 싼 이유—백인이 문자 그대로 살아서 떠나지 못할 수도 있는 흑인 동네에 있다는 사실—에 달려 있다. 그런데 우리는 대화하면서 흑인에 대한 아주 부정적이고 정형화된 표현을 강화하면서도 인종을 거명하지 않음으로써 그런 혐의를 부인할 수 있는 여지를 남겨두었다. 사실 우리의 대화를 책에 실을 준비를 하면서 나는 친구에게 문자를 보내 앞서 말한 부부가 이사한 도시의 이름을 물어보았다. 또 친구가 흑인 동네에 대해 말한 것이라는 나의 짐작을 확인하고 싶었다. 우리가 주고받은 문자는 다음과 같다.

"야, 네 친구 부부가 2만 5천 달러에 집을 샀다고 했던 도시가 어디야?"

"뉴올리언스. 그들 말로는 아주 나쁜 동네에 산다고 했고 둘 다 호신용으로 총을 가지고 다녀야 한다고 했어. 나라면 그 동네에 5센트도 쓰지 않을 거야."

"난 흑인 동네라고 짐작했는데?"

"맞아. 싼 게 비지떡이지 뭐. 나라면 50만 달러를 쓰더라도 두렵지 않은 곳에서 살 거야."

"그 동네에 살고 싶어서 물어본 거 아니야. 내 책에 이런 일, 그러니까 백인이 인종이라는 말을 아예 입 밖에 내지 않으면서도 인종에 대해 이야기하는 방식에 관해 쓰고 있거든."

"네가 그곳에 살지 않았으면 좋겠어. 여기서 너무 멀어!"

나는 그저 집이 어느 도시에 있는지 물었을 뿐인데 내 친구는 그 동네가 워낙 안 좋아서 총을 가지고 다녀야 할 정도라는 이야기를 되풀이했다는 데 주목하라. 그 동네가 흑인 동네냐고 묻자 친구는 편한 마음으로 맞다고 답했다. 하지만 내가 백인이 인종에 대해 이야기하지 않으면서도 인종에 대해 이야기하는 방식에 관심이 있다고 말했을 때, 친구는 화제를 돌렸다. 이제 친구의 관심사는 내가 그렇게 먼 곳에 살지 않았으면 좋겠다는 것이었다. 이 대화는 회피적 인종주의의 전형적인 사례다. 다시 말해 일상 대화에서 겉으로 드러나는 인종적 경멸감을 깊이 내면화하고 있으면서도 우리의 자아상 및 우리가 공언하는 신념과 상충하기 때문에 그런 경멸감을 인정하지 못하는 사례다.

독자들은 이렇게 자문할지도 모른다. "그런데 그 동네가 정말로 위험하다면, 그걸 인정하는 것이 어째서 인종주의의 증거가 되지?" 암묵적 편향에 관한 연구는 범죄행위에 대한 인식이 인종에 영향을 받는다는 것을 보여주었다. 백인은 흑인이 존재하기만 해도 위험을 인식할 것이다. 우리는 인종과 범죄에 관한 우리의 인식을 신뢰할 수 없다.[7] 그런데 앞서 말한 동네가 실제로 다른 동네들보다 위험한지 여부와 무관하게, 이런 대화에서 눈여겨볼 점은 대화가 인종과 관련해 어떻게 기능하고 대화에 참여하는 백인에게 무엇을 의미하느냐는 것이다. 내 친구의 경우, 이런 대화를 나누었다고 해서 특정한 동네의 위험에 대해 우리가 더 많이 알게 된 것은 아니다. 오히려 대화를 통해 흑인에 대한 우리의 근본적인 신념이 더 강화되었다. 토니 모리슨Toni Morrison은 **인종 대화**race talk라는 용어를 사용해 "아프리카계 미국인을 인종 위계의 가장 낮은 수준에 자리매김하는 것 말고는 아무런 의미도 없는 인종적 기호와 상징을 일상생활에 집어넣는 명시적 행위"를 포착한다.[8] 가벼운 인종 대화는 백인 인종 프레임의 핵심 요소인데, 백인의 위신을 높이는 동시에 유색인의 위신을 떨어뜨리는, 서로 연관된 두 가지 목표를 달성하기 때문이다. 인종 대화는 언제나 '우리' 인종과 '그들' 인종을 함축한다.

내가 경험한 회피적 인종주의를 살펴보자. 내가 지난번에 재직한 대학은 가본 적이 없는 주에 있었다. 면접을 보는 사흘 내내 다른 백인들은 내게 여기서 자리를 구하게 되면, 특히 자녀가 있으면 스프링필드나 홀리요크에서는 집을 사지 말라고 주의를 주었다. 아무도 대놓고 인종을 거명하지 않았지만, 나는 그들의 인종 암호를 알아들었다. 이제 나는 그 지역에서 유색인이 어디에 모여 사는지 알고 있었다. 그와 동시에 아무도 인종을 직접 언급하지 않았으므로 우리 모두 우리가 실제로 나눈 대화를 부인할 수 있었다. 첫날 밤 호텔 방으로 돌아온 나는 그 지역의 인구 현황을 찾아보았다. 아니나 다를까, 홀리요크에서는 흑인과 갈색인의 인구 비중이 거의 50퍼센트에 달할 정도로 현저히 높았다. 방문 첫날부터 백인 동료들은 내게 그 지역의 인종 경계선을 알려준 것이었다.[9]

내가 가르친 사범교육 학생들도 인종 대화를 했다. 그러면서 '우리'와 '그들'을 가르는 경계선을 강화하는 한편 우리를 우월한 인간으로 자리매김했다. 예컨대 '위험한' 동네에 있을 때의 두려움을 표현하는 동시에 자신의 고향을 '보호받는' 동네로 묘사했다. 이런 묘사는 주로 백인이 사는 교외 공동체에서 발생한 강력

범죄를 충격적인 사건으로 보도하는 뉴스에 의해 끊임없이 강화된다. 그런데 자신이 보호받는 환경에서 자랐다는 주장은 이런 물음을 불러일으킨다. "무엇으로부터, 누구와 달리 보호받았는가?" 우리가 유색인이 거의 없는 환경에서 자랐다면, 실은 인종주의적 길들임으로부터 덜 보호받은 것이 아닐까? 편협하고 반복적인 미디어 재현, 농담, 생략, 경고 등에 의지해 유색인을 이해할 수밖에 없을 테니 말이다.

거꾸로 백인 공간을 보호받는 공간으로, 거기서 자란 백인을 인종에 무지한 사람들로 자리매김하는 것은 곧 유색인을 인종에 무지하지 **않은** 사람들로 보는 전형적인 서사를 이용하는 것이다. 인종주의적 이미지와 그에 따른 백인의 두려움은 사회의 모든 수준에서 발견할 수 있으며, 무수히 많은 연구는 백인이 유색인(특히 흑인)을 위험한 존재로 여긴다는 것을 입증한다.[10]

백인은 유색인의 시각에서 백인의 공간이 얼마나 보호받는 공간, 얼마나 안전한 공간으로 보일지에 대해 좀처럼 생각하지 않는다. 외부인 출입을 제한하는 백인 공동체에서 일어난 '트레이본 마틴Trayvon Martin 사건'이 한 예다(2012년 플로리다주 샌퍼드에서 동네 자경단원 조지 짐머만George Zimmerman이 이곳을 방문한 흑인 청소년 트레이본 마틴을 수상하게 여겨 뒤쫓다가 총으로 쏘아 죽인 사건─옮긴이). 인종 위협을 가한 실제 방향을 뒤집는다는 점에서, 트레이본 마틴을 둘러싼 서사는 가장 악랄한 서사 중 하나일 것이다.

우리 사회에서 인종주의자로 여겨지는 사람들이 어떤 도덕적 평가를 받는지 감안하면, 우리 자신의 인종주의를 (심지어 우리 자신에게도) 부인하려는 것은 이해할 만한 일이다. 우리는 우월의식을 깊이 내면화하고 있고 실생활에서 우월의식에 따라 행동하면서도, 사회에서 원만하게 어울리는 선량하고 도덕적인 사람이라는 자아상을 유지하기 위해 이런 우월의식을 부인해야 한다. 유감스럽게도 회피적 인종주의는 인종주의를 보호하기만 하는데, 우리에게 인종 필터가 있음을 인정하지 못할 경우 그 필터에 도전할 수 없기 때문이다. 물론 일부 백인은 인종주의를 숨김없이 공언한다. 어쩌면 우리가 가질 수밖에 없는 편향에 대해, 또는 우리가 얼마나 편향을 표현하는지에 대해 좀처럼 비판적으로 생각하지 않으면서도 스스로를 편견 없는 사람으로 평가하는 우리보다 그 일부 백인들이 실은 자신의 편향에 대해 더 많이 알고 있고 더 정직한 것인지도 모른다.

문화적 인종주의

어린이와 인종에 관한 많은 연구는 백인 어린이가 일찍이 취학 전부터 백인 우월의식을 키운다는 것을 입증한다.[11] 이는 놀라운 일이 아니다. 사회가 백인이 유색인보다 낫다는 메시지를 끊임없이 보내기 때문이다.

다수의 백인 청소년이 인종주의는 과거의 일이며 자신들은 모든 사람을 평등하게 여기도록 배웠다고 주장함에도 불구하고, 여러 연구는 그렇지 않다는 것을 보여준다. 예를 들어 2014년 MTV가 후원한 여론조사의 결과를 보면, 밀레니얼 세대(1980년대 초부터 2000년대 초까지 출생한 세대―옮긴이)는 자신들이 이전 세대들보다 더 관용적이며 평등과 공정에도 더 헌신한다고 주장한다.[12] 그와 동시에 밀레니얼 세대는 인종 색맹이라는 이상에 더 헌신하면서 인종 문제를 불편하고 혼란스러운 문제로 남겨두고, 인종 간 불평등을 줄이는 조치에 반대한다. 가장 중요한 사실은, 백인 밀레니얼 세대의 41퍼센트가 정부가 소수집단에 지나치게 신경을 쓴다고 생각하고, 48퍼센트가 백인에 대한 차별이 유색인에 대한 차별만큼이나 큰 문제라고 생각한다는 것이다. 이 세대의 다수는 오바마의 대통령 당선이 우리가 탈인종 시대에 있음을 보여준다고 주장한다. 이 여론조사는 트럼프가 대통령에 취임하기 전에 시행되었지만, 그의 당선으로 분명해졌듯이 우리는 탈인종 시대와는 거리가 멀다.

사회학자 레슬리 피카Leslie Picca와 조 피긴은 밀레니얼 세대의 주장이 아닌 그들의 실제 언행에 근거해 다른 중요한 연구를 수행했다.[13] 두 사람은 미국 전역 28개 대학의 백인 학생 626명에게 6~8주 동안 그들이 관찰하거나 관여한 인종적 쟁점과 이미지, 이해의 사례를 빠짐없이 날마다 기록해달라고 요청했다. 학생들은 직접 목격한 백인(친구, 가족, 지인, 모르는 사람)의 노골적인 인종주의적 언행을 7500건 이상 기록했다. 이 사례들의 주인

공은 십중팔구 모든 사람을 평등하게 여기도록 배웠다고 주장할 법한 세대—시민권 운동 이후 색맹 이데올로기의 시대에 자란 세대—다. 피카와 피긴의 연구는 백인이, 심지어 진보주의자를 자처하는 젊은 백인마저 여전히 인종주의를 노골적으로 표현한 다는 경험적 증거를 제공한다. 이 연구의 사례들을 살펴보자.

친한 친구들과 함께 방에 앉아 있을 때 필이 "로치rotchie, 로치, 로 치!"라고 외치며 걸어 들어왔다. 내가 그게 무슨 뜻이냐고 묻자 필은 낄낄 웃으며 재깍 답했다. "깜둥이를 뜻하는 속어야. 깜둥이 로치처 럼 쓰지." [엘린]

로비는 거기서 농담을 하고 있었다. (…) 그는 주변에 다른 누가 없 는지 흘끗 봤다. 그러고는 "흑인 남자, 라틴계 남자, 백인 남자가 해 변에서 마술램프를 발견했어"라며 농담을 시작했다[인종주의적 농담 이 이어졌다]. 나는 그 농담이 꽤 재밌다고 생각했고 나만 그런 것은 아니었다. 하지만 나는 로비가 주변에 아무도 없을 때까지 기다렸다 가 말해서 다행이라고 생각했다. 로비를 모르는 사람이라면 그를 오 해할 수도 있었다. [애슐리][14]

피카와 피긴이 수집한 수천 개의 사례는 몇 가지 흔한 역학을 잘 보여준다. 첫 번째는 청년들이 아주 노골적인 인종주의에 노 출되고 가담한다는 것이다. 두 번째는 모르는 사람이 엿들었다면 로비를 "오해"할 수도 있었다는 대학생의 말처럼, 좋은 사람이면서 동시에 인종주의자일 수는 없다고 생각한다는 것이다. 이런 류의 인종주의는 매우 까다로운 역학에 이바지한다. 다시 말해 좋은 사람이면서 동시에 인종주의에 가담할 수는 없다는 그릇된 전제를 고수하는 한편, 유색인과 관련해 정말로 생각하고 행동하는 바를 정직하게 밝히지 않는 백인의 역학에 이바지한다.

또한 두 사람의 연구는 이런 인종주의적 발언과 행동을 표현한 방식에 일관된 패턴이 있음을 드러낸다. 이런 일은 대부분 피카와 피긴이 **무대 뒤**라고 부르는 곳—백인들만 있는 곳—에서 일어났다. 게다가 이런 일에 관여한 백인들은 대부분 예상 가능한 역할을 수행했다. 대체로 인종주의적 행위를 시작하는 주인공, 웃음이나 동의를 통해 그런 행위를 부추기는 치어리더, 말없이 지켜보는 구경꾼들, 그리고 (아주 드물게) 딴지를 거는 반대자가 있었다. 사실상 모든 반대자는 그저 농담일 뿐이니 심각하게 받아들이지 말라는 일종의 또래 압력을 받았다.

두 연구자는 무대 앞(유색인이 있는 곳)에서는 백인 학생들이 다음처럼 인종을 의식하는 여러 행위를 한다는 것을 입증해 보였다.

- 지나치게 친절하게 군다.
- 접촉을 피한다(가령 거리를 건너거나 특정한 술집이나 클럽에 가지 않는다).

- '흑인의 버릇과 말투'를 흉내낸다.
- 인종적 용어나 칭호를 사용하지 않으려 주의한다.
- 은어를 사용해 유색인에 대해 부정적으로 말한다.
- 이따금 유색인에게 직접 폭력을 가한다.

유색인이 없는 무대 뒤에서 백인 학생들은 자주 유머를 구사해 유색인, 특히 흑인에 대한 인종적 고정관념을 강화한다. 피카와 피긴은 이런 무대 뒤 행위의 목적은 백인 연대를 만들어내고 백인과 남성 우월주의 이데올로기를 강화하는 것이라고 주장한다. 이런 행위는 비록 과거보다 덜 공식적이지만 아마도 더 강력한 방식으로 인종주의를 계속해서 퍼뜨리는 기능을 한다. 오늘날 우리는 문화적 규범에 따라 유색인에게 우리의 인종주의를 감추고 우리끼리 인종주의를 부인한다고 역설하면서도 실제로 인종주의에 도전하지는 않는다. 사실 우리는 인종주의에 도전할 경우 사회적으로 불이익을 당한다.

나는 청년 세대의 인종주의가 덜하다고 생각하느냐는 질문을 자주 받는다. 나의 답변은 그렇지 않다는 것이다. 어떻게 보면 인종주의는 짐 크로법Jim Crow laws(공공시설에서 인종 간 분리를 골자로 하는 법으로 미국 남부 주들에서 1876년부터 1965년까지 시행되었다—옮긴이) 같은 구체적인 규칙보다 더 사악한 형태로 적응해왔다. 인종주의는 변화에 적응하여 종전과 같은 결과(유색인이 전진하지 못하는 결과)를 가져오고 있지만, 인종주의를 바꾸어온 지배적인 백인 사회는 여전히 자기네 신념을 인정하지도 않고 인정할 수도 없다는 입장이다. 이런 완고함은 백인의 취약성의 또 다른 기둥으로 귀결된다. 바로 알기를 거부하는 태도다.

제4장 ◑ 　　　　　　　　　　　　　　　　　　인종은 백인의 삶에
　　　　　　　　　　　　　　　　　　　　　　어떻게 영향을 주는가

백인 여러분, 나는 여러분이 나를 더 이해하기를 원하지 않습니다.

여러분이 여러분 자신을 이해하기를 원합니다.

여러분의 생존이 백인 문화에 대한 여러분의 앎에 달려 있었던 적은

없습니다.

사실 여러분의 생존에 필요했던 것은 무지입니다.

　　─이제오마 올루오 Ijeoma Oluo

백인이 인종에 대해 대화하기를 그토록 어려워하게 된 사정을
이해하려면 백인의 취약성의 근간을 이해해야 한다. 다시 말해
백인인 것이 우리의 시각과 경험, 반응에 어떻게 영향을 주는지
이해해야 한다. 이 장에서 논하는 백인의 모든 측면은 서구라는

일반적인 맥락과 미국이라는 특수한 맥락에서 사실상 모든 백인이 공유하는 것이다. 그렇지만 이 맥락에서 백인과 같은 주장을 할 수 있는 유색인은 아무도 없다.

소속감

나는 내가 인종적으로 속한 문화에서 태어났다. 실제로 인종주의의 구속력은 내가 첫 숨을 쉬기도 전부터 내게 영향을 주고 있었다. 내가 병원에서 태어났다면, 어느 연도에 태어났든 간에 모든 병원이 나를 받아주었을 것이다. 내 부모님이 백인이기 때문이다. 부모님이 출산 준비 수업을 들었다면, 강사는 십중팔구 백인이었을 것이고, 수업에서 틀어준 비디오는 십중팔구 백인을 묘사했을 것이며, 수업에 같이 참여하면서 인맥을 쌓고 공동체를 이룬 사람들도 십중팔구 백인이었을 것이다. 부모님이 출산 안내서를 비롯한 자료를 읽었다면, 거기 실린 사진들은 십중팔구 백인 어머니와 백인 아버지, 백인 의사와 백인 간호사를 묘사했을 것이다. 부모님이 육아 수업을 들었다면, 백인의 인종 정체성에 기반하는 아동 발달 이론과 모델을 배웠을 것이다. 분만할 때 나를 받은 의사와 간호사는 십중팔구 전부 백인이었을 것이다. 부모님은 분만 과정은 걱정했을지 몰라도 인종 때문에 의료진한테 어떤 대우를 받을지 걱정할 필요는 없었다. 수년간의 연구를 통해 건강 문제의 인종차별을 입증한 나는 내 부모님이 유색인과 비교해 의료진으로부터 더 나은 대우와 더 높은 수준의 치료를 받았을 것이라고 확신한다.[1]

반면 내 어머니의 병실과 세탁물을 치우고 식당에서 요리와 청소를 하고 시설을 유지한 사람들은 십중팔구 유색인이었을 것이다. 내가 세상에 나온 맥락 자체가 인종에 따라 위계적으로 조직되어 있었다. 이 위계와 나의 인종에 근거해 우리는 내가 분만 과정에서 살아남을지 여부를 예측할 수 있다.

지금까지 하루하루 살아오는 동안 나의 인종은 눈에 띄지 않았다. 텔레비전을 틀고 베스트셀러 소설을 읽고 블록버스터 영화를 볼 때 나는 소속감을 느낀다. 잡화점에서 잡지 진열대를 지나치거나 운전 중에 옥외광고판을 지나갈 때 나는 소속감을 느낀다. '최고의 미인' 명단에 오른 압도적 다수의 백인들을 볼 때 나는 소속감을 느낀다. 내 나이나 몸무게를 감안해 열등감을 느낄지는 몰라도, 나는 인종적으로 소속감을 느낄 것이다. 일례로 2017년에 가수 리한나Rihanna가 모든 피부색의 여성들을 위한 메이크업 제품을 출시하자 유색인 여성들로부터 감사의 말이 쏟아졌다. 그들 다수의 트윗에는 "마침내!"라는 탄성이 들어 있었다.[2] 이런 트윗을 나는 한 번도 보낼 필요가 없었다.

담임교사, 상담교사, 급우를 볼 때 나는 소속감을 느낀다. 1년 내내 국가의 역사와 영웅들(조지 워싱턴, 토머스 제퍼슨, 에이브러햄 링컨, 로버트 E. 리, 아멜리아 에어하트, 수전 B. 앤서니, 존 글렌, 샐리 라이드. 루이자 메이 올컷)에 대해 배우는 동안 나는 소속감을 느낀다.[3] 교과서를 훑어보고 교실 벽에 걸린 그림을 볼 때 나는 소속감을 느낀다. 내 아이의 교사와 이야기할 때, 내 아이의 캠프 지도자 camp counselor에게 말을 걸 때, 내 아이의 의사와 치과의사와 상담할 때 나는 소속감을 느낀다. 이 모든 역할을 대표하는 사람들의 압도적 다수가 백인인 이유를 내가 어떻게 설명하든 간에, 그들은 나의 정체성과 세계관에 영향을 준다.

사회에서 정상적이거나 중립적이거나 유익하다고 여겨지는 사실상 모든 상황 또는 맥락에서 나는 인종적 소속감을 느낀다. 이 소속감은 나와 늘 함께해온 뿌리 깊은 느낌이다. 소속감은 나의 의식 깊숙한 곳에 자리 잡고 있으며, 나의 일상적인 생각과 관심사, 삶의 지향과 기대지평에 영향을 준다. 내게 소속 경험은 구태여 생각할 필요가 없을 정도로 자연스러운 것이다. 인종적 소속감을 느끼지 못하는 드문 순간은 내게 놀라움으로 다가온다. 그런 순간에 나는 새로운 느낌을 즐길 수도 있고, 불안한 느낌을 쉽게 피할 수도 있다.

예를 들어 나는 백인 친구의 은퇴 파티에 초대받은 적이 있다. 공원에 각자 음식을 가져와 나눠 먹는 소풍 같은 파티였다. 소풍 장소를 향해 경사면을 따라 내려가는데 나란히 걸어가는 두 무리가 눈에 들어왔다. 한 무리는 주로 백인이었고 다른 무리는 전부 흑인으로 보였다. 소풍 장소가 가까워져 어느 쪽이 내 친구의 무리인지 판단해야 했을 때 나는 불안감을 느꼈다. 흑인 무리 쪽으로 가야 하나 생각할 때 다소 불안감을 느꼈던 나는 내 친구가 다른 무리에 있음을 알고서 안도감을 느꼈다. 하마터면 흑인 무리 쪽으로 잘못 걸어갈 뻔했다고 생각하자 안도감은 배가되었다. 이렇게 생각하고 느끼는 데 불과 몇 초밖에 걸리지 않았지만, 그마저도 나의 인종을 자각하는 드문 순간이었다. 그런데 인종적으로 소속되지 못하는 상황을 경험할 가능성만으로도 나는 불편함을 느꼈다.

백인인 내가 인종적 소속감을 느끼지 못하는 상황은 드물다. 게다가 그런 상황은 대체로 일시적이고 쉽게 피할 수 있다. 사실 나는 인종적 소수가 될 수 있는 상황을 피해야 한다는 경고를 평생 들어왔다. 그런 상황은 대개 무섭거나 위험하거나 '치안이 불안한' 상황으로 묘사된다. 반면에 좋거나 멋지거나 유익하다고 평가받는 환경이나 상황은 백인으로서 장담하건대 나를 같은 인종으로 여기는 사람들의 공간일 것이다.

인종 부담으로부터의 자유

나는 인종적 관점에서 나 자신을 보거나 다른 백인들에게 보여지도록 사회화되지 않았기 때문에 인종에 따른 심리적 부담을 짊어지지 않는다. 나는 다른 사람들이 나의 인종을 어떻게 느낄지 걱정하지 않아도 된다. 사람들이 나의 인종 때문에 나를 나쁘게 볼까 걱정하지도 않는다. 나는 상류층 환경에서 불편함을 느낄지는 몰라도, 내가 그런 환경에 인종적으로 소속된다는 점을 당연하게 받아들일 것이다. 특별히 유색인이 주최하거나 유색인을 축하하는 행사가 아니라면, 분명 나는 그곳에서 유일한 백인이 아닐 것이다. 내가 외부인 출입을 제한하는 교외 동네를 이리저리 돌아다녔더라도 조지 짐머만(앞에서 언급한 '트레이본 마틴 사건'의 백인 자경단원—옮긴이)은 나를 멈춰 세우지 않았을 것이다.

패트릭 로살Patrick Rosal은 전미도서상 수상자들을 축하하는 정장 차림의 행사에서 도움이 필요한 사람으로 오해받는 일의 고통에 대해 통렬하게 썼다.[4] 나도 유색인 동료들과 함께 호텔에 투숙할 때 유색인을 도움이 필요한 사람으로 지레짐작하는 경우를 여러 번 목격했다. 나 자신도 교장이 흑인 남성이라는 사실을 알고서 놀라움을 감추지 못하거나 정원에 쪼그려 앉아 있는 라틴계 여성에게 이곳이 당신의 집이냐고 물어본 때처럼 똑같이 지레짐작한 적이 있다.

나의 경력 선택지를 고려할 때 내게는 다양한 분야에서 활동하는 수많은 역할모델이 있을 것이다. 내가 일자리에 지원할 때 사실상 모든 채용 담당자는 나와 같은 인종일 것이다. 그리고 채용 과정에서 유색인을 몇 명 마주칠지는 몰라도, 유색인이 설립한 조직에 특별히 지원한 경우가 아니라면 나와 소통하는 사람들 중 다수는 같은 인종일 것이다. 일단 채용되고 나면 내가 오로지 백인이기 때문에 일자리를 구했다는 동료들의 분노에 대처하지 않아도 될 것이다. 동료들은 내가 가장 적격자라서 채용되었다고 생각할 것이다.[5] 설령 조직 내에 나를 채용한 것에 분개하는 유색인들이 있더라도 나는 그들을 쉽게 무시하고 그들의 감정이 별반 중요하지 않다고 안심할 수 있을 것이다. 유색인 직원들의 분노가 간신히 나의 주의를 끈다 해도, 나는 백인 동료들로부터 인정과 지원을 듬뿍 받을 수 있을 것이고, 이곳 유색인들이 편향되어 있다는 안심되는 말을 들을 것이다. 나의 인종이 문제되지 않는 환경에서 나는 업무와 생산성에 집중하고 조직에 기여하는 직원으로 비칠 수 있을 것이다. 이는 앞서 논한 자산으로서의 백인성 개념의 또 다른 예다. 다시 말해 백인성은 물질적 보상으로 변환되는 심리적 이점을 가지고 있다.

하루를 보내는 동안 인종주의는 확실히 나의 문제가 아니다. 나는 인종이 유색인에게 불공정하게 이용되어왔다는 것을 알고는 있지만, 인종 문제를 나의 책임이 있는 문제로 여기도록 배우지 않았다. 내가 의식적으로 관여하지 않은 이상, 인종주의는 나의 문제가 아니다. 나는 이렇게 책임을 면할 자유 덕택에 유색인은 하루 종일 누리지 못하는 인종적 안도감과 정서적·지적 여유를 어느 정도 누릴 수 있다. 유색인에게 이런 혜택이 없는 이유는 단순히 그들이 소수이고 나는 그렇지 않기 때문이 아니다(오히려 백인이 수적으로 소수다). 유색인이 백인 우월주의 문화—유색인이 설령 보이더라도 열등한 존재로 보이는 문화—안에서 인종화되기 때문이다.

백인 우월주의 문화 안에서 자란 나는 깊이 내면화한 인종적 우월의식을 무심코 드러내곤 한다. 백인이 내면화하고 있는 인종적 우월의식을 헤쳐나가야 하는 것은 유색인에게 엄청난 심리적 고역이지만, 나는 그런 일에 신경 쓸 필요가 없다.

이동의 자유

나는 정상적이거나 중립적이거나 유익하다고 여겨지는 사실상 모든 공간에서 자유롭게 이동할 수 있다. 일부 상황에서, 예컨대 박물관 개관식이나 미술품 경매와 같은 '상류층' 행사에서 나의 계급 지위를 걱정할지는 몰라도 나의 인종을 걱정할 필요는 없을 것이다. 사실 나의 인종은 그런 곳에서 선의의 해석이라는 혜택을 주는 식으로 내게 이롭게 작용할 것이다.[6] 또한 특별히 유색인이 주최하거나 유색인을 축하하는 행사가 아닌 한, 분명히 나는 그곳에서 유일한 백인이 아닐 것이다.

직장 다양성 훈련사로 일하던 초기에 나는 아프리카계 미국인 여성 데버라와 함께 워크숍을 진행했다. 유난히 고된 여행 일정을 마친 뒤, 나는 데버라에게 같이 아이다호주의 코들레인 호수에 가서 주말 동안 편히 쉬자고 제안했다. 데버라는 내 제안을 듣고 웃더니 아이다호주의 북부를 방문하자는 것은 자신에게 주말 동안 편히 쉬자는 말로 들리지 않는다고 알려주었다.

코들레인 호수는 아주 작은 마을인 데다가 아리안 네이션스Arian Nations(반유대주의와 신나치즘, 백인 우월주의를 표방하는 미국의 테러 조직으로 1970년대에 아이다호주에서 결성되었다—옮긴이)가 본거지를 마련했던 헤이든 호수 근처에 있었다.[7] 그 지역에 사는 모든 사람이 백인 민족주의자를 자처하는 것은 아니지만, 그들 중 일부가 이 공공연한 인종주의 단체의 일원일 수도 있음을 알기에 데버라는 그곳을 무서워했다. 설령 코들레인 지역에 백인 민족주의 단체의 야영지가 없다 해도, 데버라는 사실상 백인 일색인 환경에서 고립된 채 이제까지 흑인을 한 번도 만나보지 않았을 수도 있는 백인들과 소통해야 하는 상황을 달가워하지 않았다. 반면에 백인인 나는 이런 걱정을 할 필요가 전혀 없었다. 내가 아름답다고 생각하는 모든 장소가 내게 인종적으로 열려 있었고, 어디를 가든 즐겁고 편안한 경험을 하리라 기대할 수 있었다.

'그냥 인간'

백인이 인류의 표준으로 여겨지는 현실도 백인으로서의 내 삶에 영향을 주었다. 백인은 '그냥 인간'이다. 우리의 인종은 좀처럼 거명되지 않는다. 백인이 내 흑인 친구, 아시아인 여성 하는 식으로 백인이 아닌 사람의 인종을 얼마나 자주 언급하는지 생각해보라. 나는 청소년 문학을 즐겨 읽지만 작품에서 유색인 등장인물들의 인종이 얼마나 꾸준히 거명되고 얼마나 그들의 인종만 거명되는지 보노라면 어처구니가 없을 정도다.

예컨대 학교에서 우리 모두 어떤 작가들을 읽기로 되어 있는지 생각해보자. 그 명단에는 보통 어니스트 헤밍웨이, 존 스타인벡, 찰스 디킨스, 표도르 도스토옙스키, 마크 트웨인, 제인 오스틴, 윌리엄 셰익스피어 등이 포함된다. 이 작가들은 보편적인 인간 경험을 대변한다고 여겨지며, 우리가 이들을 읽는 까닭은 우리 모두에게 말을 걸 수 있는 작가라고 전제하기 때문이다. 이제 우리가 다양성을 장려하는 행사—다문화 작가 주간과 흑인 역사의 달 같은 행사—기간에 주목하는 작가들을 생각해보자. 이 명단에는 보통 마야 안젤루, 토니 모리슨, 제임스 볼드윈, 에이미 탄, 산드라 시스네로스 등이 포함된다. 우리는 흑인이나 아시아인의 시각을 보기 위해 이 작가들을 읽는다. 토니 모리슨은 항상 흑인 작가로 여겨지지 그냥 작가로 여겨지지 않는다. 하지만 흑인이나 아시아인의 시각을 찾지 않을 때 우리는 백인 작가들에게로 돌아가 백인은 그냥 인간이고 유색인은 특정한 부류의 (인종화된) 인간이라는 관념을 강화한다. 이 관념 덕에 백인(남성) 작가들은 어떤 의제나 특정한 시각을 갖지 않은 작가로 여겨질 수 있는 반면에 인종화된(그리고 젠더화된) 작가들은 그럴 수 없다.

인간을 재현하는 사실상 모든 방식은 백인의 기준과 이미지에 기반한다. '살색' 화장, 표준 이모티콘, 아담과 이브, 예수와 마리아에 대한 묘사, 흰색 피부와 파란색 눈을 가진 교육용 인체

모형 등이 그 예다.[8] 《데일리 메일Daily Mail》에 실려 널리 퍼진 사진을 예로 들어보자. 금발에 파란색 눈을 가진 그 백인 여성 사진의 제목은 "과학적으로 완벽한 얼굴은 어떤 모습일까?"였고, 사진 아래에 "이것이 완벽한 얼굴일까?"라는 질문이 달려 있었다.[9] 이 사례는 지금까지 논의한 몇 가지 개념—백인 인종 프레임, 인류의 기준으로서의 백인성, 이상적인 아름다움으로서의 백인성, 선천적 우월성으로서의 백인성—을 잘 보여준다. 이런 주장 이면의 관념은 인종적 측면에서 그 자체로 문제가 있을 뿐 아니라, 과거 과학적 인종주의 시대라는 배경에 의존하는 동시에 그 배경을 강화하기까지 한다.

아동 발달 모델과 단계, 그리고 우리 문화에서 하나의 집단군으로서 어린이에 대해 말하는 방식을 생각해보자. 이론가들은 아동 발달이 마치 보편적인 것처럼 말한다. 이따금 소년과 소녀를 구분할 테지만, 그럴 때조차 두 범주에 모든 소년과 소녀가 포함된다고 전제한다. 그런데 내가 이제까지 논의한 모든 역학을 생각해보라. 백인 우월주의라는 맥락 안에서 아시아인이나 원주민 아동의 발달이 과연 백인 아동의 발달과 같겠는가?

백인 연대

백인 연대란 백인의 이점을 보호하는 한편 다른 백인이 문제 있는 인종적 언행을 할 때 그것을 추궁해 불편함을 느끼게 하지 말자는 무언의 합의를 말한다. 교육 연구자 크리스틴 슬리터Christine Sleeter는 이 연대를 백인의 "인종적 유대"로 묘사한다. 크리스틴에 따르면 백인은 자기들끼리 교류하면서 "유색인 집단들에 대한 특정한 해석을 정당화하고 우리와 그들 사이에 모종의 경계선을 긋는, 인종 관련 쟁점들에 대한 공동 입장"을 확인한다.[10] 백인 연대는 백인 위치의 이점을 드러내는 모든 것에 대한 침묵과 백인 우월주의를 보호하기 위해 인종적 단결을 유지하겠다는 암묵적 합의를 둘 다 필요로 한다. 백인 연대를 깨는 것은 곧 대열을 깨는 것이다.

우리는 저녁식사 자리에서, 파티에서, 업무 환경에서 백인 연대를 본다. 우리 다수는 가족들이 많이 모인 저녁식사 자리에서 '밥 삼촌'이 인종적 모욕 발언을 하는 식의 경험을 이야기할 수 있다. 그럴 때면 가족 모두가 삼촌의 발언을 창피해하면서도 식사를 망치고 싶지 않기 때문에 아무도 나서서 지적하지 않는다. 또 파티에서 누군가 인종주의적 농담을 해도 우리는 침묵을 지키는데, 정치적 올바름이 지나치다는 비난과 너무 농담을 심각하게 받아들이지 말라는 소리를 듣고 싶지 않기 때문이다. 직장에서도 우리는 같은 이유로, 또 팀플레이어로 보이고 싶고 승진을 위협할 수 있는 일이라면 뭐든지 피하고 싶다는 이유로 인종주의를 거명하지 않는다. 이 모든 익숙한 시나리오는 백인 연대의 사례다(인종주의에 대해 거리낌없이 말하는 것이 분위기를 망치거나 승진을 위협하는 이유에 대해서는 백인도 무언가를 말하고 싶을지도 모르겠다).

백인 연대를 깰 때 직면하는 실제 결과는 백인 우월주의를 유지하는 근본적인 역할을 한다. 백인 연대를 깰 경우 우리는 백인 동료들로부터 책망을 비롯한 처벌을 받을 각오를 해야 한다. 정치적 올바름으로 유난을 떤다는 비난을 들을 수도 있고, 화가 많고 유머가 없고 호전적이고 조직에서 잘나가기에 적합하지 않은 사람으로 간주될 수도 있다. 나의 경우에 이런 처벌은 일종의 사회적 강압으로 작용해왔다. 갈등을 피하고 호감을 얻고 싶은 마음에 나는 걸핏하면 침묵을 선택해왔다.

반대로 인종주의에 대해 입을 다물고 있을 때면 재미있고 협조적인 팀플레이어로 평가받는 등 사회적 자본을 보상으로 받았다. 백인 우월주의 사회 안에서 내가 인종주의를 저지하지 않을 경우 보상을 받고, 저지할 경우 크고 작은 여러 처벌을 받는다는 데 주목하라. 나는 스스로에게 적어도 내가 인종주의적 농담을 한 것은 아니므로 내 잘못이 아니라고 말함으로써 침묵을 정당화할 수 있다. 그러나 나의 침묵은 선의의 침묵이 아니다. 인종 위계와 그 속에서의 나의 위치를 보호하고 유지하는 기능을 하기 때문이다. 제지받지 않는 모든 인종주의적 농담은 우리 문화 안에서 인종주의를 더욱 퍼뜨리며, 그런 농담의 유포 범위는 나의 공모 여부에 달려 있다.

분명 유색인은 인종주의의 한 형태로서 백인 연대를 경험한다. 백인 연대로 인해 우리는 서로에게 책임을 묻지도, 인종주의를 보고서 이의를 제기하지도, 인종 정의를 위해 싸우는 유색인을 지지하지도 못하게 된다.

좋았던 시절

백인으로서 나는 '좋았던 시절'을 드러내놓고 뻔뻔하게 추억할 수 있다. 과거를 낭만적으로 기억하고 옛날 방식으로 돌아가자고 주장하는 것은 백인 특권의 한 형태다. 이처럼 과거와 관련해 백인 특권은 우리의 인종 역사를 계속 망각할 수 있는 능력으로 나타난다. 과거가 현재보다 사회적으로 더 나았다고 주장하는 것 역시 백인 우월주의의 특징이다. 과거의 어느 시대든 유색인의 시각으로 살펴보라. 246년에 걸친 잔혹한 노예제, 백인 남성의 쾌락을 채우고 노예 노동자를 늘리기 위한 흑인 여성 강간, 흑인 어린이 매매, 원주민 학살 시도, 인디언 이주법과 보호구역, 연한계약 노동, 린치, 집단 폭행, 소작제, 중국인 추방법, 일본계 미국인 강제수용, 인종 분리를 강제한 짐 크로법, 흑인 단속법, 흑인의 배심원 참여와 투표 금지령, 무급노동을 이유로 하는 투옥, 불임수술과 임상시험, 질 낮은 학교, 편향된 법과 치안 관행, 적선 표시redlining(금융기관이 지도에 특정 지구의 경계를 붉은색으로 표시하고 그곳에 대한 금융 서비스를 거부하는 행위—옮긴이)와 비우량 주택담보대출, 대량 투옥, 미디어의 인종주의적 재현, 문화적 삭제와 공격, 조롱, 생략하고 왜곡하는 역사 서술 등을 생각해 보라. 그러고 나면 낭만화된 과거가 순전히 백인의 구성물이라는 것을 알 수 있을 것이다. 그러나 이 구성물은 백인이 깊이 내면화한 우월의식과 자격의식, 그리고 유색인의 모든 전진은 백인의 자격을 침해한다는 의식에 호소하는 까닭에 강력하다.

백인(특히 백인 남성)이 과거를 아주 좋게 보는 이유는 과거에 그들의 위치가 대체로 도전받지 않았기 때문이다. 백인의 취약성의 힘을 이해하려면, 백인이 자기네 위치를 그저 의심받기만 해도 취약성 반응을 보였으며 트럼프가 이 취약성을 이용했다는 사실에 주목해야 한다. 우리의 제도를 줄곧 통제해왔고 지금도 단연코 통제하고 있는 백인 엘리트층의 권력은 실제로 전혀 줄어들지 않았다. 세계 최고 부호 50명 가운데 29명이 미국인이다. 이 29명은 모두 백인이고 두 명 빼고는 전부 남성이다(로렌 잡스는 남편의 재산을, 앨리스 월턴은 아버지의 재산을 상속받았다).

이와 비슷하게 백인 노동계급은 블루칼라 분야에서 언제나 꼭대기 위치(감독관, 노동조합 간부, 소방서장과 경찰서장)를 지켜왔다. 그리고 세계화와 노동자 권리 약화로 인해 백인 노동계급이 심대한 타격을 입었음에도, 백인 엘리트층은 백인의 취약성을 이용해 백인 노동계급의 분노를 유색인에게로 돌릴 수 있었다. 그 분노는 분명히 엉뚱한 방향으로 향하고 있는데, 경제를 통제하여 인류 역사상 어느 때보다도 소수(백인)에게 많은 부를 집중시키고 있는 주역은 백인 엘리트층이기 때문이다.

부의 분배에 관한 다음 데이터를 보라.

- 2015년 이래 세계 상위 1퍼센트 부호들은 나머지 모든 인류보다도 많은 부를 소유하고 있다.[11]
- 세계 최상위 부호 8명의 재산은 하위 50퍼센트의 재산과 같다.
- 1988년부터 2011년까지 세계 하위 10퍼센트의 소득은 연간 3달러 이하로 증가한 데 비해 상위 1퍼센트의 소득은 182배 증가했다.
- 블룸버그의 일일 세계 부호 500인 순위에서 2017년 기준 꼭대기 세 사람(빌 게이츠, 워런 버핏, 제프 베조스)은 모두 미국인 백인 남성이며 각각 850억 달러, 790억 달러, 730억 달러의 순자산을 가지고 있다.[12] 이와 비교해 2015년 GDP를 보면 스리랑카 820억 달러, 룩셈부르크 580억 달러, 아이슬란드 160억 달러였다.[13]
- 세계 최상위 부호 10명 가운데 9명은 백인 남성이다.[14]
- 2015~2016년에 세계 최대 기업 10곳의 수익을 합친 액수는 180개국의 정부 세입을 모두 합친 액수보다 많았다.
- 미국에서 지난 30년 동안 하위 50퍼센트의 소득은 전혀 증가하지 않은 반면에 상위 1퍼센트의 소득은 300퍼센트 증가했다.

'미국을 다시 위대하게 만들자!'라는 구호(트럼프의 대선 슬로건—옮긴이)는 당시 백인 노동계급의 처지와 관련해 비난의 화살을 백인 엘리트층에게서 여러 유색인—예컨대 밀입국 노동자, 이민자, 중국인—에게로 돌림으로써 백인을 겨냥한 인종적 조작의 효과를 대폭 높였다.

낭만화된 과거의 '전통적' 가족관도 인종적으로 문제가 있다. 백인 가족들은 유색인의 유입을 피해 시내에서 교외로 달아났는데, 이 과정을 사회학자들은 **백인 도피**white flight라고 부른다. 그렇게 이주한 백인 가족들은 서약서를 작성해 학교와 동네를 인종 분리 공간으로 정하고 인종 간 데이트를 금지하기로 했다.

강제 버스 통학을 비롯해 학교에서 인종을 통합하려는 조치에 대한 백인 부모들의 극심한 저항을 생각해보자. 브라운 대 교육위원회Brown v. Board of Education 사건(1954)에서 연방 대법원은 인종 분리가 본질적으로 불평등하며 학교에서 "최대한 신중하고 신속하게" 인종 분리를 철폐할 필요가 있다는 획기적인 판결을 내렸다. 주거 분리에 대처해 한 동네의 어린이들을 다른 동네로 강제 버스 통학시키는 것이 인종 분리를 철폐하기 위한 주요 전략이 되었다(주목할 점은 보통 백인 어린이가 주로 흑인이 다니는 학교를 통학한 것이 아니라 흑인 어린이가 주로 백인이 다니는 학교까지 먼 거리를 오가며 통학했다는 것이다). 매사추세츠주 록스버리 출신 흑인 학생 레지나 윌리엄스Regina Williams는 사우스보스턴에 있는 학교를 통학했다. 레지나는 종전의 백인 전용 학교에 등교한 첫날에 그곳이 "교전 지대 같다"라고 말했다. 교직원, 정치인, 사법기관, 미디어는 학교에서 인종 분리를 철폐하는 조치에 격렬히 반대하는 백인 부모들의 요구를 우선했다. 인종 통합 노력에 저항해온 쪽은 아프리카계 미국인이 아니라 언제나 백인이었다.[15] 백인 집단으로서 우리의 실천이 우리가 공언하는 가치관과 일치한 경우는 좀처럼 없었다.

미국의 과거를 이상화하는 행태는 적어도 백인의 경험과 인식이 보편적인 경험과 인식으로 자리 잡았음을 보여주는 또 다른 예다. 이런 향수가 미국의 역사를 아는 유색인에게 과연 어떻게 보이겠는가? 이 나라의 인종 역사를 지우고 '누구에게나' 과거가 현재보다 더 나았다고 믿을 수 있는 백인의 능력은 한 개인이자 시민인 내게 허위의식을 심어주었다.

백인의 인종적 무지

우리는 자라면서 스스로를 인종적 관점에서 보거나 백인 공간을 인종화된 공간으로 보도록 배우지 않았다는 이유로 우리 자신을 인종에 대해 모르는 사람으로 자리매김한다. 나는 인종 분리 환경에서 자란 터라 인종을 접하지 못했다는 백인의 주장을 수도 없이 들었다. 그러면서도 우리는 인종주의에 관해 배우고자 할 때면 똑같이 인종 분리된 공간에서 자랐을 법한(수십 년 동안 유색인이 백인 동네로 이주하는 것을 차단한 법률적·실질적 정책 때문에) 유색인에게 의지한다. 그런데 인종 분리 환경에서 자란 유색인은 어째서 백인과 달리 인종에 무지하지 않은 걸까? 나는 백인 독자들이 인종 분리 때문에 인종에 무지하다는 견해에 대해 곰곰이 생각해봤으면 한다.

유색인은 인종에 무지하다고 여겨지지 않기 때문에 인종 문제에 대해 발언할 것으로 기대된다(그러나 백인의 용어로 발언해야 한다). 이 견해—인종주의는 백인의 문제가 아니라는 견해—덕에 우리는 편안히 앉은 채로 유색인이 자기네 경험을 공유하면서 반박과 보복이라는 아주 실질적인 위험을 감수하는 모습을 지켜볼 수 있다. 우리는 이와 비슷한 인종 간 위험을 감수하라는 요구를 받지 않는다. 우리가 아니라 그들에게 인종이 있으므로 그들이 인종 지식의 보유자라는 것이다. 이런 식으로 우리는 우리 자신을 위계적 사회관계의 바깥에 놓는다.

백인 도피는 인종적 무지의 또 다른 측면으로 볼 수 있다. 유색인(이번에도 특히 흑인)이 범죄를 더 많이 저지르는 경향이 있다는 믿음, 그리고 동네에 흑인이 '너무 많이' 들어오면 범죄가 증가하고 집값이 떨어지고 동네 수준이 낮아질 것이라는 믿음으로 백인 도피를 곧잘 정당화하기 때문이다. 예컨대 사회학자 헤더 존슨Heather Johnson과 토머스 샤피로Thomas Shapiro가 수행한 인종과 범죄 인식에 관한 연구에서 백인 가족들은 한결같이 범죄가 두렵다고 이야기하고 범죄를 유색인과 연관지었다. 그들은 어떤 지역에 유색인(특히 흑인과 라티노)이 더 많을수록 더 위험한 곳으로 인식된다고 생각한다. 인구조사 데이터와 경찰청의 범죄 통계를 대조한 연구는 이런 연관짓기가 타당하지 않음을 보여주지만, 통계 수치로는 백인의 두려움을 가라앉힐 수 없다. 대다수 백인은 동네 주민 중 유색인 청년의 비율과 동네의 범죄 수준에 대한 인식 사이에 직접적인 상관관계가 있다고 생각한다.[16]

흑인을 범죄와 연관짓는 백인의 굳은 확신은 현실을 왜곡하고 역사상 흑인과 백인 사이에 존재해온 위협의 실제 방향을 뒤집는다. 백인은 오랫동안 광범하고 잔인하게 명백한 폭력을 자행하고 그것을 이데올로기로 합리화해온 역사를 인종적 무지 주장을 통해 전부 대수롭지 않은 일로 치부한다. 이 방법으로 백인은 지금도 휘두르고 있고 지난 수백 년 동안 휘둘러온 권력을 감춘다.

충분히 입증된 대로, 똑같은 행동을 해도 흑인과 라티노는 경찰의 검문을 백인보다 더 많이 받고, 백인과 같은 범죄를 저질러도 백인보다 더 가혹한 판결을 받는다. 또 연구를 통해 밝혀진 대로, 이런 인종 격차의 주된 이유 중 하나로 범죄행위의 원인에 대한 판사와 그 밖의 사람들의 믿음을 꼽을 수 있다.[17] 예를 들어 백인 청소년이 범죄를 저지르면 그 원인을 대개 외부 요인에서 찾는다. 한부모 가정에서 자랐거나, 지금 힘든 시간을 보내고 있거나, 그저 우연히 부적절한 때에 부적절한 장소에 있었거나, 학교에서 괴롭힘을 당했다는 식이다. 범죄행위를 외부 요인 탓으로 돌리는 것은 곧 범행자의 책임을 덜어주고 그를 피해자로 분류하는 것이다. 그러나 흑인과 라틴계 청소년에게는 이와 같은 연민이 주어지지 않는다.

흑인과 라틴계 청소년이 판사 앞에 설 경우, 범죄의 원인을 범행자 내부의 무언가에서 더 자주 찾는다. 즉 그 청소년이 범죄 성향을 타고났거나, 더 동물적이거나 양심의 가책을 느낄 여지가 더 적다고 생각한다(이와 비슷하게, 2016년의 한 연구는 의대 학생과 레지던트 표본 가운데 절반이 흑인은 고통을 덜 느낀다고 믿는다는 것을 밝혀냈다[18]). 백인은 유색인에게는 주어지지 않는 선의의 해석을 꾸준히 누린다. 다시 말해 백인이라는 사실만으로도 결백을 입증하는 데 유리하다.

백인의 인종 의식을 높이기 위해 일하는 우리 같은 사람들에게는 우리 인종이 다른 인종보다 유리하다는 것을 백인 스스로 인정하도록 이끄는 것마저 힘겨운 과제다. 백인의 방어, 부인, 저항은 뿌리가 깊다. 그러나 인종의 이점을 인정하는 것은 첫 단계일 뿐이며, 이렇게 인정하는 발언을 방패막이로 삼아 우리 백인에게 더 이상의 책임은 없다고 선을 긋는 식으로 애초의 발언을 무의미하게 만드는 경우도 있다. 예컨대 나는 백인이 "나는 그저 피부색 때문에 특권을 가지고 있다"라고 오만하게 말하는 소리를 자주 듣는다. 이런 발언은 특권을 마치 요행인 것처럼, 우리가 살아가면서 관여하거나 공모하지 않았음에도 그저 우연찮게 얻은 무언가인 것처럼 묘사하는 것이다.

인종을 비판적으로 연구하는 학자인 제우스 레오나르도Zeus Leonardo는 백인의 특권을 백인이 부지불식간에 얻는 무언가로 보는 견해를 비판한다. 레오나르도에 따르면 이 견해는 어떤 사람이 평생 걸어가는 내내 다른 사람들이 그의 주머니에 돈을 넣어주는데도 정작 그는 이를 전혀 모르고 동의한 적도 없는 상황이 가능하다고 말하는 것과 비슷하다. 레오나르도는 백인의 특권을 무지의 산물로 보는 이 견해에 도전하면서 "백인의 인종 헤게모니로 일상생활을 가득 채우기 위해서는 지배의 과정으로, 또는 백인 주체가 유색인에게 강제하는 법과 결정, 정책으로 그 헤게모니를 지켜야 한다"라고 주장한다.[19] 특권을 백인이 그저 건네받은 무언가로 보는 것은 능동적·수동적으로, 의식적·무의식적으로 유지해야만 하는 인종주의의 체제적 차원을 가리는 것이다.

유색인이 백인에게 인종주의에 관해 가르쳐야 한다는 요구는 백인의 인종적 무지의 또 다른 측면으로서, 몇 가지 문제 있는 인종적 전제를 강화한다. 첫째, 이 요구는 인종주의가 유색인에게 생기는 무언가이며 백인과는 아무런 관련도 없다는 것, 따라서 백인이 인종주의에 관해 무언가 알 것으로 기대할 수 없다는 것을 함축한다. 이 프레임은 인종주의가 유색인과 백인 모두 관여하는 관계임을 부인한다. 우리는 인종 쟁점과 씨름하는 과제를 유색인에게 맡김으로써 그런 쟁점에 대해 공공연히 발언하는 행위에 뒤따르는 갈등과 사회적 위험을 떠넘긴다. 우리는 그런 위험을 무시하고 우리 자신의 책임이라는 문제에 침묵을 지킬 수 있다.

둘째, 이 요구는 우리에게 아무것도 요구하지 않으면서 유색인에게 우리의 일을 하라고 요구함으로써 불평등한 권력 관계를 강화한다. 우리와 기꺼이 정보를 공유하려는 유색인이 인종주의라는 주제와 관련해 이미 생산해놓은 가용자원이 엄청나게 많다. 그런데 왜 우리는 인종주의를 주제로 대화하기 전에 그 자원을 찾아보지 않는 걸까?

셋째, 이 요구는 인종 관계의 역사적 차원을 무시한다. 다시 말해 유색인이 자신들에게 인종주의가 어떤 것인지를 우리에게 말하려고 얼마나 자주 진심으로 시도했고 얼마나 자주 묵살당했는지를 무시한다. 우리는 먼저 유색인과 신뢰 관계를 쌓고 유색인처럼 상처받기 쉬운 입장에 서서 절충점을 찾으려는 노력 없이 그저 유색인에게 인종주의를 어떻게 경험하고 있는지 말해달라고 요구하는데, 이는 우리의 인종 의식이 낮다는 것과 이런 대화가 그들에게 소용이 없으리라는 것을 보여준다.

분리된 삶

1965년 텔레비전 토크쇼에서 제임스 볼드윈은 그가 항상 색깔에 집착한다는 예일대 교수의 주장에 격렬하게 대꾸했다.

나는 백인 기독교도들이 검둥이를 싫어하는지는 모르지만, 이 나라에 하얀색 기독교 교회와 검은색 기독교 교회가 있다는 것은 압니다. 나는 미국의 삶에서 인종 분리가 가장 뚜렷한 시간이 일요일 정오라는 것을 압니다. (…) 나는 노동조합과 그 지도부가 나를 정말로 싫어하는지는 모르지만 (…) 내가 그들의 조합에 속하지 않는다는 것은 압니다. 나는 부동산 로비가 흑인에게 불리한지는 모르지만, 부동산 로비스트들이 나를 빈민가에 묶어둔다는 것은 압니다. 나는 교육위원회가 흑인을 싫어하는지는 모르지만, 그들이 내 아이들에게 읽으라고 주는 교과서와 우리가 다녀야만 하는 학교는 압니다. 자, 이것이 증거입니다. 당신은 내가 한 번도 보지 못한 어떤 이상주의가 미국에 존재한다고 장담하면서 그것에 (…) 내 인생을 걸고서 (…) 신념의 행위를 할 것을 요구하고 있습니다.[20]

미국에서의 삶은 인종 분리의 영향을 크게 받는다. 전체 인종 집단 가운데 백인은 인종 분리를 선택할 가능성이 가장 높고 그렇게 하는 데 필요한 사회적·경제적 위치에 있을 가능성도 가장 높은 집단이다.[21] 백인을 길러내는 인종 분리 환경(우리의 학교, 직장, 동네, 상점가, 예배당, 오락시설, 사교 모임 등)은 우리의 경험과 시각만이 중요하다는 메시지를 강화한다. 우리는 주변에서 유색인을 보지 못하며, 인종 다양성의 부족을 문제로 인정하는 백인 성인은 거의 없다. 사실 좋은 동네와 나쁜 동네를 분류하는 기준은 언제나 인종이다. 이런 평가는 백인 내부의 경제력 격차에 근거하기도 하지만, 어떤 학교에 흑인과 라틴계 학생이 (백인이 보기에) 상당수 다닐 경우 백인은 그 학교를 나쁜 학교로 인식할 것이다. 설령 주변에 유색인이 **있더라도** 우리에게 인종 간 우정을 쌓으라고 장려하는 경우는 거의 없다.

가난한 백인이 사는 도시 공간에서는 대개 인종 분리가 얼마간 덜하다. 교외에 사는 백인 중간계급과 달리 가난한 백인은 유색인 근처에서 살기 때문에 지역 수준에서 유색인과 우정을 쌓기도 한다(일시적으로 인종이 섞이는 젠트리피케이션 기간에는 백인 중간계급과 유색인이 근거리에서 살기도 한다). 도시의 백인 하층계급은 미시적 수준에서 인종이 더 통합된 생활을 할지도 모르지만, 우리는 여전히 성공이란 우리의 가난을 훤히 드러내는 동네와 학교에서 다른 곳으로 이사하는 것을 의미한다는 메시지를 받고 있다. 계층 상승은 미국인이 열망하는 목표이며, 계층이 상승할수록 그의 사회적 환경은 눈에 띄게 하얘진다. 그 결과로 온통 하얀 환경이 가장 바람직한 환경으로 여겨진다.

　하층계급 출신으로 계층의 사다리를 올라가는 백인이 사회에서 가장 높게 평가받는 위치에 다다르려 한다는 것은 보통 유색인 친구와 동네를 남겨두고 떠난다는 것을 의미한다. 예컨대 나는 시내에서 가난하게 자랐고, 사람들이 붐비는 임대 위주의 동네에 있는 아파트에서 살았다. 어린 시절 내 주변에는 유색인이 많았다. 하지만 나는 형편이 나아지면 이 동네를 떠날 것을 알고 있었다. 계층이 상승하면 더 하얀 공간으로 이사갈 터였고, 실제로 이사갔다. 나는 어린 시절 유색인과 맺은 관계를 유지하지 않았으며, 나를 인도한 사람들 가운데 그 관계를 유지하라고 권한 이도 없었다. 그 후로도 인종 분리는 더 넓은 사회적 수준에서 나의 삶에 계속해서 작용했다. 인종 분리는 내가 학교에서 배우는 것, 책에서 읽는 것, 텔레비전에서 보는 것, 내 삶을 향상시키고 싶다면 중시해야 하는 것을 좌우했다.

능력주의는 미국에서 소중히 여기는 이데올로기다. 그러나 미국의 동네와 학교는 명백히 평등하지 않다. 오히려 동네별로 학교별로 분리되어 있으며 서로 불평등한 관계다. 과세 기준, 학교 자원, 교과 과정, 교과서, 과외활동, 교직원의 질 등이 학군별로 크게 다르다. 미국의 학교들이 엄청나게 불평등하다는 사실을 어느 누가 모르겠는가? 백인이 자신들에게 이롭고 다른 사람들에게 불리한 체제를 바꾸는 일에 관심이나 노력을 기울이지 않는 한, 백인의 이점은 대물림될 것이다. 우리는 누구나 평등한 공교육을 받을 수 있도록 이런 여건을 바꾸기는커녕 우리 자신은 받아들이지 못할 여건을 다른 인종의 아이들이 견뎌야 하는 현실을 용인한다.

2009년 《미국 교육저널American Journal of Education》에 실린 한 연구는, 교외에 살고 대부분 백인인 부모들이 성적을 고려해 학교를 선택했다고 말하지만 실은 학교의 인종 구성이 그들의 선택에 더 큰 영향을 준다는 것을 밝혀냈다. 컬럼비아대학 사범대의 사회학 겸 교육학 교수 에이미 스튜어트 웰스Amy Stuart Wells는 뉴욕시에서 백인 부모들이 학교를 어떻게 선택하는지 연구하여 똑같이 암호화된 언어를 발견했다. 웰스는 이렇게 말한다. "탈인종 시대에 우리는 교내 아이들의 인종이나 피부색에 대해 말할 필요가 없다. (…) 우리는 가난한 아이들과 유색인 아이들을 모아놓고 학교를 지원하고 유지하는 데 필요한 자원을 제공하지 않은 채, 흑인 어린이들로 가득한 학교를 보면서 '이런, 저 아이들 성적 좀 봐'라고 말할 수 있다. 그렇게 하면 모든 것이, 이 체제 전체가 아주 깔끔하다."[22] 독자들은 틀림없이 이런 표현을 사용해 학교와 동네에 대해 이야기하는 소리를 들어봤을 것이고, 이런 이야기가 인종적으로 암호화되어 있음을 알고 있을 것이다. '시내'와 '낮은 성적'은 '비백인' 학교를, 따라서 덜 바람직한 학교를 가리키는 암호다.

백인 다수가 유색인이 많이 사는 지역을 바람직하지 않은 공간, 심지어 위험한 공간으로 여기긴 하지만, 우리는 이와 다른 시각에서 생각해보자. 학교와 동네에서 소수에 불과한 유색인의 일원으로 살아가는 것이 얼마나 고통스러운 경험인지 설명하는 유색인의 말을 나는 수도 없이 들었다. 많은 유색인 부모는 주로 백인이 다니는 학교에 자녀를 입학시켜 그곳의 이점을 누리기를 원하면서도, 자녀가 스트레스를 받고 더 나아가 위협을 당하지 않을까 걱정한다. 이들 부모는 대부분 백인으로 이루어진 교사 인력이 십중팔구 유색인 아이들을 제대로 모른다는 것, 그리고 유색인 아이들을 열등하게 여기고 심지어 두려워하도록 (대개 무의식적으로) 사회화되었다는 것을 알고 있다. 백인 부모에게는 너무도 소중한 백인 학교가 유색인 부모에게는 얼마나 안전하지 않은 곳으로 보일 수 있을지 상상해보라.

인종 분리의 가장 심각한 메시지는 우리 삶에 유색인이 없어도 실질적인 손실이 전혀 없다는 메시지일 것이다. 나를 사랑해주고 인도해주고 가르쳐준 사람들 가운데 단 한 명도 내가 인종 분리 때문에 가치 있는 무언가를 빼앗긴다고 말해주지 않았다. 그들에 따르면 나는 유색인 친구나 연인 하나 없이 평생을 살면서도 그로 인해 내 인생이 축소된다고 생각하지 않을 수 있었다. 실제로 내 삶의 궤도를 그대로 따라갔다면, 십중팔구 평생 유색인 지인이 거의 없었을 것이다. 학교에서 특정한 스포츠에 참여했다면 소수의 유색인을 만났을 테고 교실에 유색인이 한두 명 있었을 테지만, 그 맥락 밖에서는 유색인과 가깝게 지내지 않았을 것이고 진실한 관계는 더더욱 맺지 않았을 것이다. 어린 시절 유색인 친구와의 우정을 회상하는 백인 가운데 그 우정을 성인기까지 이어오는 이는 거의 없다. 그러나 만약 내 부모님이 인종 간 관계 맺기가 소중하다고 생각했다면, 설령 노력이 필요했더라도 내게 그런 관계를 맺어주었을 것이다. 수많은 백인 부모가 자녀를 타운 건너편의 더 나은(더 하얀) 학교로 보내기 위해 바로 이런 노력을 기울이고 있다.

잠시 숨을 고르면서 방금 말한 메시지, 즉 인종 분리로 인해 소중한 것을 잃어버릴 일이 전혀 없다는 메시지가 얼마나 심각한 것인지 생각해보라. 또 우리가 백인 분리를 좋은 것으로 묘사하면서 우리 아이들에게—아울러 유색인 아이들에게—어떤 메시지를 보내고 있는지 생각해보라.

요약하면, 우리의 사회화는 일군의 공통된 인종 패턴들을 낳는다. 아래에 적은 이 패턴들은 백인의 취약성의 토대다.

- 인종 분리를 선호하고 인종 분리로 인한 상실에 대한 의식이 부족하다.
- 인종주의가 무엇인지에 대한 이해가 부족하다.
- 우리 자신을 인종적 사회화의 구속력에서 자유로운 개인으로 여긴다.
- 우리가 우리 집단의 역사를 동반한다는 것과 역사가 중요하다는 것을 이해하지 못한다.
- 모든 사람이 우리의 경험을 가지고 있거나 가질 수 있다고 전제한다.
- 인종적 겸손이 부족하고 다른 인종의 말을 들으려 하지 않는다.
- 우리가 이해하지 못하는 것이라면 무시한다.
- 유색인의 시각에 대한 진실한 관심이 부족하다.
- 곤경과 개인적 노력을 건너뛴 채 곧장 '해결책'을 찾고 싶어 한다.
- 의견이 다른 것과 이해하지 못하는 것을 혼동한다.
- 체면을 지키고 좋은 사람으로 보이기 위해 백인 연대를 유지하려 한다.
- 죄책감을 이유로 무기력하게 있거나 행동하지 않는다.
- 우리와 인종주의의 연관성을 암시하기만 해도 방어적 태도를 보인다.
- 영향보다 의도에 초점을 맞춘다.

나의 사회심리학적 발달은 나 자신이 우월한 집단에 속하는 백인 우월주의 문화 안에서 이루어졌다. 내게 모든 사람을 똑같이 대하라고 말한다고 해서 이 사회화 과정이 무효화되는 것은 아니다. 그런 일은 인간적으로 가능하지도 않다. 나는 유색인이 없어도 손실이 없다고—유색인의 부재는 우리가 추구하고 유지해야 할 훌륭하고 바람직한 것이라고—가르치는 동시에 이 사실을 부인하는 사회에서 자랐다. 이런 태도는 내 자아 정체성의 모든 측면에 영향을 주었다. 다시 말해 나의 관심과 투자, 내가 신경을 쓰는 것과 쓰지 않는 것, 내가 보는 것과 보지 않는 것, 내가 끌리는 것과 멀리하는 것, 내가 당연하게 받아들일 수 있는 것, 내가 갈 수 있는 곳, 다른 사람들이 내게 반응하는 방식, 내가 무시할 수 있는 것에 영향을 주었다. 우리 대다수는 인종주의와 백인 우월주의를 내면화하는 사회화를 선택하지 않을 것이다. 그렇지만 불행히도 우리에게 그런 선택권은 없었다. 우리가 인종주의적 메시지를 받는 정도와 내면화하는 정도는 개인마다 편차가 있지만, 이런 메시지를 완전히 차단할 수 있는 방법은 없다. 그렇다면 우리가 해야 할 일은 이런 사회화가 우리의 일상생활에서 어떤 결과로 나타나고 도전에 부딪힐 때 우리의 반응에 어떻게 영향을 주는가 하는 문제와 씨름하는 것이다.

제5장 ◗

좋은/나쁜
이분법

그는 인종주의자가 아니에요. 정말 친절한 남자예요.

이번 장에서는 근래 역사를 통틀어 인종주의의 가장 효과적인 적응 형태라고 할 만한 것을 탐구한다. 바로 좋은/나쁜 이분법이다.[1] 시민권 운동 이전에는 백인이 자신의 인종적 우월성에 대한 신념을 공공연히 표명하는 것이 사회적으로 용인되는 일이었다. 그러나 북부 백인은 흑인—여성과 어린이를 포함하는—이 시민권 시위 도중에 폭행당하는 장면을 보고서 경악했다. 그렇게 흑인을 박해하는 모습은 인종주의자의 전형적인 이미지가 되었다. 시민권 운동 이후로는 선량하고 도덕적인 사람인 것과 인종주의에 가담하는 것이 양립 불가능하게 되었다. 이제 좋은 사람이면서 동시에 인종주의에 가담할 수는 없게 된 것이다. 인종주의자라면 나쁜 사람일 수밖에 없었다(1960년대 시민권 운동 기간에 남부에서 흑인을 박해한 이런 백인 이미지 덕에 북부 백인은 인종주의자를 늘 남부인으로 설정할 수 있었다).

이 적응 형태를 완성하려면 먼저 인종주의를 단순하고 산발적이고 극단적인 편견 행위로 축소할 필요가 있었다. 이런 행위는 인종을 이유로 누군가를 의식적으로 싫어하는 의도적이고 악의적인 행위가 틀림없다는 주장이었다. 인종주의자는 이를테면 린치를 가하는 나무의 밑동에서 웃으며 소풍을 즐기는 남부 백인, 에밋 틸Emmett Till(1955년 미시시피주의 삼촌 집을 방문했다가 백인에게 린치를 당해 숨진 14세 흑인 소년—옮긴이) 같은 순진한 아이들을 죽을 때까지 구타하는 전형적인 남부 백인 남성이었다. 달리 말하면, 인종주의자는 비열하고 무식하고 나이 많고 교양 없는 남부 백인이었다. 친절한 사람, 선의를 가진 사람, 편견 없는 중간계급 사람, '계몽된 북부'에서 자란 사람은 인종주의자일 수가 없었다.

인종주의자 = 나쁜	비인종주의자 = 좋은
무식한	진보적인
편협한	교양 있는
편견이 있는	편견이 없는
비열한	선의를 가진

늙은	젊은
남부	북부

인종주의를 나쁘게 만드는 것이 긍정적인 변화처럼 보일지라도, 우리는 이 변화가 실제로 어떻게 기능하는지 살펴봐야 한다. 이 패러다임 안에서는 나에게 인종주의자라고 말하는 것이 곧 심한 도덕적 타격―일종의 인신공격―을 가하는 것이다. 이 타격을 받을 경우 나는 나의 인격을 변호해야 하고, 나의 행위를 반성하는 일보다 인종주의자 혐의를 벗는 일에 모든 에너지를 써야 할 것이다. 이런 식으로 좋은/나쁜 이분법은 백인이 인종주의에 대해 말하는 것을 거의 불가능하게 만든다. 인종주의가 무엇이고 우리 모두에게 어떻게 영향을 주는지, 어떤 방식으로 인종주의에 가담할 수밖에 없도록 길들이는지에 대해 말할 수 없게 한다. 이런 역학을 논의하지 못하거나 우리 안에서 발견하지 못할 경우, 우리는 인종주의에 계속 가담할 수밖에 없다. 좋은/나쁜 이분법은 평균적인 백인이 인종주의를 이해하는 것―저지하는 것은 고사하고―을 사실상 불가능하게 만들었다.

아프리카계 미국인 학자이자 영화 제작자인 오모왈레 아킨툰데Omowale Akintunde는 이렇게 말한다. "인종주의는 어디에나 있는 체계적·사회적·제도적 현상이자 인식론적으로 뿌리 깊은 현상으로서 우리 현실의 모든 자취에 스며들어 있다. 그렇지만 대다수 백인에게 인종주의는 마치 살인과 같다. 즉 개념은 존재하지만 누군가 저질러야 발생하는 사건과 같다. 이렇게 여러 층위를 가진 증후군을 좁게 바라보는 시야는 인종주의의 불길한 성격을 부추기고, 실제로 인종주의적 현상을 근절하기는커녕 오히려 영속화한다."[2]

좋은/나쁜 프레임은 그릇된 이분법이다. 인종으로 말미암아 깊이 분열된 사회에서는 누구나 편견, 특히 다른 인종에 대한 편견을 가지고 있다. 나는 부모로부터 누구나 평등하다고 배울 수 있고, 유색인 친구를 사귈 수 있으며, 인종주의적 농담을 하지 않을 수 있다. 그렇더라도 나는 인종주의에 기반하는 사회의 구성원으로서 인종주의의 구속력에 영향을 받는다. 나는 여전히 백인으로 보일 것이고, 백인으로 대우받을 것이고, 백인으로 인생을 경험할 것이다. 나는 백인의 시각에서 정체성, 개성, 관심사, 투자 대상을 형성해갈 것이다. 나는 백인의 세계관과 백인의 준거틀을 가질 것이다. 인종이 분명히 중요한 사회에서 나의 인종은 내게 심대한 영향을 준다. 이 구성물에 도전하고자 한다면, 먼저 인종이 우리 자신의 삶과 우리를 둘러싼 사회에서 어떤 양상으로 나타나는지를 정직하게 서술해야 한다.

인종주의적 행위는 비록 각각 발생할지라도 역학들이 서로 맞물리는 더 큰 체제의 일부다. 개별 사건에 초점을 맞출 경우 더 큰 체제에 도전하는 데 필요한 개인·대인·문화·역사·구조적 차원의 분석이 가려진다. 인종주의와 관련해 사실상 모든 백인에게서 찾아볼 수 있는 방어적 태도의 근간에는 이처럼 인종주의를 불친절한 사람들이 저지르는 의도적인 개별 행위로 한정하는, 지나치게 단순한 견해가 있다. 방어적 태도 너머로 나아가려면, 이 공통된 믿음을 버려야 한다.

좋은/나쁜 이분법은 분명 인종주의의 구조적 성격을 가리고 그것을 직시하거나 이해하기 어렵게 만든다. 이런 이분법적 세계관이 우리의 행위에 끼치는 영향도 문제다. 백인으로서 내가 인종주의를 이분법으로 개념화한 다음 나 자신을 '비인종주의자' 편에 놓는다면, 어떤 행위를 추가로 요구받겠는가? 나는 인종주의자가 아니기 때문에 아무런 행위도 요구받지 않을 것이다. 나는 인종주의를 나의 문제로 여기지 않을 것이고, 인종주의를 우려하지 않을 것이며, 더 해야 할 일이 전혀 없다고 생각할 것이다. 이 세계관에 서 있을 경우 나는 인종주의에 관해 비판적으로 사유하는 역량을 키우거나 나의 위치를 활용해 인종 불평등에 도전하지 않을 것이다.

좋은/나쁜 이분법은 인종 정의正義 문제의 상담가로 일하는 나의 생활에 사실상 날마다 영향을 준다. 내 일은 인종주의가 어떻게 개인과 조직 차원의 실천과 결과로 나타나는지 볼 수 있도록 돕는 것이다. 일반적인 표현으로 말할 때면 나는 대체로 호응을 받는다. 가령 "여러분이 구직자들에게 등가의 경험이 아닌 고급 학위를 요구한다면 그것은 곧 여러분이 찾는다고 말하는 시각과 경험을 가진 구직자 중 일부를 자동으로 탈락시키는 것입니다" 라고 말할 때 그렇다. 그러나 그곳에 있는 누군가의 인종주의가 드러나는 구체적인 순간을 지적할 때면, 백인의 취약성이 터져 나온다.

예컨대 나는 적어도 8학기 동안 주기적으로 모임을 꾸려온 교사들과 협업한 적이 있다. 그 모임은 공립학교 체계에서 각 학교의 형평성을 증진하기 위해 자원한 교사 팀들로 이루어져 있었다. 나는 한 시간짜리 발표 〈물을 보는 법: 일상 속의 백인성〉을 막 끝낸 참이었다. 백인이 끊임없이 백인 우월주의적 메시지를 받고 그 결과로 불가피하게 그런 메시지를 내면화하게 되는 현실을 드러내 보이기 위한 발표였다. 그곳의 교사들은 나를 지지하는 것으로 보였다. 개방적이고 수용적인 자세였고, 대부분 동의의 표시로 줄곧 고개를 끄덕였다. 발표 후에 한 백인 교사가 손을 들고서 자기네 학교 이야기를 들려주었다. 교내 학업 성취도 차이에 항의하는 부모들 옆을 차를 타고 지나가다가 그들과 언쟁을 주고받은 이야기였다. 그 교사는 특히 자신을 공격한 어머니를 흉내냈는데, 교사가 차를 타고 지나갈 때 "당신은 우리 아이들을 이해하지 못해요!"라고 소리쳤다고 한다. 백인 교사가 그 어머니를 정형화된 방식으로 흉내낸 까닭에 우리 모두 그 어머니가 흑인임을 알 수 있었다. 거의 인종적 조롱에 가까운 그 교사의 흉내에 다른 교사들은 단체로 숨을 죽이는 듯 보였다. 그 교사의 결론은, 돌이켜 생각해보니 어머니의 말이 옳고 자신이 정말로 유색인 아이들을 이해하지 못했음을 깨달았다는 것이었다. 그러나 이야기의 감정적 요지는 어머니의 어림짐작에 자신이 분개했다는 것이었다. 그리고 화난 흑인 여성을 정형화된 방식으로 흉내냄으로써 다른 교사들에게 감정적 영향을 주었다.

이 이야기가 끝나갈 무렵 나는 결정을 내려야 했다. 나의 소신대로 이 이야기에서 어떤 부분에 인종적으로 문제가 있는지 지적해야 할까? 어쨌거나 나는 문자 그대로 인종주의를 드러내라고 고용된 사람이었다. 더욱이 몇몇 아프리카계 미국인 교사들은 이 이야기가 인종주의적 고정관념을 강화한다는 것을 알아챈게 분명했다. 개입하지 않는다면 나 또한 인종주의를 차단하는 쪽이 아니라 백인의 감정을 보호하는 쪽을 선택하는 백인—그것도 인종 정의 상담가를 자처하는 백인!—이 될 터였다. 그러나 그 이야기를 한 교사가 방어적 태도를 보이고 마음을 닫아버릴 가능성, 그리고 교사들이 내가 심하다고 생각하는 쪽과 그렇지 않다고 생각하는 쪽으로 갈라질 가능성을 감안하면, 나는 교사 집단을 잃을 위험을 감수해야 할 터였다. 나는 나의 도덕적·직업적 소신을 유지하고 다른 백인들에게 모범을 보이기로 결정했다.

최대한 정중하게 나는 이렇게 말했다. "당신이 그 소통에서 귀중한 통찰을 얻었다는 것을 이해하고 그 통찰을 우리에게 나눠주신 데 감사드립니다. 그런데 저는 그 이야기를 그런 식으로 말하지 않는 방안을 고려해달라고 부탁드려야겠네요."

그 교사가 즉시 항변했지만 나는 그녀의 말을 끊고 이어서 말했다. "나는 당신에게 가르칠 수 있는 기회를 제안하고 그저 열린 마음으로 들어주기를 부탁하고 있을 뿐입니다." 그런 다음 그 녀가 이야기한 방식에서 무엇이 인종적으로 문제인지 설명하고 인종주의적 고정관념을 강화하지 않으면서도 그녀의 배움을 공유할 수 있는 방법을 제안했다. 흑인 어머니를 인종적 반감을 불러일으킬 만한 방식으로 흉내내지 않으면서도 같은 이야기를 쉽게 들려주고 같은 결론을 이끌어낼 수 있었기 때문이다.

그 교사는 몇 차례 말허리를 자르며 항변했지만 결국 내 말을 듣는 듯 보였다. 이렇게 내가 개입한 직후에 우리는 잠시 쉬었다. 그때 아프리카계 미국인 교사 몇 명이 내게 다가와 고맙다고 말했고, 한 백인 교사도 나의 개입이 신선했고 백인 연대를 어떻게 깨는지 보여주는 꼭 필요한 본보기였다고 말했다. 다른 백인 몇 명도 와서 그 교사가 몹시 화가 났고 이 모임을 그만두기로 했다고 알려주었다.

이것이 좋은/나쁜 이분법의 힘이자 백인의 취약성에 영향을 주는 방식이다. 우리 사회에서 인종주의가 구조화되어 있고 백인이라면 인종주의에 불가피하게 가담하게 된다는 것을 전제로 하는 수업에 참여하는 형평성 팀의 백인 교사마저도 어떻게 의도치 않게 인종주의를 드러내는지를 지적하는 나의 피드백을 감당하지 못했다.

당신이 백인이고 당신 자신의 인종주의를 살펴보라는 반론에 부딪힌 적이 있다면—아마도 문제가 있는 농담을 하거나 편견이 들어간 추측을 했다가 누군가에게 지적당했을 것이다—대개 항변해야 한다고 생각했을 것이다. 당신 생각에 누군가 당신을 가리켜 나쁜 사람이라고 말하고 있다면, 당신은 자신의 어떤 언행이 어째서 상처를 주는지 이해하고자 노력하기보다는 당신이 나쁜 사람일 가능성을 부인하고 그렇게 말하는 사람이 틀렸음을 입증하는 데 모든 에너지를 쏟을 공산이 크다. 당신은 아마 백인의 취약성으로 대응할 것이다. 그러나 유감스럽게도 백인의 취약성은 당신이 그토록 항변해야 한다고 생각하는 문제 있는 행위를 보호할 수 있을 뿐, 당신이 문제 있는 인종적 행위를 하지 않는 열린 사람임을 입증하지는 못한다.

인종주의를 개별적·개인적·의도적·악의적 행위로 축소하는 지배적 패러다임은 백인이 자신의 행위를 인종주의로 인정할 가능성을 낮춘다. 예컨대 나는 정부 관료나 교사, 그 밖에 공무원이 깜짝 놀랄 정도로 인종주의적인 발언을 하면서도 자신은 인종주의자가 아니라고 역설하는 장면을 자주 본다. 독자들은 웨스트버지니아주에 고용되어 한 카운티의 개발을 감독하던 고위직 임원―파멜라 램지 테일러Pamela Ramsey Taylor―이 페이스북에 퍼스트레이디 미셸 오바마에 대한 인종주의적 발언을 올렸다가 정직당한 사건을 기억할지도 모르겠다("세련되고 아름답고 품위 있는 퍼스트레이디가 백악관으로 돌아오면 정말 상쾌하겠다. 나는 힐을 신은 유인원[원문 그대로]을 보는 데 지쳤다"). 이 카운티의 시장은 "멋진 말이야 팜"이라고 답글을 썼다. 뒤이어 소란이 일어나자 테일러는 이렇게 응수했다. "내 발언은 전혀 인종주의를 의도한 것이 아니었다. 내가 요즘 백악관의 변화에 기분이 좋다고 말한 것이다! 이 일로 조금이라도 언짢았다면 진심으로 유감이다! 나를 아는 사람들은 내가 결코 인종주의자가 아님을 알고 있다!" 테일러가 정직을 당하긴 했지만(하지만 결국 일자리를 되찾았다), 나는 백인이 실제로 무엇을 인종주의로 인정하는지 여전히 의문이다.

백인에게 인종주의에 대해 이야기할 때면 나는 같은 주장들 —좋은/나쁜 이분법에 뿌리박은—을 듣고 또 듣곤 한다. 나는 이 주장들을 크게 두 범주로 나누는데, 둘 다 백인을 좋은 사람, 따라서 인종주의자가 아닌 사람으로 분류한다. 첫 번째 범주는 색맹을 주장한다. "나는 피부색을 보지 않는다[그리고/또는 인종은 내게 아무런 의미도 없다]. 따라서 내게는 인종주의가 없다." 두 번째 범주는 다양성을 중시한다고 주장한다. "나는 유색인을 알고 있다[그리고/또는 유색인과 가깝게 지내왔다. 그리고/또는 유색인에게 대체로 호감을 가지고 있다]. 따라서 내게는 인종주의가 없다." 두 범주 모두 근본적으로 좋은/나쁜 이분법에 의존한다. 내가 이런 주장들을 두 범주로 나누긴 하지만, 이것들은 맞바꿔서 사용될 수 있고 흔히 그렇게 사용된다. 꼭 타당한 주장일 필요는 없다. 그저 발화자를 좋은 사람—인종주의가 없는 사람—으로 자리매김하고 논의를 끝내기만 하면 된다.

색맹 발언은 사람들이 인종을 보지 않는다거나 설령 보더라도 아무런 의미가 없다고 역설한다. 색맹 주장은 다음을 포함한다.

- 나는 모든 사람을 똑같이 대하라고 배웠다.

- 나는 피부색을 보지 않는다.

- 나는 당신이 분홍색이든 자주색이든 물방울무늬든 상관하지 않는다.

- 인종은 내게 아무런 의미도 없다.

- 내 부모님이 인종주의자였기/인종주의자가 아니었기 때문에 나는 인종주의자가 아니다.

- 누구나 고생하지만 당신이 열심히 노력한다면….

- 아무개가 공교롭게도 흑인이긴 하지만, 그것은 내가 당신에게 말하려는 바와 전혀 관련이 없다.

- 인종에 초점을 맞추는 행위는 우리를 분열시킨다.

- 사람들이 나를 존중한다면, 나도 그들을 인종에 상관없이 존중한다.

- 요즘 아이들은 훨씬 더 열려 있다.

- 나는 인종주의자가 아니다. 나는 캐나다 출신이다.

- 나는 백인이지만 가난하게 자랐기 때문에(그래서 인종 특권이 없기에) 뽑혔다.

두 번째 범주는 내가 **색깔 찬양하기**라고 부르는 것이다. 이 범주는 사람들이 인종 간 차이를 보고 받아들인다고 주장한다. 색깔 찬양하기 주장은 다음 발언을 포함한다.

- 나는 매우 다양한 환경에서 일한다.

- 나는 유색인 가족이 있다/유색인과 결혼했다/유색인 자녀가 있다.

- 나는 군에 있었다.

- 나는 한때 뉴욕/하와이에서 살았다.

- 우리는 이 동네에 백인이 많은 것을 좋아하지 않지만 학교 때문에 여기로 이사해야 했다.

- 나는 평화봉사단에 있었다.

- 나는 1960년대에 행진에 참가했다.

- 우리는 중국에서 아이를 입양했다.

- 우리 손자들은 다인종이다.

- 나는 아프리카에서 선교 활동을 했다.

- 나는 아주 다양한 학교를 다녔다/아주 다양한 동네에서 살았다.

- 나는 일본에서 소수자로 살았던 터라 소수자로 지내는 것이 어떤지 안다.

- 나는 [무슨무슨] 사람들 사이에서 살았으므로 사실상 유색인이나 마찬가지다.

- 내 증조할머니는 아메리카 원주민 공주였다.

나는 인종주의의 역학을 해명하다가 나의 기대를 결코 저버리지 않는 질문 하나를 발견했다. 그 질문은 "이 주장은 참입니까 거짓입니까?"가 **아니다**. 인종주의처럼 민감한 무언가와 관련해 이것 아니면 저것 이분법으로 질문할 경우 우리는 결코 합의에 이르지 못할 것이다. 오히려 나는 "이 주장은 대화에서 어떻게 기능합니까?"라고 묻는다. 이 질문을 두 범주, 즉 색맹 범주와 색깔 찬양하기 범주에 적용하면, 위에서 살펴본 모든 주장이 궁극적으로 비슷한 방식으로 기능한다는 것을 알 수 있다. 다시 말해 상술한 주장들은 모두 인종주의 문제에 대한 발화자의 책임이나 관여를 깨끗이 면제해주는 기능을 한다. 인종을 논의 대상에서 치우고 추가적인 탐구를 (열기는커녕) 닫아버리는 기능을 한다. 그렇게 해서 결국 현재의 인종 상황을 유지하는 기능을 한다.

이렇게 전형적인 인종적 주장들은 그 밑에 깔린 의미들에 의존한다. 우리는 이 의미들을 확인함으로써 극단적인 인종 분리와 불평등이라는 맥락에서 우리가 도대체 어떻게 그런 주장을 펴는지를 조금 더 이해할 수 있다.

바다 위로 길게 뻗은 부두를 떠올려보라. 위에서 보면 부두는 그저 떠 있는 것 같다. 부두의 윗부분―우리가 볼 수 있는 부분―은 인종적 주장들의 겉면을 나타낸다. 그러나 부두는 힘들이지 않고 떠 있는 것처럼 보일지라도, 당연히 떠 있는 것이 아니다. 수면 아래 잠긴 구조물이 부두를 떠받치고 있는 것이다. 부두는 해저에 박힌 기둥들 위에 얹혀 있다. 부두를 지탱하는 기둥들이 해수면 아래에 있어서 바로 보이지 않는 것과 마찬가지로, 우리의 인종적 주장을 뒷받침하는 믿음들은 우리 눈에 띄지 않는다. 부두를 무너뜨리려면 그 아래 기둥들에 다가가서 뿌리째 뽑아야 한다.

위에서 열거한 주장들은 모두 발화자에게 인종주의가 없음을 뒷받침하는 증거로 제시되는 것이다. 가령 인종주의에 대해 대화하는 중에 백인들이 자기는 다양한 환경에서 일하거나 유색인 가족이 있다고 말하는 것은 내게 자신은 인종주의자가 아니라는 증거를 제시하는 것이다. 그런데 이것이 그들의 증거라면, 그들은 인종주의를 어떻게 규정하고 있는 걸까? 달리 말하면 저변의 어떤 의미 체계가 그런 주장을 펴도록 그들을 이끄는 걸까? 유색인 근처에서 일하는 것이 그들과 인종주의자를 구별짓는 증거라면, 명백히 인종주의자는 유색인 근처에서 일할 수 없다. 이 주장은 인종주의란 **의식적인 불관용**이라는 정의에 의존한다. 인종주의자는 유색인이 눈에 띄는 것조차 관용할 수 없는 사람이라는 것이다. 이 논리에 따르면, 유색인을 알고 있거나 유색인과 일하고 있으므로, 또는 한때 뉴욕에서 살면서 주변 어디서나 유색인을 보고 유색인과 미소를 지으며 이야기를 나누었으므로, 그들은 인종주의에 가담할 수가 없다. 그렇지만 이런 주장의 표면 아래로 내려가면 얼마나 얄팍한 주장인지 드러나는데, 거리에서 "피와 땅!"을 외치며 대놓고 행진하는 자칭 백인 민족주의자일지라도 유색인과 소통할 수 있고 십중팔구 소통하고 있을 것이기 때문이다. 실제로 나는 텔레비전에서 흑인 기자가 자칭 백인 우월주의자를 인터뷰하는 장면을 여러 차례 보았는데, 그럴 때면 양쪽 모두 차분하고 상대방을 존중하는 자세로 말을 주고받았다.

모든 사람을 똑같이 대하도록 배웠다고 주장하는 사람은 그저 자신이 사회화를 이해하지 못한다고 말하는 것이다. 누군가에게 모든 사람을 똑같이 대하도록 가르치는 것은 가능하지 않은 일이다. 우리는 모든 사람을 똑같이 대하라는 말을 들을 수 있고 실제로 자주 듣지만, 그렇게 하도록 가르치는 데 성공할 수는 없다. 인간은 객관적이지 않기 때문이다. 게다가 우리는 모든 사람을 똑같이 대하기를 **원하지** 않을 텐데, 사람마다 욕구가 다르고 우리와 맺는 관계가 다르기 때문이다. 사람에 따라 다르게 대하는 것 자체는 문제가 아니다. 가령 나는 시력이 나쁜 사람에게 12포인트 글자로 적힌 문서를 주지 않을 것이다. 다른 누군가는 그 문서를 아무렇지 않게 읽을지라도 말이다. 문제는 우리 주변에 유포되어 우리로 하여금 사람에 따라 불공평하게 대하도록 만드는 그릇된 정보다.

내가 유색인에게서 되풀이해 받은 피드백은, 백인이 모든 사람을 똑같이 대하도록 배웠다고 주장할 때 유색인이 "좋아! 난 지금 깨어 있는 백인과 이야기하고 있어!"라고 생각하지 않는다는 것이다. 오히려 반대다. 유색인은 내심 언짢아하며 이 백인도 무지하다고 결론짓고, 인종주의를 부정하고 일축하는 백인과의 입씨름에 또다시 대비한다.

우리는 '다른' 젠더를 가진 누군가를 사랑하는 순간에 우리의 젠더 역할과 젠더 길들이기가 사라진다고 생각하지 않는다. 이것은 일종의 교양이다. 나는 스스로를 여성으로 밝히며 스스로를 남성으로 밝히는 사람과 결혼했지만, "나는 남자와 결혼했으므로 젠더가 없는 인생을 산다"라고는 결코 말하지 않을 것이다. 우리는 젠더가 아주 뿌리 깊은 사회적 구성물이라는 것, 우리 젠더의 역할과 과제, 표현에 따라 우리의 경험이 서로 다르다는 것, 우리가 관계를 맺는 내내 이런 차이와 씨름하리라는 것을 이해한다. 그러나 인종을 주제로 이야기할 때면 우리는 호감이 조금이라도 있으면 인종이 전혀 작동하지 않는다고 주장한다. 심지어 더 우스꽝스럽게도, 대도시의 거리에서 유색인을 차분하게 지나칠 수 있으면 인종 길들이기가 사라진다고 주장하기까지 한다.

인종주의자는 유색인을 알고 지내는 것이나 유색인 옆에서 일하는 것, 유색인 사이에서 걷는 것을 견디지 못한다는 주장이 퍽 우스꽝스럽긴 하지만, 슬픈 사실은 백인 다수가 인종 간 친분을 전혀 쌓지 않는다는 것이다. 아마도 이것이 우리가 우리에게 인종주의가 없음을 증명하기 위해 그토록 설득력 없는 증거에 의존하는 이유일 것이다. 그런데 인종 간 친분을 쌓고 이를 자신에겐 인종주의가 없다는 증거로 사용하는 사람들조차도 '인종주의자=나쁜 사람, 비인종주의자=좋은 사람'이라는 이분법을 계속 들먹인다. 그들은 자신의 인종 간 친분을 이 이분법에서 자신이 비인종주의자 편에 있다는 증거로 여긴다.

그러나 인종 간 친분은 사회 전반에서 인종주의의 역학을 차단하지 못하며, 이 역학은 조금도 누그러지지 않은 채 계속 작용한다. 심지어 백인과 유색인이 함께 활동할 때도 백인은 유색인 친구가 누리지 못하는 백인 특권을 계속 누릴 것이다. 인종 간 친분은 우리가 내면화하고 있고 이 사회에서 강화되고 있는 온갖 메시지를 차단하지도 못한다. 실제로 인종주의는 인종 간 친교 안에서도 변함없이 나타난다. 내가 만난 유색인 중에 백인과의 친교에서 인종주의가 작동하지 않는다고 말한 이는 없다. 일부 백인은 보다 사려 깊고 깨어 있고 타인의 피드백을 잘 받아들이지만, 그렇다고 이 사회에서 인종 간 관계가 인종주의의 역학에서 자유로운 것은 아니다.

대부분의 백인은 유색인 친구와 인종주의에 대해 이야기하지 않으면, 또는 유색인 친구가 자신에게 인종주의에 대한 피드백을 주지 않으면 인종주의는 사소한 문제라고 생각한다. 그러나 당신과 당신의 친구가 인종주의에 대해 이야기하지 않는다고 해서 인종주의가 작동하지 않는 것은 아니다. 사실 이런 침묵은 인종주의가 드러나는 양태들 중 하나인데, 그것이 강요된 침묵이기 때문이다. 대부분의 유색인은 처음에 백인 친구와 인종주의에 대해 이야기해보려 했지만 친구가 방어적 태도를 보이거나 자신의 경험을 일축하는 바람에 경험을 공유하려던 마음을 접었다고 내게 말했다. 친구 관계인 백인과 유색인 사이에서 인종주의가 대화 주제가 되지 못한다면, 그 대화의 부재는 인종 간 신뢰의 부족을 가리키는 것일지도 모른다.

좋은/나쁜 이분법은 강력하고 지속적으로 작동한다. 아래에서 나는 이 이분법의 가장 인기 있는 주장들 몇 개에 대항하는 서사를 제시할 것이다. 이 주장들이 어떻게 각각의 주장을 펴는 사람들을 비인종주의자로 분류하고 그리하여 그들의 추가 의무나 책임을 면제해주는지 눈여겨보라.

"나는 모든 사람을 똑같이 대하라고 배웠다."

위에서 설명했듯이, 인간이 100퍼센트 객관적일 수는 없으므로 사람들을 모두 공평하게 대하도록 가르치는 것은 불가능하다. 가령 나는 몇 시간 동안 당신에게 평가하는 것은 좋지 않고 아무도 평가받기를 좋아하지 않는다는 것—"당신도 평가받고 싶지 않을 것이다. 그렇지 않은가?"—등등을 설교할 수 있다. 하지만 설교가 끝난 후에도 당신은 계속 평가할 텐데, 평가하지 않기란 불가능하기 때문이다. 우리의 평가를 점검해보고 더 가볍게 평가할 수는 있다. 그렇지만 아예 평가하지 않는 것은 가능하지 않다. 모든 사람을 똑같이 대할 수도 없다. 누구나 똑같이 대한다고 공언하는 사람은 자신이 믿는 가치를 말하는 것이긴 하지만, 실은 반성할 여지를 닫아버리는 것이기도 하다. 그런데 암묵적 편향의 힘을 감안하면, 우리는 반성을 그만두기보다 더 깊게 해야 한다. 반성을 더 깊게 한다고 해서 타인을 무심코 불공평하게 대할 여지가 없어지는 것은 아니지만, 반성을 완전히 거부할 때보다는 서로 더 가까워질 것이다.

"나는 1960년대에 행진에 참가했다."

자신이 1960년대에 행진에 참가했다고 내게 말하는 사람들—유색인을 안다고 말하는 사람들과 마찬가지로—은 곧 인종주의를 단순히 인종적 불관용의 문제로 본다고 말하는 셈이다(시민권 운동 기간에 흑인들과 나란히 행진하던 때에는 분명히 인종적 불관용 태도를 가지고 있지 않았거나 관용할 수 없었을 것이다). 또한 자신이 보기에 인종주의는 복잡하지 않고 변하지 않는다고 말하는 셈이다. 그러나 1960년대에 우리는 인종이 생물학적인 것이라고 생각했다. 우리는 **동양** 인종이나 **유색** 인종 같은 표현을 사용했다. 그럼에도 1960년대에 행진에 참가했다고 말하는 사람들은 50년도 더 전에 했던 행위에 비추어 그때 인종 학습을 다 끝마쳤다고 생각한다. 그때의 행위가 그들에게 인종주의가 없음을 증명하며 더 이상의 토론이나 반성은 필요하지 않다는 것이다. 또 그들은 시민권 운동 기간에 선의의 백인들이 흑인들에게 (설령 무의식적으로라도) 인종차별을 절대로 저지르지 않았다고 상정한다. 그러나 흑인 시민권 운동가들의 증언은 다른 이야기를 들려준다. 1960년대에 행진한 백인들 가운데 아프리카계 미국인과 진실한 인종 간 관계를 맺었던 사람이 얼마나 되는가?

분명 북부에도 노골적으로 강요되지는 않았을지라도 수많은 방식으로 암암리에 강요된 것이 확실한 인종 분리가 있었다(그리고 지금도 있다). 1960년대에 흑인을 구하기 위해 남부로 향했던 북부 백인 중 다수는 아마도 선심을 쓰거나 베푸는 듯한 태도를 어느 정도 보이지 않았을까? 토론을 좌우하고, 다른 사람의 말에 귀를 기울이지 않고, 무엇이 최선인지 아는 체하지 않았을까? 남부 흑인이 견뎌야 했던 인종적 문제 발언을 많이 하지 않았을까? 한참 전에 태어났다면 나는 아마도 1960년대 행진에 참가했을 테지만, 그 후로 1990년대 들어서까지 인종적으로 문제 있는 언행을 계속했을 것이다. 오늘날 나는 그런 언행을 더 드물게, 덜 노골적으로 하지만, 그래도 하긴 한다. 누군가 1960년대에 행진에 참가했다는 이유로 인종주의자가 아니라고 주장하는 사람역시 인종주의를 흑인에 대한 의식적인 불관용으로 규정하는 단순하기 짝이 없는 정의에 의존하는 것이다.

"나는 학교에서 소수였고, 그래서 인종주의를 경험했다."

모든 인종의 모든 사람이 다른 인종의 누군가에게 편견을 품고 차별을 할 수 있지만, 미국을 비롯한 백인/정착민 국가들에서는 백인만이 유색인을 집단으로 억압할 수 있는 위치에 있다. 이 주장은 인종주의를 특정한 공간에서 각 집단의 비율에 따라 방향을 바꾸는 유동적인 역학으로 규정한다. 어떤 백인이 특정한 맥락에서 소수인 탓에 괴롭힘―심지어 인정사정없이―을 당했을 수는 있지만, 그 개인은 **인종주의가 아니라** 인종 편견과 차별을 경험한 것이다. 이렇게 용어들을 구별하는 것은 그 백인의 경험을 축소하기 위함이 아니라 각 용어의 의미를 명확히 하고 또 용어들이 서로 바꿔 쓰이다가 무의미해지는 상황을 막기 위함이다.

더욱이 사회 전반은 여전히 백인 우월주의를 강화하고 있고, 학교의 모든 사람은 백인 우월주의에 영향을 받는다. 앞서 말한 학교의 백인 학생들은 교사들로부터 더 나은 대우와 더 높은 기대를 받았을 가능성이 높다. 학교의 교과서와 교과 과정, 행정 역시 백인성 선호를 강화했을 것이다. 학교 밖에서도(그리고 학교 내 여러 측면에서) 이 학생들은 사회 곳곳에서 백인 특권을 누렸을 것이다.

대부분의 백인에게 학교나 동네에서 소수로 지내는 것은 대개 일시적인 일이다. 백인은 계층이 상승할수록 보통 인종 통합 공간이나 유색인이 다수인 공간에서 다른 곳으로 이주하기 마련이고, 그러고 나면 더 이상 자신의 환경에서 소수가 아닐 것이다.

"내 부모님은 인종주의자가 아니었고, 나를 인종주의자가 되도록 가르치지 않았다."

당신이 인종주의를 인종 편견과 개별 행위로 정의하든 (반인종주의자들처럼) 백인에게 이롭고 유색인에게 해로운 인종 불평등 체제로 정의하든 간에, 당신의 부모는 당신을 인종주의자가 되지 않도록 가르칠 수 없었고, 그들 자신도 인종주의에서 자유로울 수 없었다. 인종주의 없는 양육이 불가능한 이유는, 인종주의가 문화와 제도에 스며들어 있는 사회체제이기 때문이다. 우리는 이 체제 안에서 태어나고, 이 체제로부터 영향을 받을지 말지에 대한 발언권이 없다. 대다수 부모가 자녀에게 인종주의자가 되지 말라고 말하는 것을 나는 이해하지만, 우리의 말보다 생활 속 실천이 더 강력하며 인종이 분리된 삶을 사는 것은 강력한 실천의 메시지다. 물론 정도의 차이는 있고 인종주의가 옳다고 말하는 것보다 그르다고 말하는 것이 분명 더 건설적이긴 하지만, 그렇게 해도 문화 전반에서 인종주의의 영향을 완전히 막아낼 수는 없다.

위 발언의 실제 의미가 "내 부모는 인종 편견이 없었고, 내게 인종 편견을 갖지 말라고 가르쳤다"라고 상상해보자. 편견이 전혀 없는 사람은 있을 수 없으므로 이 발언 역시 거짓일 것이다. 이 발언은 그저 발언자가 사회화 과정과 인간 문화의 불가피한 역학에 대해 무지하다는 것을 가리킬 뿐이다. 발언자의 부모는 자신들에게 편견이 없다고 말하고 그리하여 편견을 부인했을지도 모른다. 그리고 자녀에게 편견을 갖지 말라고 가르쳤을지도 모르고, 그 결과로 자녀도 부모처럼 편견을 부인할지도 모른다. 부모는 자녀를 편견 없는 사람으로 키우기를 진심으로 바라고 또 그렇게 키우고 있다고 믿었을지도 모른다. 그러나 인간에게 편견을 전혀 갖지 말라고 가르칠 수는 없다. 인간의 뇌는 타인에 대한 정보를 처리할 때 그런 식으로 작동하지 않는다. 우리 대부분은 자녀에게 편견을 인정하지 말라고만 가르친다. 자녀에게 명백하게 인종주의적인 말을 하지 말라고 가르치는 부모는 우리 모두가 흡수하는 뿌리 깊은 인종적 메시지를 검토하는 법이 아니라 자기검열을 가르치는 것이다. 이상적인 교육은 우리 자녀에게 편견을 부인하는 법이 아니라 편견을 인식하고 편견에 도전하는 법을 가르치는 것이다.

"요즘 아이들은 훨씬 더 열려 있다."

요즘 아이들은 훨씬 더 열려 있다는 주장에 대해 말하자면, 지난 20년에 걸친 연구는 인종 위계에 대한 어린이들의 의식이 대다수 사람들이 생각하는 것보다 엄청나게 더 복잡하다는 사실을 가리킨다.[3] 인종을 터놓고 논하지 않는다 해도, 아이들은 주변 환경으로부터 인종에 대한 암묵적 메시지와 명시적 메시지를 모두 받아들여 내면화한다.

예를 들어 심리학 연구자 마리아 몬테이로Maria Monteiro, 달릴라 드 프란사Dalila de França, 리카르도 로드리게스Ricardo Rodrigues는 6~7세와 9~10세 백인 어린이 283명을 검사했다. 성인의 동석 여부가 이 어린이들의 행동에 영향을 주는지 확인하기 위해, 아이들에게 백인 어린이들과 흑인 어린이들에게 돈을 나누어주라고 요청한 뒤 백인 성인 한 명을 때로는 방 안에 두고 때로는 두지 않았다. 세 연구자는 6~7세 집단은 어른이 있든 없든 흑인 어린이들을 차별하는 반면에 9~10세 집단은 어른이 없을 때만 흑인 어린이들을 차별한다는 것을 발견했다. 이 발견은 9~10세 어린이들이 분명히 인종 편견을 갖고 있고 그에 따라 행동하면서도 백인 어른이 있을 때면 편견을 감춘다는 사실을 보여준다는 점에서 중요하다. 요컨대 이 어린이들은 나이를 먹어가면서 인종 편향을 덜어내는 것이 아니라 어른 앞에서 인종주의를 감추는 법을 배워간다는 것을 보여주었다.[4] 몬테이로와 그 동료들은 겨우 세 살짜리 백인 아이들에게서도 인종 적대감을 발견했다. 그렇지만 대부분의 백인 부모와 교사는 어린이들이 인종 색맹이라고 믿는다.[5] 이 그릇된 믿음 탓에 우리는 어린이들과 관련해 인종주의를 정직하게 다루지 못하고, 인종주의가 그들이 이미 목격하고 있는 불공평에 어떻게 영향을 주었는지 탐구하지 못한다.

"인종은 아무 상관이 없다."

누군가 인종에 대해 이야기하기 전에 "인종은 이것과 아무 상관이 없지만…"이라거나 "그녀가 우연히 흑인이긴 했는데…"라며 단서를 다는 발언을 우리는 얼마나 자주 듣는가? 대개 인종과 상관이 있는 이야기를 하기 전에 이렇게 운을 뗄 필요가 있다고 생각하는 이유를 따져보자. 이런 발언에는 '인종주의자=나쁜 사람, 비인종주의자=좋은 사람'이라는 이분법이 반영되어 있는데, 이 이분법에 따르면 인종과 상관이 있는 이야기를 말하는 사람은 인종적으로 관여하는 것이고 따라서 더 이상 인종 색맹인 사람이나 인종 밖에 있는 사람으로 자리매김할 수 없기 때문이다. 더욱이 말하려는 내용이 발화자와 유색인 간의 갈등이라면, 발화자의 말이 인종주의적인 말처럼 들릴 수 있고, 그럴 경우 발화자가 나쁜 사람이라는 의미가 되기 때문이다. 그렇지만 발화자가 인종주의를 우리 모두를 사회화하는 제도적 체제로 이해한다면, 그 갈등에 인종적 차원이 없을 수 없음을 이해하는 까닭에 앞서 예로 든 것과 같은 단서를 달지 않을 것이다.

우리는 우리의 인종 역사를 동반하고, 개인주의 이데올로기와 반대로 우리의 집단과 조상을 대표한다. 우리의 정체성은 유일무이하거나 고유한 것이 아니라 사회적 과정을 통해 구성되거나 생산되는 것이다. 게다가 우리는 투명하거나 객관적인 눈이 아니라 인종 렌즈를 통해 세상을 본다. 인종은 설령 존재하지 않는다고 상정하더라도 일정한 수준에서 언제나 작용한다.

"인종에 초점을 맞추는 행위는 우리를 분열시킨다."

인종주의에 대해 이야기하는 것 자체가 인종주의적이라는 생각은 내게 늘 이상하게 보였다. 이 생각은 인종이 중요하지 않으며 따라서 인종에 대해 이야기하는 것은 인종을 지나치게 중시하는 셈이라는 견해에 뿌리박고 있다. 우리가 매일 대화 주제로 삼는 많은 것들은 실제로 중요하지 않다. 그런 화제는 바로 중요하지 않기 때문에 쉽게 이야기할 수 있다. 우리는 인종이 매우 중요하다는 것을 알면서도 이미 논한 여러 이유 때문에 그 중요성을 부인할 필요가 있다고 느낀다. 아이러니하게도 이렇게 부인하는 것이야말로 백인이 불평등한 인종 권력을 유지하는 근본적인 방법이다.

나는 인종 간 토론의 맥락에서, 십중팔구 백인의 인종 권력이 거명되는 순간에 인종의 중요성을 부인하는 반응을 숱하게 접했다. 백인 다수는 그들의 인종 권력을 거명하는 행위를 분열을 일으키는 행위로 본다. 그들이 보기에 문제는 권력 불평등 자체가 아니라 권력 불평등을 **거명하는** 행위다. 이런 거명 행위가 인종 간 단결이라는 가식을 벗겨내고 인종 분열의 실상을 드러내기 때문이다.

백인이 인종 간 차이와 권력 역학을 인정하지 않는 것은 실은 인종 불평등을 유지하는 것이라고 유색인 참가자들이 되풀이해 말하더라도, 백인 참가자들은 단결을 위해 그 차이에 대해 말하지 않는 게 좋다고 계속 역설한다. 인종에 따른 시각과 경험의 차이를 논의하고 탐구하기 위해 이런 토론에 참여하는 것임에도 불구하고, 인종 간 차이가 드러나자마자 백인 다수는 마치 토론 규칙을 위반한 것처럼 반응한다. 물론 백인의 권력을 거명하는 행위는 백인의 규범을 **위반하는** 것이다. 그러나 불평등한 권력 관계를 인정하지 않는다면 그 관계에 도전할 수 없다.

인종 현실을 진실하게 탐구하기를 거부하는 것은 대안적인 인종 경험을 지우는(그리고 부인하는) 것이다. 다른 현실을 아예 논의하지 않음으로써 차단한다면, 우리는 그 현실이 존재하지 않는 척 가장할 수 있고, 그리하여 공통된 인종 경험을 가정할 수 있다. 우리는 인종에 대해 이야기하지 않음으로써 우리 자신이 집단 사회화와 집단 경험 밖에 있는 독특한 개인이라는 의식을 유지할 수 있다. 대다수 백인에게 인종주의에 대해 이야기하는 것이 편치 않은 일이라 해도, (인종주의를 보호할 생각이 아니라) 인종주의에 도전할 생각이라면 그 이야기를 해야만 한다. 인종주의에 대한 대화를 계속 피하다가는 그릇된 정보를 고집하다가 현 상황에 도전하는 데 필요한 기술과 시각을 발전시키지 못하는 결과를 맞을 뿐이다.

결론

1960년대 이전과 당대에 출생한 백인 대다수는 동시대의 시민권 분쟁에서 드러난 이미지를 인종주의의 전형적인 이미지로 받아들였다. 오늘날 우리는 버지니아주 샬러츠빌에서 행진하는 백인 민족주의자들을 그런 전형적인 이미지로 받아들인다. 그런데 이렇게 노골적인 인종주의적 행위에 강력히 반대하는 것이 중요하긴 하지만, 그런 행위를 핑계 삼아 우리 자신을 거짓 이분법의 '좋은' 편에 두지 않도록 유의해야 한다. 나는 나 자신이 하나의 연속선상에 있다고 생각하는 편이 훨씬 더 유익하다는 것을 발견했다. 인종주의는 우리 사회라는 직물과 너무나 촘촘하게 뒤얽혀 있는 까닭에 나는 그 연속선상에서 벗어나 있는 나 자신을 일평생 볼 수 없다. 하지만 연속선 위에서 계속 움직이고자 노력할 수는 있다. 나는 연속선상에서 고정된 위치에 있지 않다.

나의 위치는 내가 특정한 시간에 실제로 무엇을 하느냐에 따라 결정된다. 나 자신을 연속선상에 있는 능동적인 존재로 개념화하면 "나는 인종주의자인가 아닌가?"라는 질문을 다음과 같은 한결 건설적인 질문으로 바꿀 수 있다. "나는 이 맥락에서 인종주의를 능동적으로 저지하고 있는가?" 그리고 어쩌면 더 중요한 질문은 "나는 스스로를 어떤 사람으로 알고 있는가"일 것이다.

제6장 ◐　　　　　　　　　　　　　　반反흑인성

　　그러나 우리의 모든 표현―인종 관계, 인종 균열, 인종 정의,

　　인종 프로파일링, 백인 특권, 심지어 백인 우월성까지―은

　　인종주의가 몸속을 헤집는 경험이라는 것,

　　뇌를 들어내고 기도를 막고 근육을 찢고 장기를 적출하고

　　뼈를 분지르고 치아를 부수는 경험이라는 것을 가리는 기능을 한다.

　　(…) 너는 사회학, 역사학, 경제학, 그래프, 차트, 회귀분석이

　　엄청난 폭력과 함께 몸을 덮친다는 것을 항상 기억해야 한다.

　　　―타네하시 코츠, 《세상과 나 사이Between the World and Me》

　　인종주의는 복잡하고 미묘하며, 유색인 집단들 모두에게 똑
같은 모습으로 나타나지 않는다. 백인인 우리가 개인주의와 인

종 색맹 같은 인종주의의 이데올로기들에 도전하려면, 더 이상 우리 자신을 독특한 사람 그리고/또는 인종 밖에 있는 사람으로 인식하지 말아야 한다. 우리의 집단적 인종 정체성을 탐구한다는 것은 지배의 핵심 특권—스스로를 개인으로만 여길 수 있는 특권—을 내려놓는다는 것이다. 우리의 인종화되지 않은 정체성을 교란하려면—설령 우리에게 거슬릴지라도—백인을 하나의 집단으로서 논할 필요가 있다.

유색인에게 인종이라는 맥락 바깥에 있는 독특한 개인으로 비치는(그리고 스스로 그렇게 보는) 특권은 당연시할 수 있는 특권이 아니다. 인종과 인종주의에 대해 **백인**과 같은 일반적인 표현으로 이야기하는 것은 개인주의를 방해하는 까닭에 백인에게 도움이 된다. 그러나 인종적 일반화는 유색인이 보기에 문제가 있는 무언가—그들의 집단 정체성에 계속 초점을 맞추는 경향—를 강화하기도 한다. 게다가 인종적 일반화는 인종 집단들을 하나의 포괄적인 범주로 몰아넣어 각 집단이 인종주의를 경험하는 특정한 방식을 부인한다. 유색인이 전반적으로 인종주의 경험을 어느 정도 공유하는 것은 사실이지만, 각 집단의 구체적인 역사에 기인하는 집단별 차이가 있는 것도 사실이다. 이런 차이로는 각 집단의 성원들이 지배적 문화에 적응해온 방식, 지배적 문화에서 묘사되어온 방식, 다른 유색인 집단들과의 관계에서 자리매김해온 방식, 그리고 지배층이 각 집단에 할당한 '역할' 등이 있다. 예를 들어 내가 아시아계 사람들과 관련해 내면화한 메시지는 원주민과 관련해 내면화한 메시지와 같지 않으며, 이런 메시지들에 도전할 때 관건은 각 메시지 사이의 차이를 확인하고 그 차이가 다양한 유색인 집단들을 대하는 나의 태도에 어떻게 영향을 미치는지 인식하는 것이다. 더욱이 아시아계와 원주민 같은 범주 안에는 무수히 많은 집단이 있으며, 이 집단들을 대하는 나의 태도 역시 각각 다르다. 예컨대 일본인에 대한 나의 고정관념과 중국인에 대한 나의 고정관념은 같지 않으며, 내게서 서로 다른 반응을 이끌어낸다.

이 장에서 나는 백인 정체성의 일부를 이루는 독특한 반흑인 정서를 다룰 것이다. 그렇다고 다른 유색인 집단들이 경험하는 인종주의를 축소할 마음은 없다. 그렇지만 나는 백인의 정신 속에서 흑인이 궁극적인 인종적 '타자'이고, 백인과 흑인의 관계가 백인의 취약성의 밑바탕에 깔린 인종적 사회화의 근본적인 측면이기에 이 관계와 씨름해야 한다고 생각한다.

독자들에게 다시 한 번 말하건대, 나는 지금 백인을 사회적 수준에서 다루고 있다. 나는 흑인 친구들이 있고 그들을 깊이 사랑한다. 그들과 함께 앉아 있을 때 나는 증오감과 경멸감을 억누르려 애쓰지 않아도 된다. 나는 그들의 인간성을 본다. 그러나 거시적 수준에서 나는 어려서부터 주입받아온 깊은 반흑인 감정을 인식하기도 한다. 이 감정은 내가 흑인 일반을 개념화할 때면—실은 내가 생각하기도 전에—곧바로 드러난다. 거리에서 낯선 흑인을 지나칠 때, 미디어에서 정형화된 흑인 묘사를 볼 때, 백인끼리 주고받는 거의 노골적인 경고와 농담을 들을 때면 반흑인 감정이 쑥 올라온다. 이 깊은 감정을 나는 자발적으로 검토할 필요가 있는데, 내가 의식하지도 못하는 사이에 스며나와 사랑하는 사람들에게 상처를 줄 수 있기 때문이다.

이전 장들에서 논했듯이, 우리는 백인이 우월하다는 메시지를 끊임없이 유포하는 문화 안에서 살고 있다. 이와 동시에 흑인이 열등하다는 메시지도 끊임없이 유포된다. 그러나 반흑인성은 우리 모두가 흡수하는 부정적인 고정관념 그 이상이다. 반흑인성은 우리의 백인 정체성의 근간을 이룬다. 백인성은 언제나 흑인성에 기반해왔다. 제2장에서 논한 대로, 아프리카인 노예화를 정당화할 필요성이 생기기 전까지는 인종이나 백인종 개념이 없었다. 열등한 흑인종을 따로 만들어내는 것은 동시에 '우월한' 백인종을 만들어내는 것이다. 백인종 개념은 흑인종 개념 없이는 존재할 수 없다. 이런 의미에서 백인은 흑인을 필요로 한다. 흑인성은 백인 정체성을 만들어내는 데 반드시 필요하다.

학자들은 우리 백인이 우리에겐 없었으면 하는 측면들을 떼어내 흑인에게 투영한다고 주장해왔다.[1] 가령 아프리카인들을 노예로 만든 백인 주인들은 아프리카인들이 동틀 녘부터 해 질 녘까지 뼈빠지게 일을 해도 그들을 가리켜 줄곧 게으르고 어린애 같다고 말했다. 오늘날 우리는 흑인을 위험한 사람으로 묘사하는데, 이는 이 나라가 건국된 이래 백인과 흑인 사이에서 실제로 오간 폭력의 방향을 왜곡하는 것이다. 이런 묘사는 흑인에 대한 혐오감과 적대감을 유발하고 우리 스스로 우월감을 느끼게 하지만, 이 가운데 우리가 도덕적으로 인정할 수 있는 감정은 없다. 다시 말하지만 나는 지금 백인의 집단의식에 대해 말하고 있다. 백인 개개인은 이런 감정을 뚜렷하게 의식하지 않을지도 모르지만, 나는 조금만 도전을 받아도 이런 감정이 얼마나 빠르게 올라오는지를 느끼면서 자주 놀라곤 한다.

소수집단 우대 프로그램을 향한 백인의 지속적인 분노를 생각해보라. 유색인(특히 흑인)이 노예제가 끝난 때부터 지금까지 고용에서 차별을 당했다는 경험적 증거가 있다.[2] 이런 차별을 완화하기 위해 1960년대 후반에 도입한 프로그램이 바로 소수집단 우대 정책이다.

소수집단 우대 정책 덕에 소수자가 특별한 권리를 누린다는 생각을 비롯해 이 정책에 대한 그릇된 정보가 엄청나게 많다. 예컨대 사람들은 보통 유색인이 어떤 일자리에 지원하면 백인보다 유색인을 고용해야 하고, 흑인이 구직할 때 우대를 받고, 할당량을 채우기 위해 일정수의 유색인을 고용해야 한다고 믿는다.

이 모든 믿음은 명백히 사실이 아니다. 소수집단 우대 정책은 **적격한** 소수집단 지원자에게 백인 지원자와 동등한 구직 기회를 보장하기 위한 방편이다. 이 정책은 융통성 있는 프로그램이다. 흔히들 생각하는 할당 인원수나 요구 조건은 없다. 더욱이 초기에 이 프로그램에 포함되지 않았지만 소수집단 우대 정책의 최대 수혜자는 **백인 여성**이다. 미국 기업들은 임원을 선발할 때 백인 여성과 미국 외부의 엘리트 출신인 유색인 이민자를 선호할 가능성이 더 높다.[3] 어떤 고용주에게도 부적격한 유색인을 고용하라고 요구하지 않는다. 다만 기업 측에 적격한 유색인을 고용하지 않은 이유를 설명하도록 요구할 수 있을 뿐이다(그리고 이렇게 요구하는 일마저 좀처럼 없다). 게다가 소수집단 우대 정책은 민간 기업에는 결코 적용되지 않았다. 주정부와 연방정부의 기관들에만 적용되었다.

그럼에도 이 프로그램은 체계적으로 축소되었고, 몇몇 주는 사실상 소수집단 우대 정책을 아예 없애버렸다. 그 결과로 아프리카계 미국인은 조직의 지도부 수준에서 가장 불충분하게 대표되는 집단으로 남아 있다. 2018년 소수집단 우대 정책은 거의 폐지되기에 이르렀다. 그럼에도 나는 앞으로도 (분기탱천한 채로) 이 정책의 문제를 제기하는 백인 남성을 만날 것이다. 우리 백인은 수백 년 동안의 불의를 바로잡으려는 이 실효성 없는 시도가 **우리**에게 얼마나 부당한가에 대한 분노를 도저히 떨쳐낼 수 없는 것처럼 보인다. 그리고 내게 유색인 직원을 더 채용하고 붙잡아둘 수 있도록 도와달라고 요청하는, 지도부의 압도적 다수가 백인인 집단들은 하나같이 이런 분노를 드러낸다.

학교-교도소 파이프라인(미국에서 불우한 환경에 놓인 유색인 청소년이 유독 높은 비율로 교도소에 들어가는 추세―옮긴이), 대량 투옥, 백인 도피 등에 관한 방대한 연구는 백인이 아프리카계 미국인을 업신여긴다는 것을 입증한다.[4] 예를 들어 태도에 관한 연구에서 대다수 백인은 흑인이 30퍼센트를 넘지 않는 동네를 선호한다고 말하고, 절반 이상의 백인은 흑인이 30퍼센트를 넘는 동네로는 이사하지 않을 거라고 말한다. 실제 이주 패턴에 관한 연구는 백인의 이런 선호를 확증할 뿐 아니라 백인이 자기네 선호를 과소평가한다는 것까지 보여준다. 백인 도피는 예전에 백인 동네였던 곳에서 흑인이 7퍼센트에 도달할 때 일어나기 시작하며, 흑인이 몇 가구 이상 있는 동네에서는 백인의 주택 수요가 사라지는 경향이 나타난다(즉 백인이 다른 동네의 집값을 감당할 수 없어서 해당 동네에서 주택을 구해야 하는 경우가 아닌 한, 백인의 주택 수요는 없어진다. 전자의 경우에 흑인은 젠트리피케이션이 진행됨에 따라 다른 곳으로 밀려난다. 브루클린, 할렘, 오클랜드, 시애틀이 대표적인 예다).[5]

2015년 미국 사회학회의 연구에 따르면 인종 분리의 수준은 흑인과 백인 사이에 가장 높고, 아시아인과 백인 사이에 가장 낮으며, 라틴계와 백인 사이는 그 중간이다. 대다수 백인은 생각으로나 실천으로나 흑인과의 인종 통합을 원하지 않는다.

백인이 흑인 아이(성인은 고사하고)는 난폭하다는 이미지를 자업자득으로 여기고 금세 정당화하는 모습에서 우리는 반흑인 감정을 본다. 백인 10대 학생들이 교실에서 서로를 건너편으로 내던지는 이미지, 백인 유치원생이 수갑을 차고 있는 이미지, 백인 아이가 공원에서 장난감총을 가지고 놀다가 쏘는 이미지 따위를 보았다면, 우리는 흑인 아이가 난폭하다고 생각하지 않을 것이다. '흑인의 생명도 소중하다'라는 구호에 '**모든** 생명은 소중하다'와 '**파란** 생명도 소중하다'(여기서 '파란'은 경찰관을 가리킨다—옮긴이)라는 구호로 즉각 응수하는 모습에서 우리는 반흑인 감정을 본다. 백인 민족주의자와 '대안 우파'의 운동(오늘날 백악관과 직접 연결되어 있다)과 1960년대의 블랙팬서당Black Panther Party(1965년에 결성된 급진적인 흑인 단체로 비폭력 노선이 아닌 강경투쟁 노선을 추구했다—옮긴이)을 비교하는 터무니없는 모습에서 우리는 반흑인 감정을 본다. 흑인을 온갖 방식으로 훨씬 더 가혹하게 비난하는 모습에서 우리는 반흑인 감정을 본다. 미국 대통령이 거리에서 거리낌없이 행진하는 자칭 백인 우월주의적 신新나치들—시위 군중을 향해 차를 몰고 돌진한 사람을 포함해—의 인격과 이들에 맞서 시위하는 사람들의 인격을 동급으로 여기는 모습에서 우리는 반흑인 감정을 본다. 타네하시 코츠는 〈배상 옹호〉에서 이렇게 말했다.

초기 미국 경제는 노예노동에 기반을 두었다. 의회의사당과 백악관은 노예가 지었다. 제임스 K. 포크 대통령은 집무실에서 노예를 거래했다. 전문가와 지식인의 '흑인 병리학'에 대한 한탄, 흑인 가족구조에 대한 비판은 흑인 아버지를 고문하고 흑인 어머니를 강간하고 흑인 아이를 매매한 덕에 존속한 이 나라에서 공허하게 들린다. 미국이 흑인 가족과 맺어온 관계를 정직하게 평가하면, 이 나라가 흑인 가족의 부양자가 아니라 파괴자라는 사실이 드러난다. 그리고 이런 파괴 행위는 노예제와 함께 끝나지 않았다.[6]

반흑인성은 거짓 정보, 꾸며낸 이야기, 왜곡, 투사, 거짓말에 뿌리박고 있다. 또 역사 지식의 결핍, 역사적 영향을 현재까지 추적하지 못하는 무능력과 추적하지 않으려는 태도에도 뿌리박고 있다. 그러나 가장 근본적으로 보면 반흑인성은 우리가 이제껏 해왔고 지금도 하고 있는 일에 대한 깊은 죄책감에서, 우리가 과거부터 현재까지 흑인에 대한 극심한 고문에 가담해왔다는 견딜 수 없는 앎에서 기인할 것이다. 이 고문이 남긴 트라우마의 여러 형태―신체적 트라우마와 정신적 트라우마를 모두 아우르는―를 온전히 짊어지고 있는 이들은 아프리카계 미국인뿐이지만, 백인이 집단으로 앓고 있는 일종의 도덕적 트라우마도 있다. 혁명적인 저서 《내 할머니의 손My Grandmother's Hands》에서 레스마 메나켐Resmaa Menakem은 백인 우월주의를 **백인 신체 우월주의**라고 지칭하면서 백인 우월주의는 우리의 집단적 신체에 새겨진 일종의 트라우마라고 주장한다. "대다수 아프리카계 미국인은 트라우마를 아주 잘 알고 있다. 그들 자신의 신경계를 통해, 그들이 사랑하는 사람들과의 경험을 통해, 그리고 대부분의 경우 둘 모두를 통해. 그러나 아프리카계 미국인만 이런 것은 아니다. 이 트라우마와 다르지만 똑같이 실질적인 인종화된 형태의 트라우마가 대다수 백인 미국인의 신체 안에 살아 있다."[7] 우리는 투사를 통해 피해자를 비인간화한 다음 비난함으로써 이 트라우마를 덮어둘 수 있다. 만약 흑인이 우리 백인이 인간인 것과 같은 방식으로 인간인 것이 아니라면, 우리가 흑인을 학대해도 중요한 일이 아니다. 우리가 아니라 흑인에게 죄가 있는 것이다. 흑인이 나쁜 사람이라면, 학대는 부당한 일이 아니다. 실은 **올바른** 일이다.

백인은 흑인을 처벌하면서 기이한 만족감을 느껴왔다. 지난날 흑인에게 린치를 가하면서 소풍을 즐기던 백인 군중의 미소 띤 얼굴, 오늘날 대량 투옥과 처형을 지켜보면서 흡족해하고 찬성하는 백인의 모습에는 그런 만족감이 묻어난다. 아프리카계 미국인에게 고통을 주는 백인의 올바름이 무엇인지는, 백인이 집단으로 흑인 분장에 희희낙락하고 흑인을 유인원과 고릴라로 묘사할 때 분명하게 드러난다. 아편에 중독된 백인을 향한 연민과 그들에게 (값싼 농축 코카인에 중독된 사람에게 명령하는 의무 복역이 아닌) 각종 서비스를 제공하자는 요구에서 우리는 그 올바름을 본다. 지난번 미국 대선 결과에 결정적인 영향을 준 '잊힌' 백인 노동 계급을 걱정하면서 사실상 모든 사회적·경제적 척도에서 여전히 밑바닥에 있는 흑인은 걱정하지 않는 태도에서 우리는 그 올바름을 본다. 타네하시 코츠가 지적하듯이 "고생하는 흑인은 그들에게 알맞은 상태에 있는 것이다. 고생하는 백인은 백인 노예제라는 망령을 불러낸다."[8]

코츠는 백인을 가리켜 "꿈"에서 자신들이 실제로 백인이라고 그릇되게 믿는 "몽상가들"이라고 말한다. 내가 받아들인 이 말의 의미는, 백인은 누군가 백인이 아닌 사람—백인과 정반대인 사람—이 있어야만 백인일 수 있다는 것이다. 백인이란 거짓 정체성, 거짓 우월의식의 정체성이다. 이런 의미에서 백인성은 실재하는 것이 아니다. 흑인에 의해 오염되지 않은 "완벽한 세계"라는 꿈이다. 백인이 이런 세계를 건설하려면 국가 폭력을 통해 흑인을 분리해야만 한다. 그럼에도 흑인은 존재해야만 하는데, 백인이 우월할 수 있도록 반대로 열등한 존재가 필요하기 때문이다. 요컨대 백인 정체성은 특히 열등성을 흑인에게 투사하는 행위와 백인 집단이 보기에 이런 열등한 지위에 의해 정당화되는 억압 행위에 의존한다.

직설적으로 말하자면, 나는 백인 집단이 흑인성을 증오하는 근본 원인은 흑인성이 우리에게 다음 사실을 상기시키는 데 있다고 생각한다. 바로 우리가 이루 헤아릴 수 없는 해를 끼칠 수 있고 실제로 그런 죄를 범하고 있으며 다른 사람들을 종속시킴으로써 이득을 얻고 있다는 사실이다. 우리는 특히 '건방진' 흑인, 감히 자기 위치에서 벗어나 우리를 동등한 존재로 보는 흑인을 증오한다.[9] 대대로 전해지는 메시지는 흑인은 태생적으로 동등하게 대우받을 자격이 없다는 백인의 믿음을 강화한다(국가가 흑인 노동에 대한 강도질을 승인하는 현실을 고려하면, 터무니없는 믿음이다). 레이건 시대의 '복지 사기'와 '복지 여왕'에 대한 이야기에서 우리는 그런 메시지를 듣는다. 오늘날 미식축구연맹NFL 해설자들이 국가國歌가 연주되는 동안 무릎을 꿇고 앉아 경찰의 잔혹 행위에 항의할 권리를 행사하는 선수들에게 '배은망덕하다'며 호통칠 때, 전 하원의원 조 월시Joe Walsh가 스티비 원더를 가리켜 "또 한 명의 배은망덕한 흑인 갑부"라고 단언할 때, 우리는 그런 메시지를 듣는다. 댈러스의 복음주의 목사이자 트럼프 대통령의 고문인 로버트 제프리스Robert Jeffress가 아프리카계 미국인에 대한 경찰의 잔혹행위에 항의하는 NFL 선수들은 "북한에서처럼" 머리에 총을 맞을까 걱정하지 않아도 괜찮으니 신에게 감사드려야 한다고 주장할 때, 우리는 그런 메시지를 듣는다. 시애틀에서 버니 샌더스의 연설을 들으러 모인 백인 진보주의자 군중이 흑인 활동가들로부터 미주리주 퍼거슨에서 비무장 상태로 경찰에 사살된 마이클 브라운Michael Brown을 추모하기 위해 4분 30초 동안 침묵하게 해달라는 요청을 받고서 "너희들이 감히!"라고 격분해 소리쳤을 때, 우리는 그런 메시지를 듣는다.

캐럴 앤더슨Carol Anderson은 저서 《백인의 분노White Rage》에서 이렇게 주장한다. "백인의 분노를 촉발하는 방아쇠는 다름 아닌 흑인의 전진이다. 문제는 단순히 흑인의 존재가 아니다. 오히려 야망, 추진력, 목표, 열망, 그리고 완전하고 평등한 시민권을 요구하는 흑인성이다. 복종을 받아들이지 않고 포기하지 않는 흑인성이다." 그리고 이어서 말한다. "진실은 이 모든 것에도 불구하고 흑인 남성이 미국 대통령으로 선출되었다는 것이다. 이는 궁극적인 전진이었고, 따라서 궁극적인 모욕이었다. 놀랄 것 없는 결과일 테지만, 뒤이어 투표권이 심각하게 축소되었고, 연방정부가 일시 정지되었으며, 다른 선출직 관료들이 놀랍게도 공공연하게, 공식적으로 한 차례 이상 대통령직에 무례를 범했다."[10]

우리의 반흑인성에는 분노와 선의가 복잡하고 혼란스럽게 뒤섞여 있는데, 우리가 스스로를 인정 많고 고매한 사람으로 느끼기 위해 흑인을 이용하기도 하기 때문이다. 우리는 우리 면전에서 눈을 내리까는 흑인, 우리의 풍요로움과 친절함으로 인생의 참상으로부터 '구원'해줄 수 있는 흑인에게 끌린다. 내가 발표할 때 자주 예로 드는 영화 〈블라인드 사이드The Blind Side〉를 살펴보자. 미국에서 크게 흥행하고 산드라 블록에게 아카데미 여우주연상을 안겨준 이 영화는 백인을 인종적으로 선한 사람들로 보도록 설득하는 사례다. 영화는 빈곤한 가정환경에서 자란 흑인 남성 마이클 오어를 구출해 미식축구 선수가 되도록 돕는 한 가정—투오이 가정—의 '실화'에 근거한다. 백인 관객에게 인기를 끌긴 했지만, 영화는 문제가 있는 여러 인종 서사를 되풀이한다. 영화에 등장하는 흑인 배역 중에 부정적인 인종 고정관념을 강화하지 **않는** 사람이 없다. 오어 자신은 비참한 가난 속에서 사는 어린애 같고 온순한 거구로 그려진다. 그 밖에 아버지가 누구인지 모르는 아이를 여럿 둔 마약 중독자 싱글맘, 무능한 사회복지사, 거만한 변호사, 마약이 판치고 범죄가 들끓는 동네에서 협박을 일삼는 갱단원들이 띄엄띄엄 나온다.

영화의 중요한 장면에서 오어는 전에 살던 동네로 돌아간다. 오어는 거리를 걷다가 그를 협박하려는 갱단에 둘러싸인다. 오어가 한정된 선택지를 놓고 고민하고 있을 때 투오이 부인이 나타나 갱단에 맞서자 그들은 금세 단념하고 물러간다. 투오이 부인에게 구출된 오어는 안전한 백인 교외로 돌아간다. 이 장면은 오어가 흑인 공동체의 공포로부터 벗어날 길은 백인 가족의 선의와 용기에 의지하는 것뿐임을 분명하게 보여준다.

영화에서 백인 전문가들은 마치 오어에게 발달장애가 있는 것처럼 말한다(분명 오어는 그렇게 보인다. 영화 내내 수동적이고 자기 생각을 분명하게 표현하지 못한다). 오어의 교사들은 IQ 검사 결과에서 그의 '학습능력'은 백분위의 밑바닥에 있지만 '보호본능'은 최상위에 있다고 말한다! 교육학 교수로서 '보호본능'을 측정하는 검사에 대해 들어본 적이 없는 나는 이 기이한 측정치를 뒷받침하는 증거를 발견하지 못했다. 흑인 남성인 오어를 지적 능력은 심각하게 부족하지만 본능적인 무언가는 특출난 사람으로 묘사하는 것은 문제가 매우 많은 방식이다. 오어의 부족한 지적 능력은 영화 내내 강조된다. 예컨대 투오이 가족의 막내가 오어에게 미식축구를 어떻게 하는지 가르쳐준다.

오어가 미식축구의 규칙을 결코 이해하지 못하자 투오이 부인이 나선다. 그의 새로운 백인 가족 중 한 명이 다칠 것처럼 상상하라면서 그의 '보호본능'에 호소한다. 일단 오어의 본능(지능이 아니라)이 발동하고 나면 경기장에서 아무도 그를 막지 못한다. 특히 모욕적인 장면은, 오어에게 미식축구를 어떻게 하는지 가르치려다 실패한 백인 아이가 테이블에 앉아 힘 있는 성인 남성들과 계약을 협상하는 동안 오어는 뒤편에 말없이 앉아 있는 모습이다.

백인의 시각에서 이야기를 풀어 관객들의 열렬한 호응을 얻은 이 영화는 몇 가지 아주 중요한 지배적 이데올로기를 강화한다.

- 백인은 흑인의 구원자다.
- 일부 흑인 어린이는 순수할지도 모르지만, 흑인 성인은 도덕적으로나 형법적으로나 타락한 상태다.
- 겉보기에 엄청난 개인 비용을 들여 흑인을 구원하거나 다른 방식으로 도우려는 백인은 고결하고 용감하며 다른 백인보다 도덕적으로 우월하다.
- 흑인 개개인이 자신의 환경을 극복할 수는 있지만, 그런 일은 대체로 백인의 도움을 받아야만 가능하다.
- 흑인 동네는 본질적으로 위험한 우범지대다.
- 사실상 모든 흑인은 가난하고 무능하고 일자리에 부적격하다. 흑인은 갱단 소속에 마약 중독자이며 나쁜 부모다.
- 흑인 남성이 '시내'에서 벗어날 가망이 가장 높은 길은 스포츠에 뛰어드는 것이다.
- 백인은 '자격 있는' 흑인 개개인을 상대할 의향이 있긴 하지만 (자선 활동 외에는) 어떠한 유의미한 방식으로도 흑인 공동체의 일부가 되지 않는다.[11]

물론 오어는 그를 구원하는 백인을 역으로 구원해주기도 한다. 영화는 이 소년이 구원받은(아마도 스포츠 재능에 힘입어 그가 백인에게 더 수익성 있는 존재, 따라서 가치 있는 존재가 되었기 때문일 것이다) 것은 신의 뜻이었다고 주장하는 기독교도 투오이 부인의 독백으로 끝이 난다. 투오이 가족은 당연히 컨트리클럽을 비롯한 여러 장소에서 나쁜 백인의 편견에 대처해야 하는 좋은 백인이다. 이런 식으로 '인종주의자=나쁜 사람, 비인종주의자=좋은 사람' 이분법이 또다시 강화된다. 이 영화는 근본적이고도 교묘하게 반흑인성을 내포하고 있다.

백인은 인종적 사회화를 거치면서 아프리카계 미국인을 향한 여러 가지 상반된 감정을 품게 된다. 백인의 겉면 바로 아래에서는 흑인에 대한 선의, 분노, 우월감, 증오심, 죄책감 같은 감정들이 마구 날뛰다가 겉면에 조금만 틈이 생겨도 터져나온다. 그럼에도 백인은 이 감정들을 결코 명시적으로 인정하지 못한다. 우리의 겉면에 거의 붙어 있다가 때때로 밖으로 드러나는 반흑인성의 당혹스러운 형태들을 부인해야 하는 탓에, 우리는 비합리적인 태도를 취하게 된다. 백인의 취약성과 이것이 유색인에게 가하는 고통의 핵심에는 바로 이 비합리성이 있다.

제7장 ◐

백인의
인종적 방어쇠

직원들의 인종적 이해를 높이고자 노력하는 어느 조직의 인종 간 대화에서 유색인 참가자들은 한 백인 여성의 발언에 문제가 있는 가정이 들어 있다며 거듭 이의를 제기한다. "내가 하는 모든 말이 내게 도로 날아오는 것 같아요!"라고 그녀는 소리친다. "백인은 공격과 비난을 당하고 있고, 우리 자신을 변호하지 않으면 그냥 샌드백처럼 맞아야 해요. 나는 그만두겠어요! 다른 어떤 말도 하지 않겠어요."

직장 기획팀의 유일한 흑인 여성이 회의에서 한 시간 동안 백인 동료들의 발언을 경청한 다음 그들의 제안에 관해 한 가지 질문을 한다. 회의가 끝난 뒤 상관이 그녀를 자기 방으로 불러 다른 동료들이 그녀 때문에 기분이 상했다고 알려준다.

이전 장들에서 논한 요인들은 백인을 격리하여 인종에 기인하는 스트레스를 받지 않게 한다. 사회계급 때문에 백인의 인종적 격리가 어느 정도 조정되긴 하지만(시내에 사는 가난한 백인 노동계급은 교외나 시골에 사는 백인에 비해 대체로 다른 인종들로부터 덜 격리되어 있다), 더 넓은 사회환경은 제도, 문화적 재현, 미디어, 교과서, 영화, 광고, 지배적 담론 등을 통해 백인을 하나의 집단으로서 보호한다.

백인성 연구자 미셸 파인Michelle Fine은 백인의 인종적 격리를 이렇게 묘사한다. "백인성은 특권과 지위를 축적하고, 자원 그리고/또는 선의의 해석이라는 보호막으로 스스로를 에워싼다. 이런 식으로 백인성은 가십과 관음증을 막아내고 그 대신 품위를 요구한다."[1] 백인에게 이런 보호책이 없는 경우는 거의 없다. 설령 없더라도 그것은 백인 스스로 보호지대에서 잠시 벗어나기로 결정했기 때문이다. 그러나 인종 특권을 누리는 격리된 환경 안에서 백인은 인종적 편안함을 기대하는 동시에 인종 스트레스를 덜 관용하게 된다.

인종 색맹, 능력주의, 개인주의 같은 이데올로기들이 도전받을 때, 백인은 흔히 매우 감정적인 반응을 보인다. 앞서 나는 우리가 인종주의 체제로부터 혜택을 받고 그 체제에 가담하고 있음을 암시하는 말에 백인이 몹시 방어적인 태도를 보이는 이유를 몇 가지 논했다.

- 인종에 대해 공공연히 말하는 것을 금하는 사회적 터부
- '인종주의자=나쁜 사람, 비인종주의자=좋은 사람' 이분법
- 유색인에 대한 두려움과 분노
- 우리는 객관적인 개인들이라는 착각
- 우리가 인정할 수 있거나 인정하려는 것보다 더 많은 일이 벌어지고 있음을 아는 데서 생기는 죄책감
- 우리에게 혜택을 주고 공정하다고 생각하도록 우리를 길들인 체제에 대한 깊은 애착
- 내면화된 우월의식과 우리에게 지배할 권리가 있다는 의식
- 반흑인 감정이라는 뿌리 깊은 문화적 유산

대부분의 백인은 인종주의가 무엇이고 어떻게 작동하는지를 잘 모른다. 그들에게는 대학에서 단 한 차례 강연을 듣거나 직장에서 요구하는 '문화적 역량 훈련'에 참여하는 것이 그들의 인종 현실에 대한 직접적이고 지속적인 도전을 마주하는 유일한 경험일 것이다. 그러나 이 분야에서조차 모든 다문화 강연이나 훈련 프로그램에서 인종주의에 대해 직접적으로 이야기하는 것은 아니다. 백인 특권은 더더욱 거론하지 않는다. 이런 강연과 프로그램에서는 '시내urban'와 '도심inner city', '혜택을 받지 못한'처럼 인종적으로 암호화된 언어를 사용하는 한편 '백인'이나 '혜택을 지나치게 받은', '특권을 가진' 같은 표현을 거의 사용하지 않는 경우가 표준에 훨씬 더 가깝다.

인종적으로 암호화된 언어는 인종주의적 이미지와 시각을 재생산함과 동시에 인종과 그 문제들이 '그들'의 것이지 우리의 것은 아니라는 편안한 착각을 재생산한다. 이런 강연과 훈련의 진행자들이 인종주의의 역학과 수혜자를 직접 거명하지 않는 이유는 다양하다. 백인 진행자가 인종주의를 타당하게 분석하지 못해서일 수도 있고, 유색인 진행자의 개인적·경제적 생존 전략 때문일 수도 있고, 백인의 입맛에 맞는 편안한 내용으로 진행하라는 운영진의 압력 때문일 수도 있다.

혹시라도 백인을 대상으로 하는 교육 프로그램에서 인종주의와 백인의 특권을 직접 거론할 경우에는 대개 분노, 퇴장, 무감정, 죄책감, 논박, 인지부조화 같은 반응(이 모든 반응은 진행자가 인종주의를 직접 거론하지 못하도록 막는 압력을 강화한다)에 직면하게 된다. 이른바 진보적인 백인은 분노 반응을 보이지 않으면서도 "이에 대한 수업을 이미 들었다"거나 "이것을 이미 알고 있기" 때문에 자신은 프로그램에 참여할 필요가 없다고 주장하면서 빠져나갈 것이다. 이 모든 반응은 백인의 취약성—인종적 격리가 지속되어 사회심리적 체력이 약해진 결과—을 구성한다.

나의 인종 정체성이나 위치에 대한 도전을 경험하기 전에 나는 이미 완전한 성인이자 부모, 대학원생이었으며, 그런 도전을 경험한 것은 오로지 내가 다양성 훈련사라는 직업을 가졌기 때문이다. 이렇게 인종과 관련해 도전받는 일이 드문 데다 평생 나의 인종을 중심으로 판단하고, 우월의식을 내면화하고, 나 자신을 독특한 개인으로 인식하고, 우리 문화의 산물인 인종적 편안함을 기대하며 살아온 탓에, 나는 인종 스트레스를 견디는 역량을 키워야겠다고 생각한 적이 한 번도 없었다.

인류학자 피에르 부르디외Pierre Bourdieu의 아비투스habitus 개념은 백인의 취약성—인종 위치에 대한 도전을 받을 때 예측할 수 있는 백인의 반응—을 이해하는 데 매우 유용하다.[2] 부르디외에 따르면 아비투스는 사회화의 결과로서 행위자들의 반복적인 실천, 즉 그들이 서로 간에, 그리고 나머지 사회환경과 주고받는 반복적인 상호작용을 말한다. 사회화는 반복적인 과정인 까닭에 우리의 생각과 인식, 표현, 행위를 생산하고 재생산한다. 따라서 아비투스는 어떤 사람이 주변의 사회적 신호를 인식하고 해석하여 반응하는 익숙한 방식으로 생각할 수 있다.

부르디외의 이론에는 백인의 취약성과 관련된 세 가지 핵심 개념이 있다. 장場, field, 아비투스, 자본이다. **장**은 어떤 사람이 속한 특정한 사회적 맥락—정당이나 직장, 학교 같은—이다. 학교를 예로 들면, 학교 전체라는 하나의 거시적인 장이 있고, 학교 안에 교사 휴게실, 교무실, 교실, 운동장, 교장실, 양호실, 비품실 같은 미시적인 장들이 있다.

자본은 사람들이 특정한 장에서 보유하는 사회적 가치로서, 권력이나 지위의 측면에서 그들이 스스로를 어떻게 인식하고 타인에게 어떻게 인식되는지를 좌우한다. 가령 자본의 측면에서 교사와 학생, 교사와 교장, 중간계급 학생과 무료 또는 할인 점심을 먹는 학생, 영어 학습자와 영어 원어민, 인기 있는 학생과 인기 없는 학생, 건물 관리인과 접수 담당자, 유치원 교사와 6학년 교사 등을 비교해보라.

자본은 장과 함께 변할 수 있다. 가령 건물 관리인이 접수 담당자와 이야기하기 위해 '올라갈' 경우에는—전자는 작업복, 후자는 정장 차림이다—관리직보다 사무직이 자본을 더 많이 가지고 있다. 하지만 접수 담당자가 화이트보드용 펜을 더 달라고 요청하기 위해 건물 관리인이 통제하는 비품실로 '내려갈' 경우에는 두 사람의 권력 관계가 달라진다. 비품실은 그 요청을 신속히 처리할 수도 있고 늑장을 부릴 수도 있는 건물 관리인의 영역이기 때문이다. 두 사람의 권력 협상에 인종, 계급, 젠더 역시 영향을 미친다는 데 유의하라. 십중팔구 건물 관리인은 남성, 접수 담당자는 여성일 것이다. 또 건물 관리인은 유색인일 가능성이 더 높고, 접수 담당자는 백인일 가능성이 더 높다. 이처럼 복잡하고 교차하는 자본의 층위들은 두 사람의 협상에 자동으로 작용한다.

아비투스는 자신의 지위에 대한 내면화된 의식뿐 아니라 그 지위에 대한 다른 사람들의 반응까지 포함한다. 모든 장에서 사람들은 (대개 무의식적으로) 권력을 놓고 경쟁하며, 각 장에는 게임의 규칙이 있다.[3] 아비투스는 각 개인이 사회구조에서 차지하는 권력 위치에 달려 있을 것이다. 다시 학교를 예로 들자면, 권력을 얻는 규칙은 접수처와 비품실에서 서로 다를 것이다. 이런 규칙을 꼭 의식적으로 생각해야 하는 것은 아니다. 나는 각 장으로 들어갈 때 자동으로 규칙을 바꾼다. 각 장의 규칙을 지키지 않는 사람은 여러 방법으로 해당 장에서 쫓겨날 것이다. 이런 규칙 중 일부는 명시적으로 배우는 것인 반면에 다른 일부는 암묵적이고 일관된 사회적 패턴을 익혀가면서 배우는 것이다. 특정한 장의 규칙은 이를테면 그곳에서 무슨 말을 하고 무슨 말을 하지 말아야 하는지, 그곳에서 금기로 여겨지는 무언가에 대한 누군가의 말에 어떻게 반응해야 하는지를 자세히 알려준다.

아비투스에 불균형이 생길 때—사회적 신호가 익숙하지 않을 때, 그리고/또는 우리의 자본이 도전받을 때—우리는 균형을 되찾기 위한 전략을 구사한다. 아비투스는 우리의 사회적 편안함을 유지하고, 주변 사람들이 익숙하고 수용 가능한 방식으로 행동하지 않을 때 그 편안함을 되찾도록 돕는다. 우리가 아비투스의 불균형에 의식적으로 대응하는 것은 아니다. 우리는 무의식적으로 대응한다. 부르디외는 이렇게 설명한다. "아비투스는 자유의지의 결과도 아니고 구조에 의해 결정되는 것도 아니다. 아비투스는 오랜 기간 자유의지와 구조 간의 상호작용에 의해 생성된다. 아비투스는 과거의 사건과 구조에 의해 형성되는 동시에 현재의 실천과 구조를 형성하는 성향이자, 더 중요하게는 이것들에 대한 우리의 인식 자체를 길들이는 성향이다."[4] 이런 의미에서 아비투스는 "의도적으로 일관되게 추구하지 않아도 (…) 의식적으로 집중하지 않아도" 생성되고 재생성되는 것이다.[5] 아비투스의 불균형은 백인의 위치가 도전받는 드문 상황에서 생긴다.

이렇게 보면, 백인의 취약성이란 아비투스에 최소한의 인종 스트레스만 받아도 참지 못하고 여러 방어적 움직임을 보이는 상태다. 이런 움직임으로는 분노와 두려움, 죄책감 같은 감정을 밖으로 드러내기, 논박하기, 침묵하기, 스트레스를 유발하는 상황에서 벗어나기 등이 있다. 이런 행위는 백인의 인종 균형을 원래대로 돌려놓는 기능을 한다. 인종 스트레스는 백인에게 익숙한 인종적 방식이 중단되는 데서 기인한다. 이런 중단은 여러 형태로 나타날 수 있고, 다음과 같은 여러 원인에서 기인할 수 있다.

- 백인의 관점이 인종화된 준거틀에서 생겨난다고 암시한다(객관성에 대한 도전).
- 유색인이 자신의 인종적 시각에 대해 직접적으로 말한다(인종에 대해 공공연히 말하는 것을 금하는 백인의 터부에 대한 도전).
- 유색인이 인종과 관련한 백인의 감정을 보호해주지 않는다(백인의 인종적 기대, 인종적 편안함의 필요성 또는 인종적 편안함을 누릴 자격에 대한 도전).
- 유색인이 자신의 인종적 경험에 대한 이야기를 하지 않으려 하거나 질문에 답하지 않으려 한다(유색인이 우리의 주문에 따를 것이라는 기대에 대한 도전).
- 동료 백인이 우리의 인종적 신념에 동의하지 않는다(백인 연대에 대한 도전).

- 우리의 행위가 인종주의적 영향을 끼쳤다는 피드백을 받는다(백인의 인종적 결백에 대한 도전).
- 집단 소속이 중요하다고 시사한다(개인주의에 대한 도전).
- 인종 집단들 사이에 권리의 불평등이 있다고 인정한다(능력주의에 대한 도전).
- 유색인이 지도자의 위치에 있다(백인의 권위에 대한 도전).
- 예컨대 유색인이 정형화된 역할에 머무르지 않고 행동을 주도하는 영화나 다문화 교육을 통해 다른 인종 집단에 대한 정보를 제공받는다(백인 중심성에 대한 도전).
- 백인은 인류 전체를 대표하거나 대변하지 않는다고 시사한다(보편주의에 대한 도전).

백인이 지배하는 사회에서 이런 도전은 모두 이례적인 일이된다. 그 결과 우리는 이런 도전에 건설적으로 반응하는 법을 몰라 당황하기 일쑤다. 일례로 나는 흑인 여학생에게 부적절한 인종적 발언을 한 백인 남자 교사를 일대일로 멘토링해달라는 요청을 받은 적이 있다. 여학생의 어머니가 항의하고 남자 교사가방어적 태도를 보여 갈등이 고조된 사건이었다. 이 사건은 결국신문에 실리면서 소송 가능성까지 논의되었다. 이 교사를 로버츠라고 부르겠다. 멘토링 중에 로버츠는 함께 일하는 백인 여자교사가 최근에 흑인 학생 두 명을 자기 자리로 불렀다고 말했다. 여교사는 한 학생을 '걸Girl'이라고 부르면서 말을 시작했다. 그러자 그 학생이 놀란 기색이 역력한 목소리로 "방금 저를 '걸'이라고 부르셨나요?" 하고 물었다. 다른 학생은 그 교사가 모든 학생을 '걸'이라고 부르고 있으니 괜찮다고 말했다.

이 이야기를 내게 전하면서 로버츠는 자신과 동료가 "그토록 조심해야" 하고 "더 이상 아무것도 말하지" 못한다면서 분노를 표출했다. 그들은 나의 중재를 일종의 징계로 인식했고, 남자 교사에게 일어난 사건 때문에 유색인 학생들이 지금 '과민 반응'을 보이고 존재하지도 않는 인종주의에 대해 불평하고 있다고 생각했다. 그들이 보기에 '걸' 호칭에 대한 학생의 반응은 이런 과민 반응의 실례였다. 이 비난은 익숙한 백인 서사이며, 이 사례에서 두 가지 이유로 합리화된다. 첫째, 여자 교사가 모든 여학생을 '걸'이라고 불렀으므로 이 발언은 인종과 아무 관련이 없다. 둘째, 두 학생 중 한 명은 이 발언에 문제가 있다고 보지 않았으므로 다른 학생이 과민 반응을 한 것이다.

두 백인 교사의 반응은 백인의 취약성의 몇 가지 역학을 잘 보여준다. 첫째, 두 교사는 학생의 반응을 이해하지 못하는 자신들이 혹시 어떤 지식이나 맥락을 모르고 있을 가능성을 전혀 고려하지 않았다. 그들은 학생의 시각이나 학생의 기분이 상한 이유를 조금도 궁금해하지 않았다. 학생의 감정을 염려하는 모습도 보이지 않았다. 그들은 의도와 영향을 분리하지 못했다. 로버츠는 인종 간 소통 기술과 이해를 결여하고 있으면서도—그래서 부적절한 인종적 발언을 해 소송을 당할 뻔했으면서도—오만하게 자신이 옳고 학생이 그르다는 확신을 굽히지 않았다. 동료 교사는 로버츠가 인종 간 사건으로 심각한 곤경에 처했음을 알면서도 자기들끼리 공유하는 시각을 정당화하고 유색인 학생의 시각을 일축함으로써 백인 연대를 유지했다. 두 교사는 로버츠의 발언을 문제 삼지 않은 학생 목격자를 다른 학생이 틀렸다는 증거로 삼았다. 두 교사에 따르면, 그 목격자는 어떠한 인종적 함의도 부인했으므로 올바른 학생이었다. 마지막으로, 두 교사는 이 상호작용을 인종 간 골을 좁히기는커녕 더욱 넓히고 자신들의 세계관과 위치를 보호할 기회로 삼았다.

백인의 취약성은 백인성에 계속해서 사회적·물질적 이점을 제공하는 현실에 의해 생산되고 재생산되는 반응 또는 '조건'으로 개념화할 수 있을 것이다. 이 현실에 불균형이 생길 때—백인이 익숙하거나 당연하게 여기는 무언가가 중단될 때—백인의 취약성은 균형을 회복하고 도전으로 인해 '상실한' 자본을 되찾아온다. 이 자본은 자아상과 통제력, 백인 연대를 포함한다. 백인이 불균형에 반응하는 방식으로는 균형을 깨뜨린 원인에 분노하기, 죄책감이나 '상한 감정' 같은 감정적 무력화를 차단하기 그리고/또는 드러내고 탐닉하기, 이 반응들 조합하기 등이 있다. 이 전략들 역시 반사적이고 거의 의식하지 않는 것이지만, 그렇다고 해서 좋은 조짐은 아니다.

제8장 ◐ 　　　　　　　　　　　　　　　　　그 결과:
　　　　　　　　　　　　　　　　　　　　백인의 취약성

나는 소규모 백인 직원들에게 그들의 직장에서 인종주의가 어떻게
나타나는지를 가르치고 있다. 그중 한 명인 캐런은 유일한 유색인 동
료인 조앤이 자신에 대해 이야기하지 말라고 요청했다는 이유로 화
가 나 있다. 캐런은 조앤에 대한 이야기가 인종과 무슨 관련이 있는
지 이해하지 못한다. 캐런은 외향적인 사람이고 모든 사람에 대해 곧
잘 이야기한다. 나는 우리가 다른 인종에 참견할 때는 우리의 역사를
동반하기 때문에 이야기의 영향이 다르다는 것을 설명하려 한다. 캐
런은 스스로를 독특한 개인으로 여기는 반면에 조앤은 캐런을 백인
개인으로 여긴다. 백인에게 참견을 당하고 그들의 이야기 소재가 되
는 경험은 조앤의 독특한 경험이 아니다. 더 넓은 문화적 맥락과 별
개인 경험도 아니다. 캐런은 소리친다. "됐어요! 아무 말도 제대로 할

수 없으니 그만 말하겠어요!"

이 에피소드는 캐런의 백인 취약성을 잘 보여준다. 캐런은 스스로를 인종적 관점에서 보지 못한다. 그렇게 보도록 압박받을 때면 스스로를 불공정하게 대우받는 사람으로 설정하고서 더 이상 상대하기를 거부한다. 미국 공영라디오의 돈 가니예Don Gonyea가 지적한 대로, 분명 미국의 백인 다수는 자신도 인종 편견을 경험한다고 생각한다.

화요일에 공영라디오에서 발표한 로버트 우드 존슨 재단과 하버드 T. H. 챈 보건대학원의 여론조사에 따르면, 백인 다수는 오늘날 미국에 자신들에 대한 차별이 존재한다고 말한다.

"당신이 일자리에 지원한다면 그들은 흑인에게 먼저 기회를 줄 가능성이 높습니다"라고 오하이오주 애크런의 68세 팀 허시먼은 말했다. "무엇보다도 정부로부터 어떤 도움을 받고 싶을 때 당신이 백인이라면 받지 못할 겁니다. 흑인이라면 받을 테고요."

조사에 참여한 백인의 절반 이상(55퍼센트)은 일반적으로 말해 오늘날 미국에 백인에 대한 차별이 존재한다고 믿는다. (…)

주목할 점은, 여론조사에서 백인 다수가 자신들에 대한 차별이 존재한다고 말하기는 하지만, 실제로 그런 차별을 경험했다고 말하는 비율은 훨씬 더 낮다는 것이다.[1]

어린이와 인종에 관한 많은 연구는 어린이가 인종에 대한 견해를 아주 일찍부터 형성하기 시작한다는 것을 입증한다. 특히 백인이 우월하다는 의식과 인종적 권력 암호에 대한 인지는 취학 전부터 형성되는 것으로 보인다.[2] 의사소통학 교수 주디스 마틴 Judith Martin은 백인 어린이 양육 과정을 이렇게 묘사한다.

서구의 다른 국가들에서처럼 미국에서 태어난 백인 어린이들도 백인 우월주의적 사회에서 살아가는 데 따르는 도덕적 곤경을 물려받는다. 자라면서 인종에 기반하는 이점을 공정하고 정상적인 이점으로 경험하는 백인 어린이들은 자신이 직면하는 곤경과 관련해 거의 아무런 가르침도 받지 않고, 그 곤경을 해소하는 법에 대한 가르침은 더더욱 받지 않는다. 이런 이유로 그들은 인종 갈등에 대한 유럽계 미국인의 역사적 책임을 이해하지 못하고 오늘날 그 갈등을 영속화하는 자신들의 역할을 사실상 전혀 모르는 채로 그것을 경험하거나 그것에 대해 배우고 있다.[3]

백인 우월주의가 어디에나 존재함에도 불구하고, 대다수 백인은 이것 역시 거명하지도 인정하지도 않는다. 대부분의 성인이 그렇듯이 백인 어린이들이 인종주의에 명확하게 반대하는 성인으로 자란다 할지라도, 그들은 인종에 기반하는 백인의 특권이 다른 인종들에게 불리한 인종주의적 상황을 강화한다는 것을 부인하는 입장을 중심으로 자기네 정체성을 형성할 것이다. 이 모순에서 특히 문제가 되는 점은, 인종주의를 도덕적으로 반대하는 백인일수록 자신이 인종주의에 가담한다는 것을 인정하지 않는다는 것이다. 백인 우월주의적 맥락에서 백인 정체성은 대체로 (피상적인) 인종적 관용과 수용이라는 토대에 의존한다. 자유주의자를 자처하는 우리 백인은 대개 우리가 불공평한 지배 체제에 가담한다는 사실을 인식하거나 바꾸려 하기보다는 자기에게 있다고 생각하는 도덕적 평판을 지키려 한다.

예를 들어 2016년 미국 아카데미 시상식은 다양성이 부족하다는 비판을 받았다. 2년 연속으로 단 한 명의 흑인 배우도 후보에 올리지 않은 아카데미 시상식이 "시대에 뒤졌다"고 생각하지 않느냐는 질문을 받았을 때, 배우 헬렌 미렌Helen Mirren은 "어쩌다 보니 그렇게 된 거예요"라고 답변하면서 백인의 인종적 결백을 고수했다. 배우 샬럿 램플링Charlotte Rampling은 다양성 부족을 환기시키기 위해 아카데미상을 보이콧하자는 생각을 "백인에 대한 인종주의"라고 불렀다. 이렇게 반응하면서 백인은 언제, 어떻게, 어느 정도로 인종주의를 다루거나 인종주의에 도전할지를 선택하는 권력을 행사한다. 백인으로서 누리는 이점을 지적받을 경우 백인은 대개 당황과 방어, 비분과 같은 반응을 보일 것이다. 이런 반응으로 공격을 방어함으로써 백인은 자신의 도덕성을 지키는 동시에 책임을 일체 부인할 수 있다. 다시 말해 이런 전술을 사용해 도덕적 평판을 되찾는 데 초점을 맞춤으로써 도전을 피할 수 있다.[4]

백인이 인종과 관련해 도전받을 때 자신의 위치를 지키는 한 가지 방법은 자기방어 담론에 호소하는 것이다. 이 담론을 통해 백인은 스스로를 부당한 대우와 혹평, 비난, 공격에 시달리는 사람으로 묘사한다.[5] 인종 간 상호작용을 이런 식으로 묘사하는 백인은 기껏해야 말로 표현한 대항서사에 대응하는 것이다. 내가 아는 한 인종 간 토론이나 훈련 중에 물리적 폭력이 발생한 적은 없다. 이런 자기방어 주장은 여러 수준에서 기능한다. 우선 발화자를 도덕적으로 우월한 사람으로 설정하는 동시에 발화자의 사회적 위치가 갖는 진짜 권력을 가리는 기능을 한다. 또한 사회적 권력을 덜 가진 사람들의 불편함을 비난하고 그런 불편함을 위험한 것으로 그릇되게 묘사한다. 자기방어 접근법은 인종주의적 이미지를 더욱 강화하기도 한다. 백인은 스스로를 반인종주의적 노력의 희생자로 자리매김함으로써 자신은 백인성의 수혜자일 수 없다고 주장한다. 백인은 자신이야말로 부당한 대우를 받아왔다고 주장함으로써—백인의 위치가 도전받는다는 이유로, 또는 유색인의 시각과 경험에 귀 기울일 것을 백인에게 기대한다는 이유로—이런 대우를 극복하기 위해 사회적 자원(시간과 관심 같은)을 더 많이 받아야 한다고 요구할 수 있다.

더 다양한 인력을 채용하고 붙잡아둘 수 있도록 도와달라는 조직들과 상의할 때마다 나는 다양성 부족에 대처하려던 과거의 노력이 번번이 백인 직원들에게 트라우마를 남기는 결과로 끝났다는 경고를 듣는다. 그들은 짧은 일회성 워크숍의 영향을 묘사하면서 문자 그대로 **트라우마**라는 용어를 사용했다. 이 트라우마 탓에 지난 수년간 다양성이라는 주제를 피해야 했던 조직의 경영진은 이제 다시 시작할 준비가 되었다고 판단하면서도 내게 천천히 조심스럽게 진행하라고 주의를 주었다. 물론 형평성 노력으로 인한 백인의 인종 트라우마는 조직 인력의 절대다수가 계속 백인으로 유지되는 결과를 가져오기도 했다.

백인 다수가 반인종주의적 행위를 묘사할 때 사용하는 폭력의 언어에 의미가 없는 것은 아닌데, 백인의 취약성이 어떻게 현실을 왜곡하는지 보여주는 또 하나의 사례이기 때문이다. 백인은 신체 학대를 함축하는 표현을 사용함으로써 유색인(특히 아프리카계 미국인)은 위험하고 폭력적이라는 오래된 이야기를 끌어들인다. 그리하여 백인과 다른 인종들 사이에 존재해온 위협의 실제 방향을 왜곡한다. 백인이 유색인과 그저 인종에 대해 이야기할 뿐인 드문 상황에서 안전하지 않거나 공격받는 느낌이라고 주장할 때, 이 위협의 역사는 엄청나게 축소된다. 폭력의 언어를 사용하는 이 사례는 대부분의 백인이 인종 갈등에 직면할 준비가 되어 있지 않으며 매우 취약하다는 것, 그리고 곧이어 이 갈등을 유색인에게 투사한다는 것을 잘 보여준다.[6]

사회학자 에두아르도 보닐라-실바는 색맹 인종주의에 관한 연구에서 백인의 취약성의 한 측면을 이렇게 묘사한다. "미국의 새로운 인종 풍토에서는 인종에 기반하는 감정, 견해, 위치에 대한 공공연한 표현을 금하는 까닭에, 백인은 자신을 불편하게 하는 문제를 토론할 때면 거의 이해 불능 상태가 된다."[7] 그 결과 금지된 인종 문제를 파고들 경우 백인은 횡설수설하게 된다. 주제에서 벗어난 말을 하고, 한동안 말을 멈추고, 했던 말을 또 하고, 자기 말을 바로잡는다. 보닐라-실바에 따르면 이런 횡설수설은 인종이 중요하지 않다고 역설하는 세계에서 인종에 대해 이야기할 때 나타나는 한 가지 결과로서, 백인 다수에게 자신의 인종적 시각을 탐구하고 인종주의에 대한 이해를 바꾸기 위해 노력할 최소한의 의향조차 없다는 것을 보여준다. 이렇게 입장 바꾸기를 꺼리는 태도는 백인의 권력 유지에 이바지하는데, 어떤 서사를 승인하고 어떤 서사를 억압할지 결정하는 능력이 문화적 지배의 토대이기 때문이다. 게다가 기존 입장을 고집하는 백인은 대안적인 인종적 시각을 탐색하지 못하고 보편적인 시각으로서의 백인의 시각을 강화할 수 있을 뿐이다.

그렇지만 백인은 통제된 상황에서는 인종 담론에 관여한다. 우리는 인종적 타자의 위치를 인식하고, 우리끼리 있을 때면 대개 암호화된 방식으로나마 그 위치에 대해 자유롭게 이야기한다. 이런 인종 대화를 있는 그대로 인정하기를 거부하는 탓에 백인은 일종의 의식 분열을 겪고서 결국 비합리적 태도를 보이고 횡설수설하게 된다. 또 같은 이유로 우리 문화 안에서 유포되고 우리 시각의 틀을 형성하는 그릇된 인종 정보를 검증하지 않게 된다. 인종 격차로 가득한 문화 안에서 진실한 인종 관계가 불편하다며 계속 기피하는 백인은 인종 경계선을 넘어 진실한 관계를 맺지 못하고 인종주의를 유지하는 순환을 영속화하게 된다.

백인의 취약성을 여실히 보여주는 한 사례로 내가 다인종 팀과 함께 직장 반인종주의 훈련을 공동으로 진행하던 중에 발생한 일이 있다. 백인 참가자 한 명이 자신의 발언 중 일부가 같은 공간에 있는 유색인 몇 명에게 어떤 영향을 주었는지에 대한 (훈련 진행팀이 보기에) 세심하고 정중한 피드백을 받고서 기분이 상해 훈련 도중에 자기 자리로 돌아가버렸다. 쉬는 시간에 다른 백인 참가자 몇 명이 나와 동료 훈련사들에게 다가와 그와 이야기를 해봤는데 그가 자신의 발언이 도전받았다는 데 몹시 화가 났다고 알려주었다(물론 그가 사용한 표현은 '도전받았다'가 아니라 인종주의적 영향을 끼쳤다는 이유로 '부당하게 비난받았다'는 것이었다). 그의 친구들은 우리에게 그의 건강이 좋지 않고 "심근경색을 일으킬지도 모른다"는 사실을 알려주려 했다. 우리의 질문에 그들은 문자 그대로 심근경색을 의미한다고 분명하게 답했다. 그들은 젊은 동료가 우리의 피드백 때문에 정말 죽을지도 모른다며 진심으로 걱정하고 있었다. 사망에 이를 가능성이 있는 그의 상태에 대한 소식이 나머지 참가자들에게 알려지자 당연히 모두가 당장 그에게 관심을 쏟고 그가 유색인에게 끼친 영향에는 관심을 두지 않았다. 사회복지학 교수 리치 보데Rich Vodde의 말대로 "특권을 누군가 자원을 얻을 자격을 정당화하는 권리로 정의한다면, 이 자격에 대한 어떠한 도전이든 모면하거나 피하는 행위를 승인하는 권리로 정의할 수도 있다."[8]

백인의 균형은 인종적 편안함, 중심성, 우월의식, 자격 의식, 무관심, 부주의 등으로 이루어진 보호막이며, 이 모든 속성은 백인이 인종주의와 무관한 좋은 사람들이라는 정체성에 뿌리박고 있다. 이 보호막에 도전하는 것은 곧 백인의 인종적 균형을 깨뜨리는 것이다. 인종적 균형을 잃는 것이 너무나 드문 일이라서 우리는 인종적 불편함을 견디는 역량을 키울 필요가 없었다. 이런 이유로 백인은 인종적 균형에 대한 도전을 견디지 못하고 이를 저지하려 한다.

괴롭힘의 한 형태로서의 백인의 취약성

분명히 말해두겠다. 인종 위치에 대한 도전을 견디는 백인의 역량이 부족하긴 하지만—그리고 이런 의미에서 취약하긴 하지만—우리의 반응의 영향은 전혀 취약하지 않다. 오히려 역사적·제도적 권력과 통제력을 활용하는 까닭에 매우 강력하다. 우리는 도전받는 순간에 우리 위치를 보호하기에 가장 유용한 방식으로 이 권력과 통제력을 행사한다. 자원을 시급히 되찾고 우리의 인종주의에 대한 논의에서 다른 곳으로 관심을 돌리기 위해 눈물을 흘릴 필요가 있다면, 우리는 그렇게 할 것이다(백인 중간계급 여성이 가장 흔하게 구사하는 전략이다). 불쾌감을 드러내고 격분할 필요가 있다면, 우리는 그렇게 할 것이다. 도전을 저지하기 위해 논박하거나 축소하거나 설명하거나 일부러 반대 의견을 내거나 비죽거리거나 귀를 닫거나 퇴장할 필요가 있다면, 우리는 그렇게 할 것이다.

백인의 취약성은 괴롭힘의 한 형태로서 기능한다. 당신이 아무리 정중한 방식으로 시도할지라도, 나는 당신이 그냥 물러나 포기하고 다시는 문제를 제기하지 않도록 면전에서 당신을 아주 비참하게 만들 것이다. 백인의 취약성은 유색인을 고분고분하게 만들고 '그들의 자리에' 묶어놓는다. 이런 측면에서 백인의 취약성은 인종 통제의 강력한 형태다. 사회권력은 고정되어 있지 않다. 끊임없이 도전을 받고 유지하기 위한 노력을 필요로 한다. 우리는 제7장에서 논한 백인의 취약성을 촉발하는 원인들을 백인의 권력과 통제력에 대한 도전으로, 그리고 백인의 취약성을 도전을 단념시키고 권력과 통제력을 유지하기 위한 수단으로 생각할 수 있다.

또 분명히 말해두건대 '백인의 취약성'은 아주 구체적인 백인 현상을 묘사하기 위해 고안한 용어다. 백인의 취약성은 단순히 방어적 태도를 보이거나 우는소리를 하는 정도를 훌쩍 넘어선다. 이것은 **지배의 사회학**으로 개념화할 수 있을 것이다. 다시 말해 백인의 취약성은 백인의 우월의식과 이 우월의식을 보호하고 유지하고 재생산하는 법을 내면화하는 사회화 과정의 결과다. 이 용어는 불만을 토로하는 집단이나 그 밖에 다른 까다로운 집단에는 **적용되지 않는다**(예컨대 '학생의 취약성'은 성립하지 않는다).

워크숍 중에 나는 유색인들에게 자주 이렇게 묻는다. "여러분은 백인에게 우리의 무의식적이지만 불가피한 인종주의에 대해 얼마나 자주 피드백을 주었나요? 그럴 때 얼마나 자주 원만하게 넘어갔나요?" 이 질문에 유색인들은 눈을 굴리거나 고개를 절레절레 젓거나 대놓고 웃으면서 이구동성으로 **그런 적이 거의 없다**고 답한다. 그러면 나는 "여러분이 우리에게 피드백을 주기만 하면 우리가 고맙게 받아들이고 반성하고 행동을 바꾸기 위해 노력한다면 어떨 것 같으세요?"라고 묻는다. 최근에 한 유색인은 한숨을 쉬고서 "그러면 혁명적이겠네요"라고 말했다. 나는 백인들에게 이것이 얼마나 의미심장한 반응인지 생각해보라고 말한다. 우리가 피드백을 받아들이고 반성하고 행동을 바꾸기 위해 노력할 수 있다면 **혁명적** 변화가 일어난다는 것이다. 한편으로 그 유색인의 반응은 우리가 얼마나 까다롭고 취약한지 보여준다. 그러나 다른 한편으로 그의 반응은 우리가 인종주의에 대한 우리의 책임을 얼마나 간단하게 짊어질 수 있는지 보여준다. 그렇지만 비열한 의도를 가진 사람만이 인종주의에 가담한다는 지배적인 세계관을 고집하는 한, 우리는 혁명적 변화에 이르지 못할 가능성이 높다.

제9장 ◑

행동으로 나타나는
백인의 취약성

학교 이사장이 마침내 대부분 백인인 교직원들로부터 인종 형평성 훈련을 실시해도 좋다는 동의를 얻어냈다. 하지만 워크숍 제목을 듣고는 백인이라는 용어가 들어간 것을 좋아하지 않는다며 계획을 철회했다.

내가 교육학 교수였던 시절에 소속 대학은 주민의 약 56퍼센트가 흑인과 라틴계인 도시로부터 16킬로미터 떨어진 곳에 있었다. 우리 학생들은 97퍼센트가 백인이었고, 그중 다수는 이 도시의 공립학교들에서 교생실습을 했다. 우리 대학 교육학부는 17년간 유색인 교수를 한 명도 채용하지 않았다. 나는 이 문제를 거듭 제기했지만 돌아오는 반응은 매번 침묵이었다. 마침내 한 백인 동료가 내 방으로 찾아와

화를 내며 말했다. "이 문제를 제기할 때마다 당신은 우리가 일자리를 가져서는 안 된다고 말하는 겁니다."

어느 백인이 인디언 부족을 위해 일하고 있다. 그는 함께 일하는 원주민들에게 자신이 "불의를 지켜보느라" 얼마나 "지쳤는지" 끊임없이 토로한다. 이 일을 얼마나 더 견딜 수 있을지 모르겠다고 호소한다. 원주민 동료들은 그를 거듭 위로하고 그가 계속 일하도록 격려해야 한다는 압박감을 느낀다.

나는 인종 형평성 훈련에 관심이 있는 사실상 모든 백인 조직으로부터 전화를 받는다. 그들은 내가 참여자들을 어떻게 편하게 해줄 것인지 알고 싶어 한다.

나는 방금 기조연설을 마쳤다. 연설 주제는 백인인 것에 아무 의미도 없다고 공언하면서도 인종 분리와 불평등이 심한 사회에서 백인으로 사는 것의 의미였다. 연설의 초점은 백인의 정체성과 그 귀결인 불가피한 패턴에 인종이 어떻게 영향을 주느냐는 것이었다. 아메리카 원주민과 함께 일하는 한 백인 여성이 행사 담당자인 유색인 여성에게 다가간다. 백인 여성은 노기등등하다. "아메리카 원주민은 어떻게 된 겁니까? 당신은 아메리카 원주민을 배제했어요!" 그녀는 무대 건너편에 있는 나에게까지 들릴 만한 목소리로 몇 분 동안 그 담당자를 질책한다. 내가 개입하자 그녀는 조금 더 차분한 목소리로 내가 아메리카 원주민—"가장 억압받는 사람들"—을 배제했다고 꾸짖는다. 그녀는 나의 연설 가운데 백인으로서의 그녀와 관련되는 측면을 전혀 인정하지도 않고, 자신이 백인으로서 얻었을 법한 통찰을 전혀 공유하지도 않으며, 실제로 연설을 하지도 않은 유색인 여성을 질타하는 행위의 영향을 고려하지도 않는다.

전직 교수이자 현직 워크숍 진행자 겸 상담가로서 나는 백인에게 그들의 본의 아닌 인종주의가 어떻게 나타나는지 알려주는 역할을 한다. 이런 위치에서 나는 백인 취약성의 발현 양상들을 수없이 목격했다. 가장 흔한 양상은 분노다. "감히 내가 인종주의적 언행을 했을지도 모른다고 말하다니!" 하고 반응하는 식이다. 이런 순간은 내게 즐겁지 않은 순간이긴 하지만 동시에 꽤나 흥미로운 순간이기도 하다. 내가 그곳에 있는 까닭은 무엇보다 바로 그런 일을 해달라는 의뢰를 받았기 때문이다. 다시 말해 조직의 구성원들이 자기네 직장이 계속 백인 일색인 이유, 그들이 유색인을 채용하는 데 그토록 애를 먹는 이유, 그리고/또는 그들이 채용한 유색인이 직장에 남아 있지 않는 이유를 이해할 수 있도록 도와달라는 의뢰를 받았기 때문이다.

오늘날의 나는 워크숍 진행 경력 초기에 부딪혔던 공개적인 적대감에 별로 직면하지 않는다. 내가 보기에 그런 변화는 교육학 과정 이후에 쌓은 오랜 경험 덕분이다. 물론 내가 같은 백인이라서 다른 백인들이 내 메시지를 훨씬 잘 받아들이는 측면도 있다. 나는 주로 백인으로 이루어진 집단을 앞에 두고서 내가 할 수 있는 말에 놀라곤 한다. 나는 우리 문화를 백인 우월주의적인 문화로 묘사할 수 있고, "모든 백인은 인종주의에 투자하고 가담한다"라는 말을 할 수 있다. 그렇게 해도 백인들이 자리를 박차고 나가거나 트라우마로 휘청거리지 않는다. 물론 내가 워크숍장에 들어가자마자 대뜸 이런 말을 꺼내는 것은 아니다. 나는 미리 짜둔 전략에 따라 이야기를 풀어가면서 참여자들을 하나의 공통된 이해로 유도한다. 나 자신이 백인인 데다 경험과 전략을 갖춘 덕에 이제는 경력 초기와는 비교할 수도 없을 정도로 백인 참여자들로부터 전반적으로 호응을 얻는다.

백인들은 내가 추상적인 이야기에 머무르는 한 나의 발표에 호응한다. 그렇지만 내가 **바로 지금** 워크숍장에서 발생하고 있는, 인종적으로 문제가 있는 역학이나 행위를 거명하는 순간 백인의 취약성이 터져나온다. 예를 들어 "샤론, 내가 피드백을 좀 해도 될까요? 의도적이지 않았다고 생각하지만, 제이슨의 이야기에 대한 당신의 반응은 그가 흑인으로서 하는 경험을 일축하는 거예요"라고 말하는 순간에 그렇다. 샤론은 내가 자신의 말을 오해한 것이라며 방어적인 태도로 설명한 다음 화가 나서 나가 버린다. 그러면 다른 백인들이 달려와 "샤론이 정말로 말하려던 것"을 다시 설명하면서 그를 변호한다. 이제 피드백의 요점은 안중에 없고, 나와 참여자들 사이에 벌어진 틈을 메우려면 몇 시간을 들여야 한다. 그리고 물론 아무도 제이슨에게는 신경 쓰지 않는 듯하다. 나는 고개를 가로저으며 혼자 생각한다. "당신들은 내게 이곳으로 와서 당신들의 인종주의를 스스로 볼 수 있도록 도와달라고 요청했지만, 신께 맹세하건대, 당신들의 인종주의를 볼 수 있도록 돕지 않는 편이 낫겠다."

이 책에서 지금까지 나는 백인 우월주의적 문화에서 살면서 길들여진 백인이 품을 수밖에 없는 인종주의적 전제들과 드러낼 수밖에 없는 인종주의적 패턴들을 보여주려 했다. 이 패턴들이 거명되거나 의문시될 때, 우리는 예측 가능한 반응을 보인다. 우선 일군의 검증되지 않은 전제들이 의문시될 때 갖가지 감정을 드러내고, 뒤이어 몇 가지 예측되는 행동을 한다. 그런 다음 이런 행동을 수많은 주장으로 정당화한다. 근래에 백인의 취약성이 터져나온 한 사례는 이런 반응과 감정, 행동, 주장을 잘 보여준다.

나는 어느 지역사회의 워크숍을 공동으로 진행하고 있었다. 고용주가 후원한 워크숍이 아니었으므로, 자진해서 신청하고 비용을 지불한 사람들만 참석한 자리였다. 이런 이유로 우리는 참석자들이 워크숍의 주제에 열려 있고 관심을 보일 것이라고 가정할 수 있었다. 나는 소규모 백인 참가자 무리와 함께하던 중에 한 여성(에바라고 부르자)으로부터 자신은 흑인이 없는 독일에서 자란 터라 인종에 관해 전혀 배우지 않았고 인종주의를 가지고 있지 않았다는 말을 들었다. 나는 이 주장에 반발해 그녀에게 어린 시절에 아프리카에 사는 사람들과 관련해 어떤 메시지를 받았는지 되돌아보라고 했다. 물론 아프리카는 알고 있었을 테니 그곳 사람들로부터 어떤 인상을 받았는가? 독일에서 미국 영화를 본 적이 있는가? 그렇다면 영화에서 아프리카계 미국인과 관련해 어떤 인상을 받았는가? 또 나는 지난 23년간 미국에서 살면서 무엇을 흡수했는지, 이곳에서 아프리카계 미국인과 어떤 관계를 맺은 적이 있는지, 그런 적이 없다면 그 이유가 무엇인지 되돌아보라고 했다.

우리는 진행을 이어갔고 나는 워크숍이 끝난 뒤 에바가 다가올 때까지 이 대화를 잊고 있었다. 그녀는 잔뜩 화가 난 채로 우리가 나눈 대화와 "무시당하는 느낌" 때문에 기분이 몹시 상했다고 말했다. "당신은 나에 대해 억측했어요!" 나는 사과하고 결코 그녀를 무시하거나 일축하려던 것이 아니라고 말했다. 그러면서도 나는 독일에서 자랐다고 해서 흑인에 대한 잘못된 인종적 메시지를 흡수하지 못하는 것은 아니라는 입장을 고수했다. 에바는 "미국 병사들이 오기 전까지" 흑인을 정말 단 한 명도 보지 못했다는 말로 반박했다. 그리고 흑인 병사들이 왔을 때 "모든 독일 여성은 그들이 아주 멋지다고 생각했고 그들과 연락하고 싶어 했어요"라고 말했다. 이것이 그녀에게 인종주의가 없었다는 증거였다. 속으로 좌절의 한숨을 쉬면서 나는 이쯤에서 포기하기로 하고 다시 한 번 사과했다. 우리는 헤어졌지만 그녀의 화는 가라앉지 않았다.

몇 달 뒤에 내 동료 한 명이 에바에게 연락해 다음번 워크숍에 대해 알려주었다. 그녀는 내가 진행하는 워크숍에 다시는 참석하지 않겠다고 대꾸했다. 내가 에바에게 인종주의자라거나 그녀의 이야기가 인종주의적이라고 말하지 않았다는 데 주목하라. 그럼에도 내가 한 행동은 인종주의가 없는 사람이라는 에바의 자아상에 대한 도전이었다. 역설적이게도 내가 에바의 주장을 액면 그대로 받아들이지 않은 데 대한 그녀의 분노는 인종주의에 관한 지원자 워크숍이라는 맥락에서, 즉 그녀가 인종주의에 대한 이해를 높이기 위해 참석했을 자리에서 표출되었다.

우리의 전제와 행동이 도전받을 때 (에바가 입증한 대로) 백인이 보이는 흔한 감정적 반응들부터 살펴보자.

감정

- 나만 지적당한 기분
- 공격당한 기분
- 침묵당한 기분
- 수치심
- 죄책감
- 비난받은 기분
- 모욕감
- 평가받은 기분
- 분노
- 두려움
- 격분

이런 감정이 생기면 에바가 했던 대로 보통 다음과 같은 행동이 뒤따른다.

행동

- 울기
- 그 자리에서 나가기
- 감정적으로 거리 두기
- 논박하기
- 부인하기
- 의도에 초점 맞추기
- 면죄부 찾기
- 회피하기

위에서 예시한 감정과 행동은 강한 반응이기에 정당화를 필요로 한다. 우리는 이런 감정과 행동을 정당화하기 위해 어떤 주장을 펴는가? 아래에 예시한 주장들 중 일부는 주장하는 사람이 부당하게 비난받았음을 시사하고, 다른 일부는 주장하는 사람이 논외의 대상임을 시사한다("나는 이미 다 알고 있다"). 그러나 이 모든 주장은 에바의 주장과 마찬가지로 주장하는 사람에게서 더 이상 관여하거나 책임질 의무를 덜어낸다.

주장

- 나는 유색인을 알고 있다.
- 나는 1960년대에 행진에 참가했다.
- 나는 이미 다 알고 있다.
- 당신은 나를 판단하고 있다.
- 당신은 나를 잘 모른다.
- 당신은 일반화를 하고 있다.
- 그건 당신 의견일 뿐이다.

- 나는 동의하지 않는다.

- 당신은 이 일을 올바로 하고 있지 않다.

- 당신은 인종을 이용하고 있다.

- 이건 나를 환영하는 게 아니다.

- 당신은 내게 인종주의자처럼 굴고 있다.

- 당신은 내가 죄책감을 느끼도록 한다.

- 당신은 내 기분을 상하게 한다.

- 진짜 억압은 계급이다[또는 젠더, 혹은 인종이 아닌 다른 무언가다].

- 당신은 엘리트주의자다.

- 나는 그저 무해한 말을 조금 했을 뿐이다.

- 어떤 이들은 모욕이 없는 곳에서 모욕을 찾아낸다.

- 당신은 나를 오해했다.

- 나는 안전하다고 느끼지 않는다.

- 문제는 당신의 말투다.

- 나는 아무것도 제대로 말할 수 없다.

- 그건 내 의도가 아니었다.

- 나 역시 고통받았다.

　내가 나의 공개 웹사이트를 통해 받은 한 이메일에도 이런 주장 몇 개가 담겨 있었다. 다음 발언은 그 이메일에서 일부 발췌하고 요약한 것이다(강조는 원본 이메일 그대로). 이메일 작성자는 우선 내 나이를 가늠하건대 자신이 겪어온 일들을 내가 겪지 않왔고, 따라서 "당신이 내게 인종에 대해 해줄 수 있는 말이 하나라도 있을지 심히 의문이다"라고 말했다. 그러고는 자신의 자격을 열거했다. 시민권 운동의 중대한 사건들을 경험했고, 대학에서 인종과 젠더를 공부했고, 여러 유명한 흑인 페미니스트 작가와 흑인 정치인에 익숙하고, 평생 여러 흑인(이웃, 급우, 동료)을 알고 지낸 사람이라고 했다. 게다가 작성자는 수십 년 전에 흑인 친구 자매의 목숨을 앗아간 질병을 똑같이 앓고 있었다. 그에게는 이렇게 같은 질병을 앓는다는 사실이 흑인과 그의 동맹을 입증하는 또 하나의 증거인 듯했다. 그는 이런 경험과 관계를 자신에게 혹시 있을지 모르는 인종주의를 모조리 벗어던질 수 있었다는 증거로 사용했다. "백인이 '흡수한다'고 당신이 말하는 온갖 것들? 나는 내 삶과 교육을 통해 그것들을 털어냈습니다." 이어서 그는 인종을 논외로 치워버리고 대신 자신이 경험한 억압인 성차별을 문제 삼았다. "아뇨, 나는 인종에 대해 더 이상 말하고 싶지 않습니다. 나는 **젠더**에 대해 말하고 싶습니다." 끝으로 그는 앞으로 내가 보낼 어떤 이메일도 읽고 싶지 않다면서 대화를 이어갈 여지를 남겨두지 않았다.

장담하건대 백인 독자들은 이 이메일 사례에서 여실히 드러난 감정과 행동, 주장에 익숙할 것이다. 우리는 이런 식으로 직접 반응한 적이 있거나 타인의 반응을 본 적이 있다. 하지만 인종주의의 수많은 측면들을 대할 때와 마찬가지로, 우리는 이런 반응을 좀처럼 검토하거나 문제 삼지 않는다. 그러니 여기서 표면의 안쪽으로 파고들어 이런 반응의 밑바탕에 깔린 전제들을 검토해보자.

전제

- 인종주의는 단지 개인의 편견이다.
- 나는 인종주의가 없다.
- 내가 인종차별을 했는지 여부는 나 스스로 판단할 것이다.
- 나의 학습은 끝났다. 나는 필요한 모든 것을 알고 있다.
- 인종주의는 의도적일 수밖에 없다. 나는 인종주의를 의도하지 않았으므로 나의 행동은 영향을 주지 않는다.
- 나의 고통이 내게서 인종주의나 인종 편견을 덜어낸다.
- 다른 형태의 억압을 경험하는 백인은 인종 편견을 가질 수 없다.
- 내가 좋은 사람이라면, 나는 인종주의자일 수 없다.
- 나는 이 대화에서 편안함을 유지할 자격/이 대화를 원하는 대로 끌고 갈 자격이 있다.
- 다른 사람들이 나를 어떻게 인식하는지가 가장 중요한 문제다.
- 백인으로서 나는 인종주의에 도전하는 최선의 방법을 알고 있다.
- 내가 도전받는다고 느낀다면, 당신은 이 일을 잘못하고 있는 것이다.
- 인종주의를 지적하는 것은 불친절한 행동이다.
- 인종주의는 의식적인 편향이다. 나는 그런 편향을 갖고 있지 않으므로 인종주의자가 아니다.

- 인종주의자들은 나쁜 사람이므로 당신은 내가 나쁜 사람이라고 말하는 것이다.
- 당신이 나를 알거나 이해한다면 내가 인종주의자일 수 없음을 알 것이다.
- 나는 유색인 친구들이 있으므로 인종주의자일 수 없다.
- 아무 문제도 없다. 사회는 지금 이대로 괜찮다.
- 인종주의는 간단한 문제다. 사람들이 ~을 하기만 하면.
- 나의 세계관은 객관적이며 현재 작동하는 유일한 세계관이다.
- 내가 볼 수 없는 것이라면 정당한 것이 아니다.
- 당신은 인종주의에 관해 나보다 많이 알고 있다는 이유로 당신이 나보다 나은 사람이라고 생각할 것이다.

앞서 말한 감정과 행동, 주장의 밑바탕에 깔린 전제들을 알아보았으니 이제 그것들이 어떻게 기능하는지 살펴보자.

백인의 취약성의 기능
- 백인 연대를 유지한다.
- 자기반성을 차단한다.
- 인종주의의 현실을 대수롭지 않아 보이게 한다.
- 토론에서 목소리를 내지 못하게 한다.
- 백인을 피해자로 설정한다.
- 대화를 장악한다.

- 편협한 세계관을 보호한다.

- 인종을 논외로 한다.

- 백인 특권을 보호한다.

- 메시지가 아닌 메신저에 초점을 맞춘다.

- 백인을 위해 더 많은 자원을 모은다.

지금까지 살펴본 행동들과 그 밑바탕에 놓인 전제들은 그 당사자를 인종적으로 열어놓지 않는다. 오히려 정반대로 반성과 관여를 시작하지도 못하게 한다. 여기에 더해 인종 간 틈을 메우는 능력을 가로막는다. 적의와 분노를 펄펄 끓게 만들어 인종 간 분열을 부채질한다. 요컨대 오늘날 만연한 백인의 인종적 전제들과 이것들이 낳는 행동들은 인종주의를 보호한다.

제10장 ◑

백인의 취약성과
관여의 규칙

인종주의를 개개인의 잔인한 행위로 개념화하는 이 우세한 견해에서 보면, 유색인을 의식적으로 좋아하지 않는 지독한 사람들만이 인종주의를 자행할 수 있다는 결론이 나온다. 이것은 그릇된 개념이긴 하지만, 좋은 조짐은 아니다. 사실 이 개념은 변화를 가져올 수 있는 꼭 필요한 대화와 자기반성을 거의 불가능하게 만드는 역할을 탁월하게 수행한다. 이 개념을 가진 백인은 인종주의를 암시하기만 해도 분노할 뿐 아니라 대개 인종주의에 대한 피드백을 받는 방식에도 울분을 터뜨리곤 한다. 백인을 오랫동안 상대한 뒤 나는 우리의 불가피하고 대개 무의식적인 인종주의적 전제와 패턴에 대해 피드백을 주는 데 필요한 일군의 암묵적인 규칙을 발견했다(틀림없이 수많은 유색인도 발견했을 것이다).

나는 피드백을 주면서도 백인의 취약성을 촉발하지 않는 방법은 아예 피드백을 주지 않는 것임을 발견했다. 따라서 가장 중요한 첫 번째 규칙은 다음과 같다.

1. 어떤 상황에서도 나의 인종주의에 대한 피드백을 내게 주지 마라.

그래도 가장 중요한 규칙을 굳이 깨야겠다면, 다른 규칙들을 지켜야 한다.

2. 적절한 말투가 중요하다. 즉 피드백을 할 때는 반드시 차분하게 해야 한다. 감정을 조금이라도 드러내면 피드백의 효과가 없어지고 외면당할 수 있다.

3. 우리 사이에 신뢰가 있어야 한다. 당신은 나의 인종주의에 대해 내게 피드백을 주기 전에 내가 결코 인종주의자가 아니라고 믿어야 한다.

4. 우리의 관계는 쟁점이 없는 관계여야 한다. 우리 사이에 쟁점이 있을 경우 당신은 인종주의와 무관한 그 쟁점이 해결될 때까지 내게 인종주의에 대한 피드백을 줄 수 없다.

5. 피드백은 즉시 주어야 한다. 너무 오래 기다리면 적기를 놓친 탓에 피드백을 주어도 무시당할 것이다.

6. 사건이 다른 사람들 앞에서 일어났는지 여부와 무관하게, 피드백은 사적으로 주어야 한다. 발생한 상황과 관련이 있는 다른 사람

들 앞에서 피드백을 주는 것은 사회적 규칙을 심각하게 위반하는 것이다. 당신이 나를 곤란한 상황에서 보호하지 못할 경우, 피드백은 효과가 없고 당신은 규칙 위반자가 된다.

7. 최대한 에둘러 말해야 한다. 단도직입적으로 피드백을 주는 방법은 세심하지 않거니와 효과를 얻지 못하고 신뢰를 해칠 것이다.

8. 백인으로서 피드백을 받는 나는 인종에 대해 어떤 토론을 하든 완전히 안전하다고 느껴야 한다. 나에게 인종주의적 전제나 패턴이 있다고 암시한다면 나는 안전하지 않다고 느낄 것이고, 따라서 당신은 나에게 다시는 피드백을 주지 않음으로써 나의 신뢰를 되찾아야 할 것이다. 요점을 설명하자면, 내가 '안전하다'고 말할 때 실제로 의미하는 바는 '편안하다'이다.

9. 나의 인종 특권을 강조하는 것은 **내가** 경험하는 억압의 형태(예컨대 계급 차별, 성차별, 이성애주의, 연령 차별, 장애인 차별, 성전환 혐오)를 일축하는 것이다. 그러면 우리는 **당신**이 **나**를 어떻게 억압했는가에 주목할 것이다.

10. 당신은 나의 (언제나 선한) 의도를 인정하고 나의 선한 의도가 나의 행동의 영향을 상쇄한다는 데 동의해야 한다.

11. 나의 행동이 인종주의적 영향을 끼쳤다고 암시하는 것은 나를 오해한 것이다. 당신은 **당신**의 오해를 인정할 수 있을 때까지 내가 해명하도록 놔두어야 할 것이다.

상술한 규칙들이 서로 충돌한다는 사실은 문제가 되지 않는다.

이 규칙들의 기능은 인종주의를 가리고 백인의 지배를 유지하고 백인의 균형을 되찾는 것이다. 그리고 실제로 이 기능을 아주 효과적으로 수행한다. 그렇더라도 우리는 인종주의를 불평등한 제도적 권력의 체제로 이해하는 관점에서 이 규칙들이 어디서 생겨났고 누구에게 이로운지 자문할 필요가 있다.

인종주의를 저지하기 위해 적극 활동하는 우리 대다수는 백인 반인종주의자들의 '딱 걸렸어gotcha' 문화에 대한 불평을 줄곧 듣는다. 우리는 사건이 일어날 법한 모든 현장을 샅샅이 훑다가 느닷없이 나타나 손가락질을 하면서 "당신은 인종주의자야!"라고 소리치는 사람들로 묘사되곤 한다. 분명 일부 백인은 오만하게도 이런 식으로 행동함으로써 자신과 다른 백인들을 구별하지만, 내가 경험한 바로 이것은 표준이 아니다. 진실한 백인들은 백인의 취약성이 어디에나 있는 현실을 고려하여 다른 백인들에게 언제 어떻게 피드백을 줄지 고민하는 경우가 훨씬 더 많다. 백인의 취약성은 피드백을 주는 사람들을 처벌하고 다시 침묵하도록 압박한다. 또한 백인 연대―백인의 특권을 보호하고 우리의 인종주의에 대한 책임을 서로 묻지 않겠다는 암묵적 합의―를 유지한다. 피드백을 주는 개인이 유색인일 경우에는 "인종 문제를 이용한다"라는 비난에 직면하고, 백인의 취약성으로 인한 처벌을 훨씬 더 심하게 받게 된다.

인종주의는 일탈이 아닌 표준이다. 불가피하게, 그리고 대개 무의식적으로 인종주의와 결탁하는 우리의 행위를 인식하고 바로잡으려면 피드백을 받는 것이 아주 중요하다. 이 점을 인식하면서 나는 다음과 같은 지침을 따르려고 노력한다.

1. 당신이 내게 어떻게, 어디서, 언제 피드백을 주는지 상관하지 않는다. 내가 원하고 필요로 하는 피드백이다. 나는 피드백을 주기 어렵다는 점을 이해하면서 어떻게 해서든 피드백을 받아들일 것이다. 백인의 사회적·문화적·제도적 권력과 특권을 가진 위치에서 나는 완벽하게 안전하고 피드백을 감당할 수 있다. 설령 피드백을 감당하지 못한다 해도 나의 인종 체력을 기르는 것은 **나의 몫이다**.
2. 고맙다고 말한다.

위 지침은 내게 지켜야 할 체면이 없고 더 이상 지금처럼 행동할 수 없음을 이해하는 데 달려 있다. 내게 맹점이 있다는 것과 내가 인종주의에 무의식적으로 투자한다는 것을 나는 알고 있다. 주류 사회에서 나의 투자는 나날이 늘어난다. 비록 이 체제를 세우지는 않았지만, 나는 체제로부터 불공평한 혜택을 받고 체제를 내게 유리하게 이용하고 있다. 그런 만큼 내게는 이 체제를 저지할 책임이 있다. 이 체제 안에서 나의 역할을 바꾸기 위해 스스로 열심히 노력할 필요가 있지만, 나 혼자서는 변화할 수 없다. 함께해야 변할 수 있음을 이해하는 까닭에 다른 사람들이 나를 도울 때면 감사하게 된다.

대부분의 백인 진보주의자들이 워크숍, 상호 지원 단체, 기타 교육 포럼 등에서 먼저 '신뢰 구축' 단계를 거친 뒤에야 인종주의를 조사할 수 있다는 사실도 백인의 취약성을 입증하는 증거다. 인종 정의正義 교육에 관여하는 대부분의 사람들은 백인 참가자들이 갖가지 방식으로 드러내는 인종적 신뢰 요구를 알아챌 것이다. 이런 이유로 워크숍 진행자들은 신뢰 구축을 위한 활동에 시간을 들이고, 신뢰를 얻기 위한 기본 규칙과 지침, 참가자의 정당한 비참여 사유("나는 이곳에서 신뢰를 느끼지 못하기 때문에 함께하지 않겠습니다") 등을 정한다. 나는 많은 동료들에게 백인 참가자들이 신뢰를 요구하면서 정확히 무엇을 말하려는 것이냐고 물어보았다. 장담하건대 그들의 신뢰 요구는 지갑을 도둑맞거나 물리적 폭행을 당하는 상황과는 관련이 없다. 다만 암묵적 편향의 힘과 백인을 끊임없이 길들이는 인종주의를 고려하면, 여러 인종이 섞여 있는 집단에서 백인은 잠재의식 수준에서 십중팔구 그런 상황에 처해 있는 것처럼 느낄 것이다. 그럼에도 나는 그들의 요구가 결국 다음과 같다고 생각한다. "나는 나의 인종주의와 씨름하기 전에 당신이 나를 인종주의자로 생각하지 않을 것이라는 신뢰가 필요하다."

아래처럼 '신뢰 구축'을 바탕으로 하는 흔한 지침들을 생각해 보라.

- **평가하지 마라**: 평가하지 않는 것은 인간적으로 불가능한 일이므

로 이 지침은 성공하거나 시행할 수 없으며 기능적으로 무의미하다.

- **전제하지 마라**: 전제의 본질은 알지 못한 채 하는 것이므로 이 지침은 성공하거나 시행할 수 없으며 기능적으로 무의미하다.

- **좋은 의도를 전제하라**: 이 지침은 영향보다 의도를 강조함으로써 공격자가 그 대상에게 끼치는 영향보다 공격자의 의도를 우선한다. 그 결과 공격자의 의도가 가장 중요한 문제가 된다. 본질적으로 이 지침은 피해자들에게 그들을 해할 의도가 없었던 이상 상처를 그냥 넘겨야 한다고 말하는 것이다. 이 지침은 백인의 인종적 결백을 옹호하는 동시에 인종주의가 유색인에게 끼치는 영향을 축소한다.

- **진실을 말하라**: 이 훈계는 불필요한 지침으로 보인다. 나는 백인 참가자 집단들에게서 거짓말의 패턴을 본 적이 없다. 나는 방어적 태도, 거리 두기, 침묵하기, 위험 피하기를 보았을까? 그렇다. 하지만 사람들이 진실을 말하지 않는 모습을 보았을까? 그렇지 않다. 더 중요한 질문은 이것이다. 당신의 진실이 당신이 인종 색맹이라는 것이라면? 인종주의적 사회에서는 아무도 인종 색맹일 수 없기 때문에 당신이 인종 색맹이라는 주장은 진실이 아니다. 거짓 신념이다. 그럼에도 이 지침은 모든 신념을 진실로, 따라서 진실만큼이나 타당한 것으로 자리매김할 수 있다. 반인종주의적 활동의 목표가 인종주의와 **이것을 뒷받침하는 잘못된 정보**를 확인하고 이 두 가지에 도전하는 것임을 고려하면, 모든 시각이 똑같

이 타당한 것은 **아니다**. 일부 시각은 인종주의 이데올로기에 뿌리 박고 있으며, 우리는 그 실체를 드러내고 도전할 필요가 있다. 당신의 신념을 공유함으로써 그것이 어떻게 인종주의를 지탱하는지 함께 확인하는 행위와 당신의 신념을 도전할 수 없는 '진실'로 언명하는 행위는 엄연히 다르며 서로 구분해야 한다.

- **존중하라**: 이 지침의 문제는 존중의 의미를 좀처럼 규정하지 않거니와, 백인이 존중받는다고 느끼는 환경이 바로 유색인이 존중받지 못한다고 느끼는 환경을 만들어낼 수 있다는 것이다. 예를 들어 백인이 존중받는다고 규정하는 환경은 대개 갈등이 없고, 강한 감정을 표현하지 않고, 인종주의적 패턴에 도전하지 않고, 영향보다 의도에 초점을 맞추는 환경이다. 그러나 바로 그런 환경이 진정성 없고 백인의 규범을 중시하고 따라서 유색인에게 적대적인 환경을 만들어낸다.

이 지침들의 밑바탕에 깔린 검증되지 않은 전제는 이것들을 보편적으로 적용할 수 있다는 것이다. 그러나 이 지침들은 불평등한 권력 관계를 설명하지 못하는 까닭에 인종들 사이에서 동일한 방식으로 기능하지 못한다. 이 지침들은 주로 백인의 취약성에 의해 좌우되고, 백인의 취약성을 어린애 응석 받아주듯이 수용한다. 대부분의 백인이 편안하게 유지해야 한다고 고집하는 환경은 바로 현재 인종 상황(백인의 중심성과 지배, 그리고 단언하는 결백)을 뒷받침하는 환경이다. 유색인에게 현재 인종 상황은 강화할 게 아니라 저지해야 할 적대적인 상황이다. 신뢰의 핵심 메시지는 **친절해야 한다**는 것이다. 그리고 우세한 백인 규범에 따르면, 누군가에게 인종주의자라고 말하는 것은 '친절하지' 않은 행동이다.

위 지침들은 유색인에게 등을 돌릴 수도 있다. 예컨대 위 지침들에 의거해 "당신이 나의 인종 패턴에 도전한다면 나의 행동이 인종주의적이라고 전제하는 것인데, 그렇게 전제해서는 안 된다", 또는 "당신은 나의 행동이 인종과 아무런 관련도 없다는 나의 진실을 부인하고 있다"라고 말할 수 있다. **당신**이 규칙 위반자라는 것이다. 이런 상황은 유색인에게 끊임없이 부담을 주는 인종주의의 영향, 즉 유색인 자신의 필요를 제쳐두고 백인의 필요에 초점을 맞추도록 압박하는 영향을 재생산한다. 백인의 취약성의 해독제는, 유색인에게 인종주의를 부인하는 우리를 계속 존중하도록 강요하기 위해서가 아니라 우리가 초래하는 인종주의의 고통을 증언하기 위해 우리의 인종 체력을 기르는 것이다.

물론 이상적인 상황은 우리가 연민하는 마음으로 서로를 인도하는 것이다. 평가받거나 비난받는다고 느끼지 않을 때 우리 안에 있는 바람직하지 않은 무언가를 들여다보기가 훨씬 더 쉽다. 그런데 누군가 문자 그대로 손가락질을 하면서 "당신은 인종주의자야!"라고 단언한다면?(이 비난을 진보적인 백인들은 몹시 두려워한다.) 그렇다 해도 나의 인종주의적 패턴을 확인하고 그것을 바꾸기 위해 노력할 책임은 나에게 있다. 누군가 나를 바꾸기 위해 지적한 것이라면, 아무리 조심스럽게 또는 에둘러 지적했을지라도 전반적인 메시지에 주목할 필요가 있다. 지적하는 방식을 지적 자체의 정당성을 부인하거나 당면한 상황에서 벗어날 핑곗거리로 삼아서는 안 된다.

메신저에 개의치 않고 메시지에 초점을 맞추는 것은 고급 기술이자, 누군가 독선적인 말투로 우리에게 덤벼들 경우 특히 실천하기 어려운 일이다. 친절함이 우리를 목표 지점까지 더 빠르게 데려간다면, 나는 친절함에 대찬성할 것이다. 그러나 나는 내게 피드백을 주는 누군가에게 아무것도 요구하지 않고도 그 피드백과 씨름할 수 있다. 그 과정에서 나는 피드백과 그것을 전달받은 방식을 분리하고, 피드백의 요점과 나의 성장에 도움이 되는 측면을 확인할 것이다. 우리 대다수는 아직 목표 지점에 도달하지 못했지만, 그곳에 이르려면 이런 노력을 해야 한다. 내가 속했던 대부분의 백인 인종 정의 집단들에서 참가자들은 그들이 서로에게 친절하고 연민을 가지고 있는지, 그리고 '신뢰를 깨지' 않는지 확인하는 데 많은 에너지를 썼다. 실은 거기에 에너지를 너무 많이 쓰는 바람에 문제 있는 인종 패턴을 직시할 수 있도록 서로 돕지 못하고 집단의 규범을 깨지 못했다. 따라서 친절함에 더해 인종주의를 거명하고 인종주의에 도전하는 분명한 태도와 용기를 보여주지 않는 이상, 이것은 백인의 취약성을 보호하는 접근법이자 도전해야 할 접근법이다.

이 책에서 줄곧 보여주려 했듯이, 서구 사회에서 자라는 백인은 백인 우월주의적 세계관에 길들여진다. 그 세계관이 우리 사회와 제도의 기반이기 때문이다. 당신의 부모가 당신에게 사람은 모두 평등하다고 말했든 말든, 당신이 다닌 교외 백인 학교의 복도에 다양성의 가치를 칭송하는 포스터가 걸려 있었든 말든, 당신이 외국 여행을 했든 말든, 당신의 직장이나 가정에 유색인이 있든 없든, 어디서나 우리를 사회화하는 백인 우월주의의 힘을 피할 수는 없다. 의도나 의식, 동의와 거의 또는 전혀 무관한 메시지들이 하루 24시간, 일주일 내내 유포된다. 이 점을 이해하고서 대화를 시작하면 백인 우월주의에서 벗어나 우리의 인종주의가 드러나는지 **여부**가 아니라 **어떻게** 드러나는지에 초점을 맞출 수 있다. 좋은/나쁜 이분법을 넘어서면 우리의 인종주의적 패턴을 더 쉽게 확인할 수 있다. 다른 사람들에게 어떻게 보이는지를 신경 쓰는 것보다 그 패턴을 저지하는 것이 우리에게 더 중요한 일이 되기 때문이다.

다시 말하겠다. 우리에게 인종주의적 패턴이 없음을 다른 사람들에게 납득시키려 애쓰는 일보다 우리의 인종주의적 패턴을 멈추는 일을 훨씬 더 중시해야 한다. 우리는 인종주의적 패턴을 가지고 있고, 유색인은 이미 그 사실을 알고 있다. 그렇지 않음을 입증하려는 우리의 노력은 설득력이 없다. 백인의 취약성과 연대의 힘을 고려하면, 이 패턴을 정직하게 서술하는 것은 사소한 과제가 아니라 피할 수 없는 과제다.

제11장 ◑　　　　　　　　　　　백인 여성의
　　　　　　　　　　　　　　　　　　눈물

하지만 당신은 나의 자매이며, 나는 당신의 고통을 나눈다!

　백인의 눈물이라는 표현은 인종주의가 **우리**에게 얼마나 힘겨
운지 한탄하는 행위―문자 그대로 한탄하든 은유적으로 한탄하
든―를 통해 백인의 취약성을 드러내는 모든 방식을 가리킨다.
나는 일하면서 백인의 눈물을 여러 형태로 끊임없이 마주하며, 많
은 저자들이 이미 이 눈물에 대한 탁월한 비판을 제시한 바 있다.[1]
여기서 나는 백인 눈물의 한 가지 양상을 다루고자 한다. 바로
여러 인종이 섞여 있는 상황에서 백인 여성이 눈물을 흘리는 양
상이다. 다음 사례는 유색인이 그런 눈물에 느끼는 좌절감과, 자
신은 마음대로 눈물을 흘릴 자격이 있다는 백인 여성의 의식을

둘 다 잘 보여준다.

경찰이 비무장 흑인 남성을 사살하는 사건이 또다시 발생했을 때, 내 직장에서는 연대와 지원을 구하는 사람들의 비공식 점심 모임을 갖기로 했다. 모임 직전에 한 유색인 여성이 나를 한쪽으로 불러 참석하고 싶지만 "오늘은 백인 여성들의 눈물을 지켜볼 기분이 아니에요"라고 말했다. 나는 내가 대처하겠다는 말로 그녀를 안심시켰다. 모임을 시작하면서 나는 백인 참가자들에게 눈물을 흘릴 것 같으면 부디 방에서 나가달라고 말했다. 여러분과 함께 지원을 구하겠지만 다인종 집단에서 울지 말아달라고 부탁했다. 토론이 끝난 뒤 나는 잔뜩 성이 난 한 백인 여성에게 유색인 앞에서 울지 말아달라고 부탁한 이유를 한 시간 동안 설명해야 했다.

나는 우리의 진심 어린 감정—특히 인종 불의와 관련된 감정—이 중요한 진보적 가치임을 알고 있다. 우리의 감정을 억누르는 것은 현재에 충실하고 연민을 갖고 지원을 제공해야 한다는 직관에 반하는 것처럼 보인다. 그렇다면 나의 유색인 동료는 왜 그런 요청을 했을까? 간단히 말해 백인 여성의 눈물은 다인종 상황에서 인종주의를 개선하기보다 사실상 강화하는 강력한 영향을 끼치기 때문이다.

우리는 대개 감정이 자연스럽게 생기는 것이라고 본다. 그러나 감정은 두 가지 중요한 점에서 정치적이다. 첫째로 감정은 우리의 편향과 신념, 문화적 준거틀에 영향을 받는다. 가령 내가 남성은 분노를 표출하는 것이 적절하지만 여성은 그렇지 않다고 —의식적으로든 무의식적으로든—믿는다면, 분노를 표출하는 사람의 성별에 따라 매우 다른 감정적 반응을 보일 것이다. 분노를 표출하는 남성은 유능하고 책임감 있는 사람으로 여겨 존중하는 반면에 분노를 표출하는 여성은 어린애 같고 통제 불능인 사람으로 여겨 경멸할지도 모른다. 또 내가 나쁜 사람들만 인종주의자라고 믿는다면, 나의 무의식적인 인종주의적 전제를 지적받을 때 상처와 모욕감, 수치심을 느낄 것이다. 그렇지 않고 인종주의적 전제가 불가피하다고(하지만 바꿀 수 있다고) 믿는다면, 무의식적인 인종주의적 전제를 지적받을 때 고마움을 느낄 것이다. 이제 그 전제를 인지하고 바꿀 수 있기 때문이다. 이런 점에서 감정은 자연스러운 것이 아니다. 감정은 우리가 사회적 관계를 이해하기 위해 사용하는 준거틀의 산물이다. 그리고 물론 사회적 관계는 정치적이다.

둘째로 감정은 대개 겉으로 나타난다는 점에서도 정치적이다. 감정은 행동을 추동하여 다른 사람들에게 영향을 미친다.

인종 간 교류에서 백인 여성의 눈물이 문제가 되는 이유는 몇 가지 방식으로 다른 사람들에게 영향을 주기 때문이다. 예컨대 백인 여성의 고통 때문에 흑인 남성이 고문당하고 살해당한 오랜 역사적 배경이 있으며, 우리 백인 여성은 이 역사를 동반한다. 우리의 눈물은 특히 아프리카계 미국인에게 이 역사의 공포를 불러일으킨다. 설득력 있고 끔찍한 사례로는 1955년 미시시피주의식료품점에서 14세 소년 에밋 틸이 백인 여성—캐럴린 브라이언트Carolyn Bryant—에게 자꾸 치근댔다는 이유로 피살된 사건이 있다. 캐럴린은 남편 로이 브라이언트Roy Bryant에게 틸이 치근댔다고 말했고, 며칠 뒤 로이는 이복동생 J. W. 밀엄Milam과 함께 틸을 종조부의 집으로 납치해 린치를 가했다. 두 사람은 틸을 때려 죽이고 시신을 훼손한 다음 탈라하치강에 빠뜨렸다. 전원 백인으로 이루어진 배심원단은 두 사람에게 무죄를 선고했고, 두 사람은 나중에 살인을 인정했다. 2007년 임종 자리에서 캐럴린 브라이언트는 이 이야기를 철회하고 자신이 거짓말을 했음을 인정했다. 나의 아프리카계 미국인 동료들에게 에밋 틸 피살 사건은 "백인 여성이 울면 흑인 남성이 다친다"라는 경고를 자주 보내온 역사에서 하나의 사례에 지나지 않는다. 백인이 이 역사에 무지하거나 둔감하다는 사실은 백인의 중심성과 개인주의, 인종적 겸손의 부족을 입증하는 또 하나의 증거다.

인종 간 교류에서 선의를 가진 백인 여성의 눈물은 겉보기에 무해하기 때문에 백인의 취약성의 더 유해한 형태들 중 하나다. 이런 교류에서 우리가 우는 이유는 다양하다. 우리의 인종주의에 대한 피드백을 받았다는 이유로 울 수도 있다. 무의식적인 백인 인종주의가 불가피하다는 것을 이해하지 못하는 우리는 피드백을 도덕적 비난으로 받아들이고 기분 나빠한다.

내가 공동으로 진행하던 워크숍에서 전형적인 사건이 있었다. 한 흑인 남성이 어떤 요점을 표현하려 애쓰다가 스스로를 바보로 지칭했다. 이 표현을 듣고 공동 진행자인 흑인 여성은 부드러운 어투로 그가 바보인 것이 아니라 사회가 스스로를 바보로 생각하도록 만드는 것이라고 말했다. 그녀가 내면화된 인종주의의 힘을 설명하고 있을 때 한 백인 여성이 "그가 말하려던 것은…" 하며 끼어들었다. 공동 진행자가 그 백인 여성에게 그녀가 흑인 남성을 최선으로 대변할 수 있다는 인종주의적 관념을 강화했다고 지적하자 그녀는 울음을 터뜨렸다. 워크숍장에 있던 대다수 참가자들이 그녀를 위로하러 달려가고 흑인 진행자가 부당한 말을 했다며 화를 내고 비난하는 바람에 훈련은 완전히 중단되었다(참가자들은 인종주의가 어떻게 작동하는지 배우러 왔으면서도 감히 진행자가 인종주의가 어떻게 작동하는지 실례를 들어 지적한다는 태도였다!). 그러는 동안 백인 여성이 대변했던 흑인 남성은 외톨이가 되어 그녀가 위로받는 모습을 지켜보아야 했다.

나의 유색인 동료는 어느 백인 여성—인종 정의 조직에 새로 들어온 사람—이 이미 오랫동안 재직했고 그녀를 훈련시키기도 했던 유색인 여성들을 감독하는 정규직을 제안받은 사례를 들려주었다. 승진 소식이 발표되자 백인 여성은 유색인 여성들에게 이제 새로운 학습곡선을 시작하는 자신을 지원해달라고 눈물을 흘리며 부탁했다. 이 신임 감독관은 아마도 이 눈물을 자신의 부족한 인종 지식과 유색인 여성들로부터 받을 것으로 예상되는 지원에 대한 겸손의 표현으로 여겼을 것이다. 유색인 여성들은 승진의 부당성, 능력을 인정받지 못하는 현실, 이제 그들의 생계를 담당하게 된 백인 여성의 부족한 인종 의식에 대처해야 했다. 감정적 반응을 애써 관리하는 것도 곤란한 문제였다. 백인 여성을 격려하는 모종의 제스처를 취하지 않을 경우 화가 많고 둔감한 사람으로 비칠 위험이 있었기 때문이다.

의도했든 안 했든 백인 여성이 인종주의의 어떤 측면 때문에 울음을 터뜨리고 나면 모두의 관심이 즉시 그녀에게로 쏠린다. 인종주의를 완화하는 데 초점을 맞추어야 할 워크숍 참석자들 전원의 시간과 에너지, 관심이 그녀에게로 향한다. 그녀가 관심을 받는 동안 유색인들은 또다시 관심에서 밀려나고 그리고/또는 비난을 받는다. 모건주립대학 글로벌 저널리즘 커뮤니케이션 학부의 조교수 스테이시 패튼Stacey Patton은 백인 여성의 눈물을 비판하면서 "눈물을 흘린 뒤에는 우리가 그들을 위로하고 그들이 나쁜 사람이 아니라고 확인해주기를 기다린다"라고 말했다.[2] 반인종주의 전략가 겸 워크숍 진행자인 레이건 프라이스Reagen Price는 비판적 인종 학자 킴벌리 크렌쇼Kimberlé Crenshaw의 저술에 쓰인 비유를 이렇게 바꾸어 말한다. "응급처치 요원들이 교통사고 현장에서 보행자를 친 운전자를 위로하러 달려가고 그동안 보행자는 피를 흘리며 거리에 누워 있는 장면을 상상해보라." 이렇듯 백인은 흔하지만 매우 전복적인 방식으로 인종주의의 관건을 백인의 고뇌, 백인의 고통, 백인의 피해자화化 문제로 바꾸어버린다.

물론 백인 남성들도 인종적으로 취약하지만, 나는 인종 간 토론에서 그들의 취약성이 실제로 눈물로 드러나는 모습을 본 적이 없다. 그들의 취약성은 아래의 사례들을 포함하는 갖가지 지배와 위협의 형태로 가장 흔하게 나타난다.

- 가장 먼저, 가장 나중에, 가장 많이 말함으로써 대화를 통제한다.
- 거만하고 가식적인 자세로 일부러 반대 의견을 말함으로써 인종 불평등을 일축한다.
- 인종주의에 대한 단순하기 짝이 없는 '정답'을 주제넘게 단언한다 ("사람들이 무엇무엇을 하기만 하면…").
- '역인종주의'에 분노하는 피해자를 놀린다.
- 그 유명한 '인종 카드'를 활용한다고 비난한다.
- 침묵하고 자리를 피한다.
- 적대적인 몸짓언어.
- 화제를 바꾼다("진짜 억압은 계급이다!").
- 주지화主知化하고 거리를 둔다("나는 무슨무슨 책을 권한다…").
- 유색인과 백인 여성의 인종적 분석을 '바로잡는다.'
- 오만하게도 인종주의와 유색인의 경험이 중요하지 않다고 설명한다.

이 모든 언행은 인종을 논외로 밀어내고, 백인 남성이 토론을 계속 장악하도록 돕고, 그들의 위치에 대한 도전을 종결하며, 그들의 지배를 재확인한다.

인종주의가 개별 행위자들에게만 의존하는 것은 아니기 때문에 인종주의 체제는 자동으로 재생산된다. 인종주의를 저지하려면 이것을 지탱하는 규범과 구조, 제도를 인식하고 그에 도전할 필요가 있다. 그러나 우리에게 혜택을 주는 까닭에 대부분의 백인은 불평등한 인종 관계를 편안하게 받아들인다. 따라서 우리 백인이 이 체제를 저지하고자 한다면, 인종적 **불편함**을 받아들이고 우리의 인종적 관여의 영향을 기꺼이 검토해야 한다. 다른 인종을 대면하는 구체적인 상황에서 무엇이 우리의 반응을 불러일으키고 그런 반응이 다른 사람들에게 어떤 영향을 미칠지 먼저 성찰하지 않은 채 마음 내키는 대로 반응(분노, 방어, 자기연민 등)하는 행태는 여기에 포함되지 않는다.

백인이 죄책감 때문에 눈물을 흘리는 것은 일종의 방종이다. 죄책감에 허덕일 때, 우리는 자기도취적이고 무기력하다. 죄책감은 행동하지 않을 구실로 기능한다. 더욱이 우리가 진실한 인종 간 관계를 유지하는 경우가 거의 없는 탓에, 우리의 눈물은 우리가 일찍이 지원한 적이 없는 유색인과의 연대로 느껴지지 않는다. 오히려 우리의 눈물은 건설적인 행동으로 이어지지 않는 무기력한 반사작용으로 기능한다. 우리는 우리 자신이 언제 울고 언제 울지 않는지, 그 이유는 무엇인지 성찰할 필요가 있다. 달리 말하면, 무엇이 우리를 움직이는지 성찰해야 한다. 우리 다수는 인종주의가 어떻게 작동하고 그 안에서 우리가 어떤 역할을 하는지 배운 적이 없는 까닭에 우리가 알지 못하거나 인식하지 못하는 인종주의적 요소에 충격을 받고서는 괴로워하며 눈물을 흘릴 것이다. 그러나 유색인이 보기에 우리의 눈물은 백인의 인종적 격리와 특권을 입증하는 증거다.

나는 이 장의 도입부에서 언급한 유색인 여성에게 내가 무언가 놓친 것이 있는지 물어보았다. 그녀는 이렇게 답변했다.

그런 반응에 화가 나는 이유는 우리의 경험을 존중하지 않는 뻔뻔함 때문이에요. 우리에게 거의 아무런 감정도 허용되지 않을 때 당신들은 불편한 감정이 생긴다는 이유로 울고 있어요. 당신들은 수치심 따위를 느꼈다며 울지만, 우리는 그런 감정을 가지고 나면 곤란해지기 때문에 아무런 감정도 가질 수 없어요. 우리는 힘든 티를 내지 않는 강한 사람이어야 해요. 그렇지 않으면 화가 많고 무서운 유색인이 되어버리기 때문이죠. 우리는 장례식을 치를 때처럼 당신들을 대접하기 위한 감정만 가질 수 있어요. 그럴 때조차도 우리가 표현할 수 있는 감정은 정해져 있죠. 우리는 매일 학대와 구타, 강간, 살인을 당하건만 당신들은 슬픈 감정을 느끼고는 그게 중요하다고 해요. 그래서 받아들이기가 너무너무 어려워요.

분명 나는 인종 간 토론에서 누군가의 이야기에 감동해 눈물을 흘린 적이 있다. 그리고 백인의 눈물이 인종주의로 인한 유색인의 고통을 헤아리고 증언하는 기능을 하는 까닭에 때로는 그런 눈물을 이해할 수 있다고 생각한다. 그럼에도 나는 내가 어떻게 울고 언제 우는지에 대해 아주 깊이 생각하려고 노력한다. 나는 주의를 끌지 않도록 조용히 울려고 애쓰고, 사람들이 나를 위로하러 달려오더라도 위로를 받아들이지 않고 나는 괜찮으니 계속 진행하자고 말한다.

우리를 사랑하는 남자들

인종 간 토론에서 백인 여성의 눈물은 지금까지 논한 일반적인 역학들 외에도 남자들에게 매우 구체적인 영향을 미친다. 내가 보기에 백인 여성의 눈물은 모든 인종의 남성을 조종하지만, 이 조종의 결과는 인종에 따라 다르게 나타난다. 백인 남성은 인종과 젠더의 위계에서 가장 높은 위치를 차지한다. 그런 이유로 백인 남성은 그들 자신의 현실과 다른 사람들의 현실을 규정할 권력을 가지고 있다. 이 현실에는 누구의 경험이 정당하느냐는 것뿐 아니라 **누가** 근본적으로 정당하느냐는 것도 포함된다. 백인의 인종 프레임 안에서는 모든 여성이 인정받을 만한 존재로 여겨지는 것이 아니다. 일례로 인기 있는 백인 신화와 달리, 소수집단 우대 정책의 최대 수혜자는 (유색인이 아니라) 백인 여성이었다. 누구를 인정할지 결정해야 했을 때, 백인 남성은 백인 여성의 인간성을 인정할 수 있었다. 백인 여성은 그들의 누이요 아내요 딸이었다. 그리고 백인 여성의 늘어난 자원 획득 기회는 당연히 이런 관계를 통해 백인 남성에게도 이득이 되었다. 그런데 백인 여성이 일찌감치 인정받은 이 인간성을 유색인 여성은 아직까지도 인정받지 못하고 있다.

백인 남성은 무엇이 고통이고 누구의 고통이 정당한지 승인하는 권한도 가지고 있다. 여러 인종이 섞인 상황에서 백인 남성이 백인 여성을 구하게 되면 가부장제가 더욱 강화되는데, 그들이 곤경에 처한 우리의 구세주 역할을 하기 때문이다. 백인 남성은 백인 여성이 위해의 표적이라는 주장을 정당화함으로써 그들 자신과 백인 여성의 사회적 자본을 늘려나간다. 그렇게 백인에게 할당되는 자원이 실제로 증가하는 동안 유색인은—또다시—소외당한 채 그저 목격자로 남는다.

유색인 남성 또한 인종 간 교류 상황에서 백인 여성을 도울 수 있고, 성차별주의와 가부장제에 길들여진 대로 행동할 수 있다. 그러나 백인 남성과 달리 유색인 남성은 인종주의에 대처해야 하는 부담을 안고 있다. 이 부담은 역사적으로 유색인 남성에게 치명적이었다. 특히 다른 인종의 남성이 고통을 준다는 백인 여성의 주장 때문에 얻어맞고 살해당한 에밋 틸을 비롯한 수많은 남자들의 사례는 흑인 남성에게 상존하는 공포다. 백인 여성의 고통을 최대한 빠르게 줄이는 일은 흑인 남성에게 문자 그대로 목숨이 걸린 문제로 느껴질 것이다. 그러나 유색인 남성이 백인 여성을 구하려 할 경우 유색인 여성과의 사이가 틀어질 수 있다. 이런 처지에서 유색인 남성은 자신의 지위를 강화하는 사회적 자본을 얻기는커녕 생존하기 위해 유색인 여성보다 백인 여성을 지원해야 하는 고뇌와 함께 살아갈 수밖에 없다.

백인은 백인 우월주의의 잔혹성과 그 안에서 우리가 맡는 역할과 관련해 슬픔을 느낄 필요가 있다. 매일 발생하는 인종 불의에 무감각한 우리의 태도야말로 실은 인종 불의를 지탱하는 핵심 기둥이다. 그러나 우리의 슬픔은 현실을 바꾸는 지속적인 행동으로 이어져야 한다. 우리의 감정은 내면의 프레임을 드러내는 지표이므로, 행동을 낳는 자의식의 안쪽으로 더 깊게 들어가기 위한 출발점으로 기능할 수 있다. 우리 감정(알지 못한다는 수치심, 누군가를 다치게 한다는 죄의식, 틀림없이 오해받았다는 이유로 상하는 기분)의 뿌리에 무엇이 있는지 검토하고 나면 내면의 프레임에 대처할 수 있을 것이다. 또 우리가 다른 사람들의 감정에 반응하는 방식과 우리의 반응이 인종과 젠더의 위계를 강화하는 방식도 검토할 필요가 있다. 우리는 인종적 사회화로 인해 각자의 의도나 자아상이 어떻든 간에 인종주의적 행위를 반복하도록 설정되어 있다. 그러므로 우리가 할 일은 우리의 인종주의가 드러나는지 **여부**가 아니라 **어떻게** 드러나는지를 계속해서 자문하는 것이다.

제12장

우리는 여기서
어디로 가야 하는가

형평성 팀은 우리 기업에 새로 온 웹 개발자와의 회의에 초대받았다. 형평성 팀은 흑인 여성 두 명과 나로 이루어져 있다. 역시 흑인 여성인 신임 웹 개발자는 웹페이지를 구축하기 위해 우리를 인터뷰하려 한다. 회의에서 개발자는 먼저 우리에게 설문지를 나누어주고 작성해달라고 한다. 설문지의 여러 질문은 우리가 의도하는 청중, 방법, 목표, 목적에 관한 것이다. 나는 그 질문들이 따분해 짜증이 난다. 그래서 설문지를 한쪽으로 치우고 말로 설명하려 한다. 개발자에게 우리는 지부 사무실에 가서 반인종주의 훈련을 진행한다고 말한다. 그리고 훈련이 언제나 호응을 받는 것은 아니고 실제로 우리 팀원 한 명은 돌아오지 말라는 말까지 들었다고 덧붙인다. 이어서 농담을 한다. "백인들은 데버라의 머리카락에 겁을 먹었어요."(데버라는 흑인이고 머리를 길게 땋고 있다.) 회의가 끝나고 우리는 헤어진다.

며칠 뒤 한 팀원이 내게, 웹 개발자—앤절라라고 부르겠다—가 나의 머리카락 발언에 기분이 상했다고 알려준다. 당시에는 신경 쓰지 않았지만 그 말을 듣는 순간 나의 발언이 왜 문제였는지 퍼뜩 깨닫는다. 나는 인종 간 역학에 대한 이해가 깊은 백인 친구를 찾아간다. 친구는 나의 감정(당혹감, 수치심, 죄책감)에 대해 의견을 나눈 다음 개발자와의 대화에서 나의 인종주의가 드러난 여러 방식을 알 수 있도록 도와준다. 이 과정 이후에 나는 관계를 바로잡을 준비가 되었다고 느낀다. 나는 앤절라에게 만나달라고 요청하고 그녀는 받아들인다.

나는 먼저 앤절라에게 묻는다. "지난번 회의에서 내가 한 인종차별 발언을 바로잡을 기회를 주시겠어요?" 그녀가 승낙하자 나는 이어서 말한다. "데버라의 머리카락에 대한 나의 발언이 부적절했다는 걸 깨달았어요."

앤절라는 고개를 끄덕이고는 당시 나를 알지 못했고 신뢰 관계가 없는 백인 여성과 더군다나 직무상 회의 자리에서 흑인 여성의 머리카락(많은 흑인 여성에게 민감한 문제)에 대한 농담을 하고 싶지 않았다고 설명한다.

나는 사과하고 혹시 회의에서 내가 놓친 다른 문제는 없었는지 묻는다.

"있었어요" 하고 앤절라는 답한다. "그 설문지요. 그거 내가 작성했어요. 그리고 나는 백인을 상대로 나의 지능을 정당화하면서 평생을 보냈어요."

설문지를 성의 없이 무시한 내 행동의 영향을 깨닫자마자 가슴이 조여온다. 나는 그 영향을 인정하고 사과한다.

앤절라는 내 사과를 받아들인다. 나는 우리가 앞으로 나아갈 수 있도록 내게 말해주거나 들려주어야 할 다른 무언가가 또 있는지 묻는다. 그녀는 있다고 말한다. "다음번에 당신이 이와 비슷한 행동을 한다면, 피드백을 공개적으로 받고 싶으세요, 아니면 사적으로 받고 싶으세요?"

나는 교육자로서 나의 역할을 감안할 때 피드백을 공개적으로 받는다면 고맙겠다고 답한다. 나 역시 평생 배우고 성장하는 과정에 참여한다는 사실을 백인들에게 보여주는 것이 중요하기 때문이다. 또 백인들에게 피드백을 공개적으로 받으면서도 방어하지 않는 귀감을 보일 수 있기 때문이다.

앤절라는 백인과 유색인의 역학 관계에서 이런 일이 예사로 일어나긴 하지만 나처럼 관계를 바로잡으려는 경우는 흔치 않으며 그 점을 고맙게 생각한다고 말한다. 우리는 다음 단계로 넘어간다.

제9장에서 백인의 취약성의 흔한 감정, 행동, 주장, 그리고 그 밑바탕에 깔린 전제를 확인했다. 이 장에서는 우리의 인종 패러다임을 바꾼다면 이 요소들이 어떻게 변화할지 살펴보려 한다.

내가 현재 직업을 시작하기 전에 앞서 언급한 앤절라와의 상호작용이 일어났다면 건설적인 결과로 이어지기 어려웠을 것이다. 지배적 패러다임을 바탕으로 행동했다면 도저히 좋게 반응할 수 없었을 것이고, 실제로 좋게 반응하지 않았을 것이다. 동료가 앤절라의 기분이 상했다고 알려주었을 때 나는 불안감으로 가득 찼을 것이고, 당장 동료에게 내 의도를 설명하면서 이해와 면죄를 구했을 것이다. 부당한 비난을 받았다고 느끼고 나 자신을 앤절라의 부당한 비난의 피해자로 여겼을 것이다. 이런 식으로 반응하면서 앤절라와의 잠재적인 관계를 잃고, 나의 편협한 세계관을 보호하고, 나의 감정적·지적 성장을 가로막았을 것이다. 그러나 유색인은 날이면 날마다 백인의 이런 방어적 반응을 마주하며, 그런 이유로 대개 우리와 대화할 시도조차 하지 않는다.

그렇지만 패러다임을 바꾸고서 우리의 무의식적이되 불가피한 인종주의적 패턴에 대한 피드백을 받는다면, 아주 다른 감정이 생길 것이다.

- 감사
- 홍분
- 불편함
- 죄책감
- 의욕
- 겸손
- 연민
- 관심

그리고 이런 감정이 생긴다면 다음처럼 행동할 것이다.

- 반성하기
- 더 이해하려 하기

- 사과하기
- 경청하기
- 전진하기
- 고심하기
- 관여하기
- 신뢰하기

상술한 감정을 품고, 상술한 행동에 동참할 때 우리는 어떤 주장을 펼까? 아래에 나열한 주장들이 우리를 그릇되게 비난받는 대상이나 논외의 대상으로 규정하지 않는다는 데 주목하라. 이 주장들은 열린 마음과 겸손을 시사한다.

- 나는 이 피드백을 고맙게 생각한다.
- 이 일은 매우 유익하다.
- 방어적 태도와 현실 안주에 저항하는 것은 나의 몫이다.
- 이것은 어렵지만 자극이 되고 중요한 일이다.
- 아차!
- 내가 이 패턴을 보이는 것은 불가피한 일이다. 하지만 바꾸고 싶다.
- 그것은 개인적인 일이지만 순전히 개인적인 일은 아니다.
- 나는 메신저가 아닌 메시지에 초점을 맞출 것이다.
- 나는 불편함을 견디고 인종주의의 고통을 증언하는 역량을 키울 필요가 있다.
- 내게는 해야 할 일이 있다.

상술한 감정, 행동, 주장은 너무나 드물기 때문에 독자들에게 덜 익숙할 것이다. 그러나 인종주의에 대한 이해를 근본적으로 바꾸면 우리의 전제와 그에 따른 행동도 변화한다. 아래처럼 전제할 때 우리의 환경, 교류, 규범, 정책이 얼마나 달라질지 상상해보라.

- 좋은 사람인지 나쁜 사람인지는 상관없다.
- 인종주의는 우리 문화에 깊게 뿌리내린 다층 체제다.
- 우리 모두 인종주의 체제 안에서 사회화된다.
- 인종주의를 피할 수는 없다.
- 인종주의와 관련해 백인에게는 맹점이 있으며 나도 마찬가지다.
- 인종주의는 복잡하며, 피드백을 인정하기 전에 그 피드백의 모든 뉘앙스를 꼭 이해해야 하는 것은 아니다.
- 백인은/나는 인종주의에 무의식적으로 투자한다.
- 편향은 암묵적이고 무의식적이다. 많은 노력을 꾸준히 기울이지 않고는 나의 편향을 자각하지 못할 것이다.
- 우리 백인에게 우리의 인종주의에 대한 피드백을 주는 것은 유색인에게 위험한 일이므로 그 피드백을 신뢰의 신호로 여길 수 있다.
- 백인의 인종주의에 대한 피드백을 주는 것은 어려운 일이다. 내가 피드백을 받는 방식은 피드백 자체만큼 유의미한 것이 아니다.
- 진정한 반인종주의가 편안한 경우는 거의 없다. 불편함은 나의 성장에 아주 중요하고 따라서 바람직하다.
- 백인의 편안함은 현재 인종 상황을 지탱한다. 따라서 불편함은

꼭 필요하고 중요하다.

- 편안함과 안전을 혼동해서는 안 된다. 백인으로서 나는 인종주의에 대한 토론에서 안전하다.
- 죄책감의 해독제는 행동이다.
- 백인 연대를 깨려면 용기가 필요하다. 그렇게 용기를 내는 사람들을 나는 어떻게 지원할 수 있을까?
- 나는 내가 속한 집단의 역사를 동반한다. 역사는 중요하다.
- 나의 사회화 과정을 고려할 때, 문제를 이해하지 못하는 사람은 나일 가능성이 훨씬 더 높다.
- 그 무엇도 나를 인종주의의 구속력에서 벗어나게 해주지 못한다.
- 나의 분석은 교차적 분석일 수밖에 없다(나의 또 다른 사회적 정체성들—계급, 젠더, 능력—이 내가 인종 체제에서 사회화된 방식에 영향을 주었다는 인식).
- 인종주의는 24시간 일주일 내내 유색인을 다치게 한다(살해하기까지 한다). 인종주의를 저지하는 것이 나의 감정이나 자아, 자아상보다 더 중요하다.

이 전제들은 예컨대 다음과 같은 방식으로 인종주의를 저지할 수 있을 것이다.

- 우리의 방어적 태도를 줄인다.
- 우리의 허약성을 입증한다.

- 우리의 호기심과 겸손을 입증한다.

- 성장할 수 있게 한다.

- 우리의 세계관을 넓힌다.

- 행동을 이끌어낸다.

- 우리가 스스로 공언하는 가치를 실천한다는 것을 입증한다.

- 진실한 관계과 신뢰를 구축한다.

- 특권을 보호하는 편안함을 저지한다.

- 내면화된 우월의식을 저지한다.

백인이 내게 인종주의와 백인의 취약성과 관련해 무엇을 해야 하는지 물을 때, 나는 먼저 이렇게 되묻는다. "어떻게 당신은 교양 있는 전문직 성인이면서도 인종주의와 관련해 무엇을 해야 하는지 모를 수 있죠?" 이것은 솔직한 질문이다. 주변 어디에나 정보가 있는 마당에 우리는 대체 어떻게 모르는 걸까? 유색인이 그렇게 오랜 세월 우리에게 말했는데도 말이다. 이 물음을 진지하게 받아들이고 우리가 무엇을 해야 하는지 모르게 된 온갖 이유를 따져보면, 그에 맞는 지침을 얻을 수 있을 것이다. 예를 들어 나의 답변이 인종주의에 관한 교육을 받지 못했다는 것이라면, 앞으로 배워야 한다는 것을 알 수 있다. 나의 답변이 유색인을 알지 못한다는 것이라면, 유색인과 관계 맺을 필요가 있다. 나의 환경에 유색인이 없는 것이 이유라면, 편안한 영역에서 벗어나 환경을 바꿀 필요가 있다. 노력하지 않고는 인종주의에 대처할 수 없다.

역으로 질문한 다음에는 "위의 전제들을 내면화하는 데 필요한 일이라면 무엇이든 하세요"라고 말한다. 나는 우리 백인이 진정으로 이 전제들을 바탕으로 행동한다면 우리의 대인관계뿐 아니라 제도까지 바뀔 것이라고 믿는다. 제도가 바뀌도록 우리가 조치할 것이기 때문이다. 그러나 현재 패러다임을 바탕으로 행동해서는 인종주의를 끝낼 가망이 전혀 없다.

나의 마지막 조언은 이렇다. "당신 스스로 주도해서 찾으세요." 백인성의 길들임—인종주의에 무관심하게 만들고 인종주의를 저지하는 데 필요한 기술을 습득하지 못하게 하는 길들임—에서 벗어나기 위해 백인은 스스로 할 수 있는 일을 찾을 필요가 있다. 오늘날에는 훌륭한 조언이 너무나 많다. 유색인이 쓴 조언서도 있고 백인이 쓴 조언서도 있다. 그런 조언을 찾아라. 백인성의 무관심과 결별하고 당신이 노력을 기울일 정도로 신경을 쓴다는 것을 입증하라.

당신이 의사를 찾아갔다가 당신에게 청신경종양이 있다는 말을 듣는다고 상상해보자. 의사가 이 종양이 무엇이고 당신에게 어떤 선택지들이 있는지 막 설명하려다가 응급호출을 받고서 갑자기 급히 달려나간다. 그럴 때 당신이라면 어떻게 하겠는가? 십중팔구 집에 가서 인터넷에 접속한 뒤 청신경종양에 관한 모든 자료를 읽을 것이다. 어쩌면 같은 질환을 경험한 사람들의 모임에 가입할지도 모른다. 설령 의사가 호출을 받지 않아 당신에게 질환을 설명하고 약간의 조언을 주었다 해도, 당신은 역시 집에 가서 그토록 중요한―생과 사를 가를 수도 있는―질환과 관련해 선택지를 하나 이상 얻기 위해 검색을 할 것이다. 요점은 당신이 애써 정보를 구할 정도로 그 질환에 신경을 쓴다는 것이다. 그러니 인종주의를 생과 사의 문제(실제로 유색인에게는 그런 문제다)로 여기고 당신의 숙제를 하라.

바로잡기

내가 동료에게 인종차별을 저지른 사례를 다시 살펴보면, 내가 일련의 단계를 밟았음을 알 수 있다. 이 단계들은 위에서 열거한 전제와 행동(반성과 사과 등)에 기반한다. 첫째, 나는 나의 행동에 문제가 있었음을 알고 난 뒤 다른 백인과 함께 나의 반응을 검토하는 시간을 가졌다. 나의 감정에 신경을 쓰거나 나를 안심시켜야 한다는 압박감을 느끼는 것은 앤절라의 의무가 아니었다. 또 나는 앤절라가 너무 예민했다고 주장할 사람이 아니라 내가 보기에 나에게 책임을 물을 만한 사람을 신중하게 골랐다. 나의 감정(당혹감, 죄책감, 수치심, 유감)을 털어놓은 다음 우리는 최선을 다해 내가 어떻게 인종주의를 강화했는지 확인했다. 그러고 나자 앤절라와 다시 만날 마음의 준비가 되었다. 나는 앤절라와 만나고 싶은 이유를 분명하고 솔직하게 알리면서 나와 만날

의향이 있는지 물었다. 나는 앤절라에게 거절당할 준비가 되어 있었다. 거절한다는 답변을 받아들일 준비가 되어 있지 않다면, 진정으로 사과할 준비가 되어 있지 않은 것이다.

앤절라와 만났을 때 나는 나의 인종주의를 인정했다. 나의 의도가 아니라 행동의 영향에 초점을 맞추고 그 영향에 대해 사과했다. "당신 기분이 **상했다면**" 같은 수동적 프레임을 사용하지도 않았다(이런 식으로 시작하는 사과는 우리에게 인종차별을 당하는 사람에게 책임을 지우려는 교묘한 시도다. 우리의 언행은 본질적으로 불쾌한 것이 아니지만—대부분의 사람들은 전혀 불쾌하게 여기지 않을 테지만—당신의 극히 예민한 성격 때문에 혹시 불쾌했다면 유감이라고 에둘러 말하는 셈이다). 나는 그저 내가 불쾌한 행동을 했다고 인정했다. 백인으로서 내가, 아울러 나를 도와 나의 감정을 검토한 백인 친구까지도 십중팔구 모든 역학을 이해하지 못한다는 것을 인정한 채로 나는 앤절라에게 내가 무엇을 놓쳤는지 물었다. 앤절라는 기꺼이 나를 더 일깨워주었고, 나는 이 피드백 역시 받아들이고 사과했다. 나는 더 잘하기 위해 노력했고, 우리가 전진할 수 있도록 내게 말해주거나 들려주어야 할 다른 무언가가 있는지 앤절라에게 다시 물었다.

그런 다음 우리는 전진했다. 지금 우리의 관계는 앞서 말한 사건 전보다 신뢰가 (더 적은 것이 아니라) 더 많은 관계다. 그 사건으로 앤절라가 상심했던 것이 안타깝긴 하지만, 그것으로 세상이 끝난 것은 아니었다. 많은 유색인은 나의 인종주의적 패턴에도 불구하고 나를 포기하지 않겠다고 단언했다. 그들은 나를 사회화한 우리 사회를 고려할 때 내가 앞으로도 인종주의적 행동을 할 것으로 예상한다. 그들이 기대하는 것은 완벽함이 아니라 일어난 일에 대해 말하는 능력, 바로잡는 능력이다. 불행히도 백인이 우리의 불가피한 인종주의 패턴을 인정하고 바로잡는 경우는 거의 없다. 그런 이유로 유색인에게 백인과의 관계는 진실성이 떨어지는 관계로 흐르기 십상이다.

전진하기

제4장에서 나는 독자들에게 우리의 인종 교육을 위해 유색인에게 의존하지 말라고 경고하고 그런 의존이 왜 문제인지 설명했다. 독자들은 우리가 유색인에게 인종 정보를 달라고 요청하지 않으면 대체 어떻게 정보를 얻을 수 있는지 궁금했을 것이다. 우리는 서로 연관된 몇 가지 방식으로 정보를 얻을 수 있다. 우선 책과 웹사이트, 영화, 기타 입수 가능한 자료에서 정보를 찾을 수 있다. 많은 유색인은 (그들 자신의 관점에서) 백인에게 인종주의에 관해 가르치는 데 헌신**하고 있고**, 수백 년까지는 아니더라도 수십 년간 우리에게 정보를 제공해왔다. 이제까지 우리가 그 정보를 받아들이지 못한 원인은 우리의 관심이나 의욕이 부족하다는 데 있다.

우리는 인종 정보를 학교와 대학에서 얻고 싶고 특별과목이나 선택과목을 수강하지 않더라도 이런 정보를 얻고 싶다고 요구할 수도 있다. 인종 정의를 위해 활동하는 다인종 단체와 백인 단체에 참여할 수도 있다. 다른 인종의 사람들과 진실한 관계를 맺고서 지켜보고 경청하고 배우려고 할 수도 있다. 때로는 이런 관계의 맥락 안에서 직접 질문하고 명확한 정보를 요청할 수 있지만, 꼭 그래야 하는 것은 아니다. 다른 인종과 어울려 지내면서 주의를 기울이기만 해도 우리가 알아야 하는 것을 배울 수 있다.

그런데 사실 백인은 인종과 인종주의의 여러 측면을 이미 알고 있고, 얼마간 숙고하기만 하면 우리 안에서 그 앎을 쉽게 끄집어낼 수 있다. 이를테면 우리가 받아온 메시지, 우리가 누리는 특권, 우리가 우월감을 느끼도록(그러면서도 우리가 이렇게 느낀다는 것을 부인하도록) 사회화된 방식, 그리고 이 모든 것이 우리 삶에서 드러나는 양상 등을 숙고할 수 있다.

이 직업을 시작했을 때 나는 유색인으로부터 나의 인종주의적 패턴과 전제에 대한 피드백을 받기가 두려웠다. 지금은 이런 피드백을 환영한다. 나 자신의 백인의 취약성을 저지한다는 측면에서 내가 배운 가장 강력한 교훈은, 이런 피드백이 관계의 긍정적 신호라는 것이다. 물론 기분 좋은 피드백은 거의 없다. 나는 이따금 당혹감이나 방어 감정을 느낀다. 하지만 나는 백인인 내가 인종주의적 패턴을 피할 길은 없으며, 따라서 유색인이 위험을 감수하면서 피드백을 줄 만큼 나를 신뢰한다면 내가 잘하고 있다는 뜻임을 알고 있다.

내가 많은 유색인에게서 들은바, 그들은 어느 백인이 피드백을 받아들이지 않으려 한다고 생각하면 구태여 그에게 피드백을 주지 않는다. 그들은 미세한 차별을 견디거나 관계를 끊어버린다. 그들은 인종주의에 대해 솔직하게 말할 수 없는 백인을 가깝게 느끼지 않으며, 이런 관계는 언제나 어느 정도 거리감이 있고 진실하지 못하다. 우리는 우리의 인종주의가 어떤 식으로든 드러나면 알고 지내는 유색인이 우리를 포기할까 봐 걱정하지만, 내가 확인한 바로는 그 반대가 참이다. 우리가 피드백에 참여하고 그릇된 행동을 바로잡으려 할 때, 유색인과 우리의 관계는 깊어진다. 우리의 인종주의를 둘러대려고 애써본들 유색인을 속이거나 유색인과 가까워질 수 없다.

인종주의로부터 결코 완전히 자유로울 수 없고 학습을 영원히 완료할 수 없다면, 백인의 취약성이 드러날 때 내가 행하거나 떠올릴 수 있는 반응으로는 무엇이 있을까? 그런 순간에 우리가 할 수 있는 건설적인 반응으로 다음 몇 가지가 있다.

- 심호흡한다.
- 경청한다.
- 숙고한다.
- 이 장에서 나열한 전제들로 돌아간다.
- 혼란을 느낀다면 당신보다 분석을 더 잘하는 누군가를 찾는다.

- 감정을 가라앉힐 시간을 갖되 당신이 관여한 상황과 사람들에게
  로 돌아간다.

우리는 백인의 내면화된 우월의식과 인종 특권을 정직하게 평
가하고 논의하는 데 따르는 불편함을 기꺼이 견딤으로써 백인
의 취약성을 저지하는 한편 인종 간 관계를 정직하게 유지하는
역량을 키울 수 있다. 우리는 우리 자신이 인종에 관한 특수하
고 좁은 시각을 가진 인종적 존재임을 인정함으로써 백인의 인
종 현실에 도전할 수 있다. 우리는 미디어나 불평등한 관계를 통
해서가 아니라 진실한 상호작용을 통해서 유색인의 인종 현실
을 이해하려 시도할 수 있다. 우리는 우리 자신의 인종주의, 다
른 백인의 인종주의, 우리의 제도에 뿌리내린 인종주의를 다루
기 위해 행동에 나설 수 있다. 이 모든 노력은 우리 자신의 사회
화, 인종주의에 대한 투자, 유색인에 대해 배워온 그릇된 정보에
계속해서 도전할 것을 요구한다. 우리는 미국 인종 관계의 역사
를 독학할 수 있다. 우리는 반인종주의와 관련해 유색인의 지도
력을 따르고 진실한 인종 간 관계를 맺고자 노력할 수 있다. 우
리는 인종 정의를 위해 활동하는 단체에 참여할 수 있다. 그리고
가장 중요하게도 우리는 다른 백인들과 함께 인종과 인종주의에
대한 침묵을 깨야 한다.

죄책감 문제

오드리 로드Audre Lorde는 1981년 미국여성연구협회 컨퍼런스에서 백인의 죄책감에 대한 소신을 유창하게 표명했다.

나는 여러분의 죄책감을 덜어주기 위해 나의 분노를 숨길 수도 없고, 여러분의 감정을 상하게 하지 않을 수도 없고, 여러분의 분노에 응답할 수도 없습니다. 그렇게 하는 것은 우리의 모든 노력을 모욕하고 하찮게 만드는 일이기 때문입니다. 죄책감은 분노에 대한 반응이 아닙니다. 자신의 행동이나 행동 결핍에 대한 반응입니다. 죄책감이 변화로 이어진다면 더 이상 죄책감이 아니라 앎의 시작일 테니 유익할수 있을 것입니다. 그러나 십중팔구 죄책감은 무기력, 소통을 저해하는 방어적 태도의 다른 이름일 뿐입니다. 죄책감은 무지를 보호하고현 상황을 그대로 유지하는 수단, 불변을 보호하는 궁극적인 수단이됩니다.[1]

나는 일하다가 백인의 죄책감을 강화하고 활용하게 되지 않느냐는 질문을 가끔 받는다. 하지만 나는 인종이 내 삶에 어떻게영향을 주는지 밝히려는 나의 노력을 죄책감의 문제로 보지 않는다. 인종주의에 기반하는 사회에서 백인으로서 사회화된 까닭에 내게 인종주의적 세계관, 깊은 인종 편향, 인종주의적 패턴, 그리고 나의 지위를 올려준 인종주의 체제에 대한 투자심리가 있음을 나는 알고 있다. 그럼에도 나는 인종주의에 죄책감을 느끼지 않는다. 나는 우리의 사회화를 선택하지 않았거니와 피할 수도 없었다. 그렇지만 인종주의 체제 안에서 나의 역할에 대한 책임은 내게 있다. 나는 인종주의 체제에 가담하지 않으려 매 순간 최선을 다해온 만큼 상대적으로 떳떳한 마음을 가질 수 있다. 그러나 자기만족이나 자기확신을 통해 그 떳떳한 마음에 이른 것은 아니다.

죄책감 같은 무거운 감정과 달리, 나의 내면화된 우월의식이 어떻게 드러날 수 있는지 확인하려는 지속적인 노력은 믿을 수 없을 정도로 해방감을 선사한다. 인종주의 문화 안에서 태어난 내가 **당연히** 그 문화에 맞게 철저히 사회화되었다는 전제로부터 출발하면, 더 이상 이 사실을 부인하는 데 정력을 쏟을 필요가 없다. 나는 인종주의 체제와 불가피하게 결탁하는 나의 모습을 확인하여 그 결탁을 어떻게 끊어낼 수 있는지 알고 싶은 마음이 간절하고, 그럴 생각에 들뜨기까지 한다! 반면에 그 결탁을 지속하는 데 필요한 부인과 방어는 나를 지치게 한다.

긍정적인 백인 정체성?

반인종주의 활동에는 여러 접근법이 있으며, 그중 하나는 긍정적인 백인 정체성을 형성하려 시도하는 것이다. 이 접근법을 홍보하는 사람들은 대개 유럽 혈통의 백인성에 동화되는 동안 잃어버린 문화적 유산을 되찾는 방법으로 긍정적인 정체성을 형성할 수 있다고 말한다. 그렇지만 긍정적인 백인 정체성은 불가능한 목표다. 백인 정체성은 본질적으로 인종주의적이다. 백인은 백인 우월주의 체제 바깥에 존재하지 않는다. 이 말은 우리가 스스로를 백인으로 인식하기를 멈추고 이제부터 그저 이탈리아계나 아일랜드계라고 주장해야 한다는 뜻이 아니다. 그렇게 하는 것은 지금 이곳의 인종주의 현실을 부인하는 것으로, 색맹 인종주의에 지나지 않는다.

차라리 나는 '덜 하얀' 사람이 되려고 노력한다. 덜 하얀 사람이 된다는 것은 인종적으로 덜 억압적인 사람이 된다는 것이다. 그러려면 인종 의식을 높이고, 인종주의에 관해 더 배우고, 인종적 확신과 오만에 계속 도전해야 한다. 덜 하얀 사람이 된다는 것은 유색인의 인종 현실에 열려 있고 관심을 보이고 공감하는 사람이 된다는 것이다. 나는 다른 인종과 진실하고 지속적인 관계를 다양하게 맺을 수 있고, 내게 인종주의적 패턴이 있다는 사실을 받아들일 수 있다. 그리고 나의 인종주의적 패턴에 방어적 태도를 보이기보다 그것을 개선하기 위해 더 분명하게 확인하는 데 관심을 기울일 수 있다. 덜 하얀 사람이 된다는 것은 백인의 침묵과 연대를 깨고, 인종주의로 인한 유색인의 고통보다 백인의 편안함을 우선시하는 행태를 멈추고, 죄책감을 넘어 행동으로 나아간다는 것이다. 이렇게 덜 억압적인 패턴은 수동적이지 않고 적극적이다. 궁극적으로 나는 유색인을 구하기 위해서가 아니라 나 자신의 해방과 정의감을 위해 백인 정체성을 덜어내려고 노력하는 것이다.

함께 노력하기 위한 몇 가지 전략

내가 강연하거나 워크숍을 진행할 때 백인 참가자들로부터 가장 많이 받는 질문은 이것이다. "어떻게 하면 아무개의 인종주의에 대해 말하면서도 그의 백인 취약성을 촉발하지 않을 수 있을까요?" 이 질문에 대한 나의 첫 반응은 "어떻게 하면 **여러분의** 인종주의에 대해 말하면서도 **여러분의** 백인 취약성을 촉발하지 않을 수 있을까요?"라고 되묻는 것이다. 나는 이렇게 반응하면서 질문자는 문제의 일부가 아니라는 암묵적 전제를 지적하고자 한다. 달리 말하면, 위 질문은 질문자를 인종주의로부터 떼어놓고, 질문자는 피드백이 필요하지 않거나 자신의 백인 취약성과 씨름하지 않는다고 전제한다. 위 질문은 겸손이나 자기반성에서 나온 질문이 아니다.

역으로 질문한 다음에는 백인의 취약성과 관련해 우리가 서로 노력하는 데 필요한 몇 가지 전략을 제시할 수 있다. 나는 먼저 나의 시각을 공유하기 전에 상대방의 시각을 확인하려 하고, 나의 시각을 공유할 때면 손가락이 밖이 아닌 안으로 향하게 한다.

가령 이렇게 말할 수 있을 것이다. "나는 당신이 왜 그렇게 느끼는지 이해할 수 있어요. 나도 그렇게 느꼈거든요. 그렇지만 유색인과 함께 일하면서 그들의 시각에 대해 들을 기회가 있었던 덕에 이해하게 되었죠." 그런 다음 내가 이해하게 된 것을 공유하면서 그 이해가 나와 어떤 관련이 있는지를 강조한다. 이 전략이 상대방의 방어적 태도를 누그러뜨린다고 보장하지는 않지만, 자신의 반응에서 개인적인 통찰을 얻어온 사람과 논쟁하기란 어려운 법이다.

또 나는 당장 어떻게 반응해야 할지 모를 때면 나 자신에게 얼마간 시간을 준다. 누군가와 관계를 이어가다가 어떤 문제가 생길 때 한동안 시간을 두었다가 나중에 다시 이야기하는 것은 괜찮은 방법이다. 이 전략을 사용해 나 자신이 더 준비가 되었다고 느끼고 상대방이 열려 있어 보이는 시기를 선택할 수 있다. 이런 경우에 나라면 "이야기 좀 할 수 있을까요? 지난번에 대화하다가 불편한 느낌이 들었지만 그 이유를 분명하게 알기까지 시간이 걸렸어요. 지금은 더 잘 알고 있어요. 지난번 대화로 돌아가도 괜찮을까요?" 하고 말할 것이다. 그런 다음 나의 생각과 감정을 최대한 차분하고 간명하게 공유하기 위해 최선을 다한다. 궁극적으로 나는 상대방을 바꾸려 하지 않는다. 누군가 내가 공유하는 것에서 통찰을 얻는다면 멋진 일이다. 그러나 나를 인도하는 목적은 설령 불편할지라도(거의 항상 불편하다) 백인 연대를 깨야 하는 나 자신의 필요성이다. 결국 나를 행동하게 하는 것은 다른 누군가를 고치거나 바꾸어야 할 필요성이 아니라 나 자신에게 진실해야 할 필요성이다.

백인의 취약성을 헤쳐나가는 유색인

유색인은 이따금 내게 백인의 취약성에 어떻게 대처해야 하느냐고 묻는다. 나도 그들에게 내놓을 간단한 공식이 있었으면 좋겠다! 나는 우리가 백인의 취약성을 그만 드러내기를, 그래서 유색인이 이렇게 질문할 필요가 없기를 바란다. 그렇다 해도 이제까지 논한 전략들 외에 유색인이 유익하게 여길 만한 또 다른 접근법이 있다. 당신이—유색인으로서—어느 백인의 인종주의를 지적하는 게 부담스러우면서도 그냥 넘어가고 싶지 않을 때는 언제든 당신이 신뢰하는 다른 백인에게 그 일을 처리해달라고 요청해도 괜찮다. 백인의 인종주의를 다루는 일이 쉬운 경우는 좀처럼 없지만, 분명 백인은 유색인과 비교해 적대적인 반응의 부담을 덜 고통스럽게 떠안을 수 있다. 또 같은 백인이 개입하는 것이므로 상대방 백인이 취약성을 덜 드러낼 수도 있다. 이 전략은 유색인을 지지하는 백인이 자신의 지지를 입증하고 백인 연대를 깨는 데 도움이 되기도 한다.

일부 유색인은 자신들이 어떻게 나의 백인 취약성과 결탁했는지 알아두면 유익하겠다고 말한다. 이 요청에 답하면서 나는 먼저 백인의 취약성을 헤쳐나가는 것은 유색인에게 근본적으로 생존의 문제임을 분명하게 밝힌다. 백인의 취약성의 결과로 유색인은 몇 시간씩 고민할 뿐 아니라 더 극단적으로 위협적인 존재나 말썽꾼으로 여겨지기까지 한다. 이렇게 편향된 평가는 곧잘 유색인의 실직과 스트레스 관련 질환, 유색인을 겨냥하는 형사고발과 제도화로 이어진다. 자신에게 필요하다고 생각하는 어떤 방식으로든 생존하는 선택은 권력을 가진 자들이나 할 수 있는 선택이다. 취약성을 줄이는 것은 백인의 책임이다. 유색인이 가능한 한 고통 없이 우리를 헤쳐나가기 위해 전전긍긍해야 하는 것이 아니다. 그렇더라도 유색인이 백인의 취약성을 저지할지 말지, 어떻게 저지할지 결정할 수 있도록 돕는 과정에서, 나는 유색인이 나의 백인 취약성을 가능하게 해주었다고 생각하는 몇 가지 방식을 공유할 수 있다.

내가 다른 백인보다 인종 의식이 얼마간 더 높은 사람으로 여겨지기 때문에, 유색인은 대개 나의 언행을 문제 삼지 않을 것이다. 이것은 분명 내게 더 편안한 상황이긴 하지만, 내게 책임을 묻거나 나의 인종적 성장을 뒷받침하는 상황은 아니다. 나는 유색인 친구들에게 내가 그들의 피드백을 감당할 수 있음을 믿어달라고 부탁하고, 그런 신뢰를 받을 만한 사람임을 입증하는 것은 나의 몫이라고 말한다. 이것이 위험을 감수하는 행동임을 알고 있지만, 유색인이 나의 감정을 보호하는 선택을 해왔다면 나는 지금의 의식에 이르지 못했을 것이다. 나의 학습은 결코 끝나지 않을 것이므로, 나에게 책임을 물어야 할 필요성도 결코 사라지지 않을 것이다.

어느 유색인으로부터 내가 생각하기에 부당한 피드백을 받을 때, 나는 다른 유색인에게 가서 내가 좋은 사람임을 확인받고 싶은 기분이 든다. 이 행동은 내가 부당한 공격을 받았다는 데 동의하도록 그 유색인을 압박하여 다른 유색인이 아닌 나의 편에 서게 하는 것이다. 괴로워하는 사람에게 공감하는 마음은 그를 위로하고픈 강한 충동을 낳으며, 나는 위로를 구함으로써 의식적으로든 아니든 이 충동을 이용하는 것이다. 그러나 유색인에게 확인받으려는 욕구는 부적절하다. 나의 욕구는 일종의 '분열시켜 정복하는 전략'으로 기능한다. 더구나 나의 욕구는 유색인의 피드백이 부당한 공격이었다는 생각, 그리고/또는 피드백을 주는 올바른 방법이 있었고 문제의 유색인이 관여의 규칙을 위반했다는 생각을 강화함으로써 인종주의를 지탱하는 것이다. 한 유색인에게 다른 유색인에게서 받은 피드백의 부당성에 대해 불평하는(나의 불평을 감추기 위해 제아무리 정중한 어법으로 말하거나 에둘러 말한다 해도) 나의 행위는 본질적으로 나의 인종주의와 결탁하도록 유색인을 압박하는 것이다.

형평성 상담가 데번 알렉산더Devon Alexander는 유색인을 압박하는 가장 유해한 형태라고 할 만한 것을 내게 알려주었다. 바로 인종주의를 부인하고 방어하는 백인의 태도에 순응하고 백인의 취약성과 결탁할 수 있도록 유색인에게 자신의 인종 경험을 축소하라고 압박하는 형태다. 달리 말하면, 우리 백인이 유색인의 고통을 감당하지 못하므로 그 고통을 우리와 공유하지 말라고 압박하는 형태다. 이 순응 요구에 따라야 하는 유색인은 매우 부당한 비진실성과 침묵을 견뎌야 한다. 유색인이 보기에 백인의 취약성은 백인의 노여움을 피하기 위해 인종주의에 도전하지 않도록 하는, 인종적 악순환을 유지하는 기능을 해왔다. 결국 백인의 인종주의에 도전하지 않는 것은 곧 인종 질서와 그 질서 내에서 백인이 차지하는 위치를 지탱하는 것이다.

마치며

현행 체제의 기본 설정은 인종 불평등을 재생산한다. 우리의 제도는 인종 불평등을 재생산하도록 설계되어 있고, 실제로 인종 불평등을 효율적으로 재생산한다. 우리의 학교는 이 과제를 특히 효율적으로 해낸다. 백인이 꾸준히 친절하게 행동하고, 유색인에게 미소를 짓고, 다른 인종들과 친근하게 지내면서 가끔씩 함께 점심을 먹기만 하면, 현행 체제는 인종 불평등을 계속 재생산할 수 있다. 나는 당신에게 친절하지 않아야 한다고 말하는 것이 아니다. 비열하게 구는 것보다는 친절하게 대하는 편이 나을 것이다. 그러나 친절한 것이 곧 용기 있는 것은 아니다. 친절하기만 해서는 인종주의를 토론 주제로 올리지 못할 것이고,

모두가 인종주의를 치우고 싶어 할 때 계속 올려두지 못할 것이다. 실제로 백인의 이목을 인종주의로 모으는 행동은 대개 친절하지 **않은** 행동으로 여겨지고, 친절하지 않다고 여겨지는 상황은 백인의 취약성을 촉발한다.

인종주의를 저지하려면 용기와 지향성이 필요하다. 저지한다는 것은 그 정의상 순종하거나 현실에 안주하는 것이 아니다. 따라서 "우리는 여기서 어디로 가야 하는가?"라는 질문에 대한 나의 답변은, 우리의 학습이 끝났다고 우리 스스로 생각해서는 결코 안 된다는 것이다. 설령 우리가 내면화해온 인종주의와 우월의식 전체에 빠르고 쉽게 도전할 수 있다 해도, 지금 이 문화에서 살아간다는 이유 하나만으로도 우리의 인종주의는 또다시 강화될 것이다. 나는 인종주의에 도전하는 활동에 오랫동안 다양한 형태로 관여해왔고, 지금도 나의 완고한 패턴과 검증되지 않은 전제에 대한 피드백을 계속 받고 있다. 이것은 혼란스럽고 평생 지속해야 하는 과정이지만, 내가 공언하는 가치와 나의 실제행동을 일치시키기 위해 꼭 필요한 과정이다. 또한 매우 흥미진진하고 변화를 가져오는 과정이기도 하다.

감사의 말

여러 면에서 이 책에 귀중한 도움을 준 이다벨레 포세, 레이건 프라이스, 마르카 마르니아, 크리스틴 색스먼, 셀리 토클루크, 아이샤 하우저, 티 윌리엄스, 데이나 뷸, 켄트 알렉산더, 신시어 키라보, 말레나 핀컴, 마이오샤 맥아피, 레스마 메나켐, 데번 알렉산더, 달린 플린, 에린 트렌트-존슨, 글렌 싱글턴, 존 크레스트웰 목사, 올젬 센소이, 데버라 테리, 제이슨 토우스에게 감사드립니다.

지난 25년간 탁월함과 인내심으로 나를 이끌어준 여러 유색인에게 감사드립니다. 백인의 취약성과 그 뿌리인 백인의 정체성에 대한 여러분의 이해는 언제나 나의 이해보다 훨씬 더 깊습니다.

비컨출판사의 편집자 레이철 마크스, 당신과 함께 작업해 꿈만 같았습니다! 당신의 예리한 피드백과 격려에 진심으로 감사드립니다.

옮긴이의 말

백인의 겉면 바로 아래에서는 흑인에 대한 선의, 분노, 우월감, 증오심, 죄책감 같은 감정들이 마구 날뛰다가 겉면에 조금만 틈이 생겨도 터져나온다.

이 책의 제목이기도 한 '백인의 취약성'은 저자 로빈 디앤젤로가 2011년《비판적 교육학 국제 저널International Journal of Critical Pedagogy》에 제출한 논문에서 도입한 개념이다. 이 생소한 개념은 백인이 자기네 인종 위치에 대한 도전을 받을 때 의식적·무의식적으로 보이는 방어적 반응을 의미한다. 백인의 반응은 분노, 모욕감, 수치심, 죄책감 같은 감정의 형태일 수도 있고, 논박하기, 부인하기, 회피하기, 울기 같은 행동의 형태일 수도 있다.

저자에 따르면 인종주의적 사회에서 자라는 백인은 사회화를 통해 백인 우월주의를 깊이 내면화하고 백인에게 불평등한 혜택과 이점을 주는 현실을 당연시하게 된다. 그리하여 백인은 인종과 관련한 불편함을 견디는 능력인 인종 체력을 기르지 않은 채 (또는 그럴 필요조차 느끼지 못한 채) 자라게 되고, 결국 인종 스트레스를 받을 때면 마치 무릎반사처럼 발끈하며 백인의 취약성으로 대응하게 된다.

백인은 인종 위치에 대한 도전을 견디는 역량이 부족하다는 점에서 취약하다. 그러나 백인의 취약성의 영향 자체는 전혀 취약하지 않다. 백인의 취약성은 인종주의적 현실에 도전하는 사람들을 처벌하고 압박하여 그들을 현재의 자리에 묶어놓는 강력한 기능을 한다. 다시 말해 인종주의적 현실에 불균형이 생길 때 기존의 균형을 회복하고 백인의 권력과 통제력을 되찾아오는 기능을 한다. 이처럼 저자는 백인의 취약성이 나타나는 양상과 백인의 취약성의 기능, 이 두 가지에 초점을 맞추어 미국의 인종주의 체제를 분석한다.

저자 로빈 디앤젤로는 백인성과 인종 담론을 연구하는 학자이자, "인종에 대해 토론하는 자리에서 주로 백인 청중을 이끄는 일"—백인 대다수가 무슨 수를 써서라도 피하고 싶어 하는 고역스러운 일—을 20년 넘게 해온 인종 다양성 훈련사다. 특히 훈련사로서 저자는 미국에서 인종 형평성 훈련에 관심이 있는 거의 모든 백인 조직으로부터 연락을 받을 정도로 유명하고 경험이 풍부한 베테랑이다. 백인의 취약성 개념은 단순히 이론적 구성물이 아니라 백전노장 훈련사인 저자가 수많은 다양성 워크숍 현장에서 백인 참가자들의 한결같은 반응을 관찰하면서 도출해낸 개념이다. 다시 말해 인종주의 체제와 그에 가담하는 백인의 행태를 거명하고 문제 삼는 훈련사의 지적에 백인 참가자들이 드러내는 갖가지 방어적 반응을 지켜보면서 저런 반응의 이면에 무엇이 있는지를 오랜 기간 숙고한 끝에 고안해낸 개념이다.

이렇게 오랜 경험을 바탕으로 미국 인종주의 체제를 유지하고 재생산하는 백인의 집단역학을 개념화한 덕분인지, 이 책은 미국에서 2018년 6월에 출간되자마자 《뉴욕타임스》의 베스트셀러 목록에 곧장 진입한 뒤 계속 목록에 머무르다가 2020년 5월 아프리카계 미국인 조지 플로이드가 경찰에 의해 질식사당한 사건을 계기로 논픽션 베스트셀러 1위에 오르기도 하는 등 다시 판매량이 급등했다.

책에 대한 언론과 학계, 독자층의 평가는 엇갈린다. 초기에는 대체로 호평을 받았지만, 조지 플로이드 과잉진압 사망 사건 이후 인종 논쟁이 양극화된 분위기에서는 호평과 악평을 모두 받았다. 책을 평가하는 것은 독자 개개인의 몫이지만, 이 책이 불러일으킨 인종주의에 대한 열띤 관심과 논쟁을 감안하면 현재의 인종 상황을 흔들고 백인 독자들로 하여금 불편함을 느끼게 한다는 저자의 저술 목표는 달성된 것으로 보인다. 개인적으로 흥미로우면서도 안타까운 점은 SNS와 아마존 리뷰 등에서 수많은 사람들—상당수는 책을 읽지도 않은 이들이다—이 이 책에 바로 백인의 취약성 반응을 보였다는 사실인데, 이것이야말로 저자의 진단이 타당하다는 역설적인 증거일 것이다.

이 책이 미국만의 이야기일까? 한국은 미국과 같은 첨예한 인종 갈등을 겪지 않고 인종 동질성이 높은 나라인 만큼 인종주의에 물들지 않은 청정 구역일까? 그래서 '한국인 우월주의'와 '한국인의 취약성' 따위는 없는 걸까? 이 책을 옮기며 내가 내면화하고 있는 인종 편향을 곰곰이 생각해본 나의 답변은 아니라는 것이다. 독자들은 어떻게 답할지 모르겠다. 그렇지만 애초에 '나는 인종주의와 무관한 사람'이라고 전제하고서 읽기보다는 저자가 '백인'과 '우리'라고 지칭하는 인종 집단에 나 자신을 대입하고 나의 인종주의를 확인하는 데 초점을 맞추어 읽는 편이 성찰과 변화로 나아갈 수 있는 한결 유익한 접근법일 것이다.

이재만

교육을 지속하기 위한 자료

이 간략한 목록은 수많은 탁월한 자료를 제대로 평가한 목록이 아니다. 그저 출발점으로 제시하는 것이다.

책, 기사, 블로그

Alexander, Michelle. *The New Jim Crow: Mass Incarceration in the Age of Colorblindness*. New York: New Press, 2010.

Anderson, Carol. *White Rage: The Unspoken Truth of Our Racial Divide*. New York: Bloomsbury, 2016.

Biewen, John. *Seeing White*. Podcast bibliography. Center for Documentary Studies, Duke University, 2015. http://podcast.cdsporch.org/seeing-white/seeing-white-bibliography.

Bonilla-Silva, Eduardo. *Racism Without Racists: Color-Blind Racism and the Persistence of Racial Inequality in America*. 4th ed. Lanham, MD: Rowman & Littlefield, 2013. First Published 2003.

Brown, Dee. *Bury My Heart at Wonded Knee*. New York: Open Road Media, 2012. (최준석 옮김, 《나를 운디드니에 묻어주오 ─ 미국 인디언 멸망사》, 길, 2016)

Coates, Ta-Nehisi. *Between the World and Me*. New York: Spiegel & Grau, 2015.

_____. "The Case for Reparations." *Atlantic*, June 2014.

Dyson, Michael Eric. *Tears We Cannot Stop: A Sermon to a White America*.
New York: St. Martin's Press, 2017.

Feagin, Joe R. *The White Racial Frame: Centuries of Racial Framing and
Counter-Framing*. New York: Routledge, 2013.

Gaskins, Pearl Fuyo, ed. *What Are You? Voices of Mixed-Race Young
People*. New York: Henry Holt & Co., 1999.

Irving, Deddy. *Waking Up White: And Finding Myself in the Story of
Race*. Boston: Elephant Room Press, 2014.

Kamenetz, Anya. "Resources for Educators to Use in the Wake of Charlottes."
NPR, August 14, 2017. https://www.npr.org/sections/ed/2017/08/
14/543390148/resources-for-educators-to-use-the-wake-of-
charlottesville.

Kendi, Ibram X. *Stamped from the Beginning*. New York: Nation Books,
2016.

Lee, Stacey. *Unraveling the "Model-Minority" Stereotype: Listening to
Asian American Youth*. New York: Teachers College Press, 1996.

_____ . *Up Against Whiteness: Race, School, and Immigrant Youth*.
New York: Teachers College Press, 2005.

Loewen, James W. *Lies My Teacher Told Me: Everything Your American
History Textbook Got Wrong*, rev. ed. New York: New Press, 2018.

Menakem, Resmaa. *My Grandmother's Hands: Racialized Trauma and
the Pathway to Mending Our Hearts and Bodies*. Las Vegas: Central
Recovery Press, 2017.

Moraga, Cherríe, and Gloria Andzaldúa, eds. *This Bridge Called My Back:
Writings by Radical Women of Color*. New York: State University of
New York Press, 2015.

Morrison, Toni. *Playing in the Dark: Whiteness and the Literary Imagin-
ation*. New York: Random House, 1992.

Oluo, Ijeoma. *So You Want to Talk About Race*. Berkeley, CA: Seal Press,

2018. (노지양 옮김, 《인종토크》, 책과함께, 2019)

Raising Race Conscious Children. Home Page. http://www.raceconscious.org.

Sensoy, Özlem, and Robin DiAngelo. *Is Everyone Really Equal? An Introduction to Key Concepts in Critical Social Justice Education*, 2nd ed. New York: Teachers College Press, 2017.

Shaheen, Jack G. "Reel Bad Arabs: How Hollywood Vilifies a People." *Annals of the American Academy of Political and Social Science* 588, no. 1 (2003).

Singleton, Glenn. *Courageous Conversations About Race: A Field Guide for Achieving Equity in Schools*. 2nd ed. Thousand Oaks, CA: Corwin, 2014.

Tatum, Beverly. *Why Are All the Black Kids Sitting Together in the Cafeteria: And Other Conversations About Race*, Twentieth anniv. rev. ed. New York: Basic Books, 2017.

Van Ausdale, Debra, and Joe R. Feagin. *The First R: How Children Learn Race and Racism*. Lanham, MD: Rowman & Littlefield, 2001.

Wise, Tim. *White Like Me: Reflectiosn on Race from a Privileged Son*. Berkeley, CA: Soft Skull Press/Counterpoint, 2010.

영화

Chisholm '72: Unbought and Unbossed. Shola Lynch, dir. and prod. REAL-side, 2004. http://www.pbs.org/pov/chisholm.

A Class Divided. William Peters, dir. and prod. Yale University Films for *Frontline*, PBS, WGBH Education Foundation, 1985. https://www.pbs.org/wgbh/frontline/film/class-divided.

The Color of Fear. Stirfry Seminars, 1994. http://www.stirfryseminars.com/store/products/cof_bundle.php.

Cracking the Codes: The System of Racial Inequity. World Trust, 2013. https://world-trust.org

Eyes on the Prize: America's Civil Rights Years 1954-1965. Season 1. DVD. Produced by Blackside for PBS, 2009. http://shop.pbs.org/eyes-on-the-prize-america-s-civil-rights-years-1954-1965-season-1-dvd/product/EYES600.

In Whose Honor? Jay Rosenstein, dir. *On POV* (PBS), premiered July 15, 1997. http://www.pbs.org/pov/inwhosehonor.

Mirrors of Privilege: Making Whiteness Visible. World Trust, 2007. https://world-trust.org.

Race: The Power of an Illusion. Larry Adelman, exec. prod. San Francisco: California Newsreel, 2003. http://www.pbs.org/race/000_General/000_00-Home.htm.

Reel Bad Arabs. Jeremy Earp, dir. Media Education Foundation, 2006. http://freedocumentaries.org/documentary/reel-bad-arabs.

The Revisionaries. Scott Thurman, dir. Making History Productions, 2012. http://www.pbs.org/independentlens/films/revisionaries.

13th. Ava DuVernay, dir. Netflix, 2016. https://www.netflix.com/kr/title/80091741(〈미국 수정헌법 제13조〉, 넷플릭스)

주

서론_ 우리는 여기서 저기로 갈 수 없다

1 Angela Onwuachi-Willig, *According to Our Hearts: Rhinelander v. Rhinelander and the Law of the Multiracial Family* (New Haven, CT: Yale University Press, 2013).

2 Larry Adelman, *Race: The Power of an Illusion*, video (San Francisco: California Newsreel, 2003); Heather Beth Johnson and Thomas M. Shapiro, "Good Neighborhoods, Good Schools: Race and the 'Good Choices' of White Families", in *White Out: The Continuing Significance of Racism*, ed. Ashley W. Doane and Educardo Bonilla-Silva (New York: Routledge, 2003), 173–187.

제2장 인종주의와 백인 우월주의

1 Luigi Luca Cavalli-Sforza, Paolo Menozzi, and Alberto Piazza, *The History and Geography of Human Genes* (Princeton, NJ: Princeton University Press, 1994).

2 Richard S. Cooper, Jay S. Kaufman, and Ryk Ward, "Race and Genomics", *New England Journal of Medicine* 348, no. 12 (2003): 1166–1170.

3 Resmaa Menakem, *My Grandmother's Hands: Racialized Trauma and the Pathway to Mending Our Hearts and Bodies* (Las Vegas:

Central Recovery Press, 2017).

4   Thomas Jefferson, *Notes on the State of Virginia; with Related Documents*, ed. David Waldstreicher (Boston: Bedford/St. Martin's, 2002).

5   Nancy Leys Stepan and Sander L. Gilman, "Appropriating the Idioms of Science: The Rejection of Scientific Racism", in *The "Racial" Economy of Science: Toward a Democratic Future*, ed. Sandra Harding (Bloomington: Indiana University Press, 1993).

6   Ta-Nehisi Coates, *Between the World and Me* (New York: Spiegel & Grau, 2015).

7   Ibram X. Kendi, *Stamped from the Beginning* (New York: Nation Books, 2016).

8   Thomas F. Gossett, *Race: The History of an Idea* (New York: Oxford University Press, 1997); Noel Ignatiev, *How the Irish Became White* (New York: Routledge, 1995); Matthew Frye Jacobson, *Whiteness of a Different Color: European Immigrants and the Alchemy of Race* (Cambridge, MA: Harvard University Press, 1999).

9   John Tehranian, "Performing Whiteness: Naturalization Litigation and the Construction of Racial Identity in America", *Yale Lae Journal* 109, no. 4 (2000): 817-848.

10 Ignatiev, *How the Irish Became White*; Jacobson, *Whiteness of a Different Color*; David Roediger, *The Wages of Whiteness: Race and the Making of the American Working Class*, rev. ed. (1999; New York: Verso, 2003).

11 Roediger, *Wages of Whiteness*.

12 백인 노동계급과 백인 지배계급의 이런 '흥정'에 대한 예리한 분석으로는 Lillian Smith, *Killers of the Dream* (New York: W. W. Norton, 1949)을 보라.

13 J. Kēhaulani Kauanui, "'A Structure, Not an Event': Settler Colonialism

and Enduring Indigeneity", *Lateral: Journal of the Cultural Studies Association* 5, no. 1 (2016), https://doi.org/10.25158/L5.1.7.

14 Stuart Hall, *Representation: Cultural Representation and Signifying Practices* (London: Sage, 1997).

15 이 증거에 대한 더 상세한 설명으로는 Robin DiAngelo, *What Does It Mean to Be White? Developing White Racial Literacy* (New York: Peter Lang, 2016)를 보라.

16 Marilyn Frye, *The Politics of Reality: Essays in Feminist Theory* (Trumansburg, NY: Crossing Press, 1983).

17 David T. Wellman, *Portraits of White Racism* (Cambridge, UK: Cambridge University Press, 1977).

18 Peggy McIntosh, "White Privilege and Male Privilege: A Personal Account of Coming to see Correspondence Through Work in Women's Studies", in *Race, Class, and Gender: An Anthology*. ed. M. Anderson and P. Hill, 9th ed. (Belmont, CA: Wadsworth, 2012), 94-105.

19 Cheryl I, Harris, "Whiteness as Property", *Harvard Law Review* 106, no. 8 (1993): 1744.

20 George Lipsitz, *The Possessive Investment in Whiteness: How White People Profit from Identity Politics* (Philadelphia: Temple University Press, 2006), 1.

21 Ruth Frankenberg, "Local Whiteness, Localizing Whiteness", in *Displacing Whiteness: Essays in Scoail and Cultural Criticism*, ed. Ruth Frankenberg (Durham, NC: Duke University Press, 1997), 1.

22 Charles W. Mills, *The Racial Contract* (Ithaca, NY: Cornell University Press, 1997), 122.

23 Ibid., 1.

24 Ta-Nehisi Coates, "The Case for Reparations", *Atlantic*, June 2014, https://www.theatlantic.com/magazine/archive/2014/06/the-case-for-reparations/361631.

25 Mills, *The Racial Contract*, 40.

26 Haeyoun Park, Josh Keller, and Josh Williams, "The Faces of American Power, Nearly as White as the Oscar Nominees", *New York Times*, Feburary 26, 2016, https://www.nytimes.com/interactive/2016/02/26/us/race-of-american-power.html; "All Time Box Office: Worldwide Grosses", Box Office Mojo, 2017, http://www.boxofficemojo.com/alltime/world/; US Department of Eucation, Office of Planning, Evaluation and Policy Development, Policy and Progam Studies Service, *The State of Racial Diversity in the Educator Workforce. Diversity* (Washington, DC: July 2016), https://www2.ed.gov/rschstat/eval/highered/racial-diversity/state-racial-diversity-workforce.pdf; "Number of Full-Time Faculty Members by Sex, Rank, and Racial and Ethnic Group, Fall 2007", *Chronicle of Higher Education*, August 24, 2009, https://www.chronicle.com/article/Numberof-Full-Time-Faculty/47992/.

27 Harrison Jacobs, "Former Neo-Nazi: Here's Why There's No Real Difference Between 'Alt-Right', 'White Nationalism', and 'White Supremacy'", *Business Insider*, August, 23, 2017, http://www.businessinsider.com/why-no-difference-alt-right-white-nationalism-white-supremacy-neo-nazi-charlottesville-2017-8.

28 Derek Black, "'The Daily' Transcript: Interview with Former White Nationalist Derek Black", interview by Michael Barbaro, *New York Times*, August 22, 2017, https://www.nytimes.com/2017/08/22/podcasts/the-daily-transcript-derek-black.html.

29 Lee Atwater, interview with Alexander P. Lamis, July 8, 1981, Alexander P. Lamis, *The Two-Party South* (New York: Oxford University Press, 1984)에서 인용. 처음에 이 인터뷰의 대상은 익명의 내부자로 지칭되었다. 인터뷰 대상이 애트워터라는 사실은 1990년판이 출간될 때까지 드러나지 않았다. 이 인터뷰는 Bob Herbert, "Impossible, Ridiculous,

Repugnant", *New York Times*, October 6, 2005에도 인용되었다. 원문 그 대로다.

30 Joe R. Feagin, *The White Racial Frame: Centuries of Racial Framing and Counter-Framing* (New York: Routledge, 2013).

31 Beverly Daniel Tatum, "Breaking the Silence", in *White Privilege: Essential Readings on the Other Side of Racism*, ed. Paula S. Rothenberg, 3rd ed. (2001; New York: Worth Publishers, 2008), 147–152.

제3장 시민권 운동 이후의 인종주의

1 Martin Barker, *The New Racism: Conservatives and the Ideology of the Tribe* (London: Junction Books, 1981).

2 Eduardo Bonilla-Silva, *Racism Without Racists: Color-Blind Racism and the Persistence of Racial Inequality in America*, 4th ed. (2003; Lanham, MD: Rowman & Littlefield, 2013).

3 Ibid.

4 John F. Dovidio, Peter Glick, and Laurie A. Rudman, eds., *On the Nature of Prejudice: Fifty Years After Allport* (Malden, MA: Blackwell Publishing, 2005); Anthony G. Greenwald and Linda Hamilton Krieger, "Implicit Bias: Scientific Foundations", *California Law Review*, 94, no. 4 (2006): 945–967.

5 Marianne Bertrand and Sendhil Mullainathan, "Are Emily and Greg More Employable Than Lakisha and Jamal? A Field Experiment on Labor Market Discrimination", *American Economic Review* 94, no. 4 (September 2004): 991–1013.

6 Gordon Hodson, John Dovidio, and Samuel L. Gaertner, "The Aversive Form of Racism", *Psychology of Prejudice and Discrimination (Race and Ethnicity in Psychology)* 1 (2004): 119–136.

7   Lincoln Quillian and Devah Pager, "Black Neighbots, Higher Crime?
    The Role of Racial Stereotypes in Evaluations of Neighborhood
    Crime", *American Journal of Sociology* 107, no. 3 (November 2001):
    717-767.

8   Toni Morrison, "On the Backs of Blacks", *Time*, December 2, 1993,
    http://content.time.com/time/magazine/article/0,9171,979736,00.
    html.

9   Robin DiAngelo, "The Sketch Factor: 'Bad Neighborhood' Narratives
    as Discursive Violence", in *The Assault on Communities of Color: Ex-
    ploring the Realities of Race-Based Violence*, ed. Kenneth Fasching-
    Varner and Nicholas Daniel Hartlep (New York: Rowman &
    Littlefield, 2016).

10 Joe R. Feagin, *Systemic Racism: A Theory of Oppression* (New York:
    Taylor & Francis, 2006); Kristen Myers, "Reproducing White Suprem-
    acy Through Casual Discourse", in Doane and Bonilla-Silva, *White
    Out*, 129-144; Johnson and Shapiro, "Good Neighborhoods, Good
    Schools", 173-188; Robin DiAngelo and Özem Sensoy, "Getting
    Slammed: White Depictions of Race Discussion as Arenas of
    Violence", *Race Ethnicity and Education* 17, no. 1 (2014): 103-128.

11 Kenneth B. Clark and Mamie P. Clark, "Emotional Factors in Racial
    Identification and Preference in Negro Children", *Journal of Negro
    Education*, 19, no. 3 (1950): 341-350; Louise Derman-Sparks, Patricia
    G. Ramsey, and Julie Olsen Edwards, *What If All the Kids Are White?
    Anti-Bias Multicultural Education with Young Children and Families*
    (New York: Teachers College Press, 2006).

12 Jamelle Bouie, "Why Do Millennials Not Understand Racism?", Slate,
    may 16, 2014, http://www.slate.com/articles/news_and_politics/
    politics/2014/05/millennials_racism_and_mtv_poll_young_people_are_
    confused_about_bias_prejudice.html.

13 Leslie H. Picca and Joe R. Feagin, *Two-Faced Racism: Whites in the Backstage and Frontstage* (New York: Taylor and Francis, 2007).

14 Ibid.

제4장 인종은 백인의 삶에 어떻게 영향을 주는가

1 Carole Schroeder and Robin DiAngelo, "Addressing Whiteness in Nursing Education: The Sociopolitical Climate Project at the University of Washington School of Nursing", *Advances in Nursing Science 33*, no. 3 (2010): 244–255.

2 Melissah Yang, "Kinds of Shade", CNN.com, September 13, 2017, http://www.cnn.com/2017/09/13/entertainment/rihanna-fenty-beauty-foundation/index.html.

3 McIntosh, "White Privilege and Male Privilege."

4 Patrick Rosal, "To the Lady Who Mistook Me for the Help at the National Book Awards", *Literary Hub*, November 1, 2017, http://lithub.com/to-the-lady-who-mistook-me-for-the-help-at-the-national-book-awards.

5 McIntosh, "White Privilege and Male Privilege."

6 Ibid.

7 아리안 네이션스가 남부빈곤법률센터(Southern Poverty Law Center)로부터 소송당해 파산한 뒤 2001년에 이 야영지는 문을 닫았다.

8 McIntosh, "White Privilege and Male Privilege."

9 Sheila M. Eldred, "Is This the Perfect Face?", *Discovery News*, April 26, 2012.

10 Christine E. Sleeter, *Multicultural Education as Social Activism* (Albany, NY: SUNY Press, 1996), 149.

11 별도의 언급이 없는 한, 이 목록의 정보 출처는 OXFAM, "An Economy for the 99%", briefing paper, January 2017, https://www.oxfam.org/en/

research/economy-99.

12 Bloomberg Billionaire's Index, 2017, https://www.bloomberg.com/ billionaires.

13 World Bank, *Annual GDP Rankings*, report, 2017, http://data. worldbank.org/data-catalog/GDP-ranking-table.

14 Bloomberg Billionaire's Index.

15 Matthew F. Delmont, *Why Busing Failed: Race, Media, and the National Resistance to School Desegregation* (Oakland: University of California Press, 2016).

16 Johnson and Shapiro, "Good Neighborhoods, Good Schools."

17 George S. Bridges and Sara Steen, "Racial Disparities in Official Assessments of Juvenile Offenders: Attributional Stereotypes as Mediating Mechanisms", *American Sociological Review* 63, no. 4 (1998): 554-570.

18 Kelly M. Hoffman, "Racial Bias in Pain Assessment and Treatment Recommendations, and False Beliefs About Biological Differences Between Blacks and Whites", *Proceedings of the National Academy of Science* 113, no. 16 (2016): 4296-4301.

19 Zeus Leonardo, "The Color of Supremacy: Beyond the Discourse of 'White Privilege'", *Educational Philosophy and Theory* 36, no. 2 (2004): 137-152, January 9, 2013에 온라인으로 발표.

20 James Baldwin, Paul Weiss에 대한 응수, *Dick Cavett Show*, 1965, https://www.youtube.com/watch?v=_fZQQ7o16yQ에서 비디오를 볼 수 있다.

21 Casey J. Dawkins, "Recent Evidence on the Continuing Causes of Blck-White Residential Segregation", *Journal of Urban Affairs* 26, no. 3 (2004): 379-400; Johnson and Shapiro, "Good Neighborhoods, Good Schools."

22 Amy Stuart Wells의 말, Nikole Hannah-Jones, "Choosing a School for

My Daughter in a Segregated City", *New York Times Magazine*, June 9, 2016, https://www.nytimes.com/2016/06/12/magazine/choosing-a-school-for-my-daughter-in-a-segregated-city.html.

제5장 좋은/나쁜 이분법

1 Barbara Trepagnier, *Silent Racism: How Well-Meaning White People Perpetuate the Racial Divide*. exp. ed. (초판 2006; New York: Paradigm, 2010).

2 Omowale Akintunde, "White Racism, White Supremacy, White Privilege, and the Social Construction of Race: Moving from Modernist to Postmodernist Multiculturalism", *Multicultural Education*, 7, no. 2 (1999): 1.

3 Derman-Sparks, Ramsey, and Edwards, *Waht If All the Kids Are White?*; Debra Van Ausdale and Joe R. Feagin, *The First R: How Children Learn Race and Racism* (Lanhma, MD: Rowman & Littlefield, 2001).

4 Maria Bnedicta Monteiro, Dalila Xavier de França, and Ricardo Rodrigues, "The Development of Intergroup Bias in Childhood: How Social Norms Can Shape Children's Racial Behaviors", *International Journal of Psychology* 44, no. 1 (2009): 29-39.

5 Van Ausdale and Feagin, *The First R*.

제6장 반흑인성

1 Frantz Fanon, *Black Skin, White Masks* (New York: Grove Press, 1952); Toni Morrison, *Playing in the Dark: Whiteness and the Literary Imagination* (New York: Random House, 1992).

2 Michelle Alexander, *The New Jim Crow: Mass Incarceration in the*

Age of Colorblindness (New York: New Press, 2010); Bertrand and Mullainathan, "Are Emily and Greg More Employable then Lakisha and Jamal?"; Philip Oreopoulos and Diane Dechief, "Why Do Some Employers Prefer to Interview Matthew, but Not Samir? New Evidence from Toronto, Montreal, and Vancouver", working paper no. 95, Canadian Labour Market and Skills Researcher Network, Feburary 2012, https://papers.ssrn.com/sol3/papers.cfm?abstract_id-2018047.

3 Suan E. Reed, *The Diversity Index: The Alarming Truth About Diversity in Corporate America... and What Can Be Done About It* (New York: AMACOM, 2011).

4 Alexander, *New Jim Crow*; Chauncee D. Smith, "Deconstructing the Pipeline: Evaluating School-to-Prison Pipeline Equal Protection Cases Through a Structural Racism Framework", *Fordham Urban Law Journal* 36 (2009): 1009; Pamela Fenning and Jennifer Rose, "Overrepresentation of African American Students in Exclusionary Discipline: The Role of School Policy", *Urban Education* 42, no 6 (2007): 536–559; Sean Nicholson Crotty, Zachary Birchmeier, and Valentine, "Exploring the Impact of School Discipline on Racial Disproportion in the Juvenile Justice System", *Social Science Quarterly* 90, no. 4 (2009): 1003–1018; R. Patrick Solomon and Howard Palmer, "Black Boys Through the School-Prison Pipeline: When Racial Profiling and Zero Tolerance Collide", in *Inclusion in Urban Educational Environ-ments: Addressing Issues of Diversity, Equity, and Social Justice*, ed. Denise E. Armstrong and Brenda J. McMahon (Charlotte, NC: Information Age Publishing, 2006), 191–212.

5 7퍼센트 한도와 백인 도피에 관해서는 Bonilla-Silva, *Racism Without Racists*를 보라. 주거 수요 감소에 관해서는 Lincoln Quillian, "Why Is Black-White Residential Segregation So Persistent? Evidecne on Three Theories from Migration Data", *Social Science Research* 31, no. 2

(2002): 197–229.

6 Coates, "The Case for Reparations."

7 Menakem, *My Grandmother's Hands*, 7.

8 Ta-Nehisi Coates, "The First White President: The Foundation of Donald Trump's Presidency Is the Negation of Barack Obama's Legacy", *Atlantic*, October 2017, https://www.theatlantic.com/magazine/archive/2017/10/the-first-white-president-ta-nehisi-coates/537909.

9 Sherene Razack, *Looking White People in the Eye: Gender, Race, and Culture in Courtrooms and Classrooms* (Toronto: University of Toronto Press, 1998).

10 Carol Anderson, *White Rage: The Unspoken Truth of Our Racial Divide* (New York: Bloomsbury, 2016).

11 이 목록의 이데올로기들은 Özlem Sensory and Robin DiAngelo, *Is Everyone Really Equal? An Introduction to Key Concepts in Critical Social Justice Education*, 2nd ed. (New York: Teachers College Press, 2017), 209의 목록을 변경한 것이다.

제7장 백인의 인종적 방아쇠

1 Michelle Fine, "Witnessing Whiteness", in *Off White: Readings on Race, Power, and Society*, ed. Michelle Fine, Lois Weis, Linda Powell Pruitt, and April Burns (New York: Routledge, 1997), 57.

2 Pierre Bourdieu, *The Field of Cultural Production: Essays on Art and Literature*, ed. Randal Johnson (New York: Columbia University Press, 1993).

3 피에르 부르디외는 각 장의 게임의 규칙을 '독사(doxa)'라고 불렀다.

4 Pierre Bourdieu, *Distinction: A Social Critique of the Judgement of Taste* (Cambridge, MA: Harvard University Press, 1984), 170.

5 Ibid.

제8장 그 결과: 백인의 취약성

1 Don Gonyea, "Majority of White Americans Say They Believe Whites Face Discrimination", NPR, October 24, 2017, https://www.npr.org/2017/10/24/559604836/majority-of-white-americans-think-theyre-discriminated-against.

2 Kenneth B. Clark, *Prejudice and Your Child* (Boston: Beacon Press, 1963); Derman-Sparks, Ramsey, and Edwards, *What If All the Kids Are White?*

3 Debian Marty, "White Antiracist Rhetoric as Apologia: Wendell Berry's *The Hidden Wound*", in *Whiteness: The Communication of Social Identity*, ed. Thomas Nakayama and Judith Martin (Thousand Oaks, CA: Sage, 1999), 51.

4 Ibid.; T. A. Van Dijk, "Discourse and the Denial of Racism", *Discourse and Society* 3, no. 1 (1992): 87-118.

5 DiAngelo and Sensoy, "Getting Slammed."

6 Morrison, *Playing in the Dark*.

7 Bonilla-Silva, *Racism Without Racists*, 68.

8 Rich Vodde, "De-Centering Privilege in Social Work Education: Whose Job Is It Anyway?", *Journal of Race, Gender and Class* 7, no. 4 (2001): 139-160.

제11장 백인 여성의 눈물

1 예를 들어 다음을 보라. Stacey Patton, "White Women, Please Don't Expect Me to Wipe Away Your Tears", *Dame*, December 15, 2014, http://www.damemagazine.com/2014/12/15/white-women-please-

dont-expect-me-wipe-away-your-tears.

2 Ibid.

제12장 우리는 여기서 어디로 가야 하는가

1 Lorde, "The Uses of Anger."

백인의 취약성

왜 백인은 인종주의에 대해 이야기하기를 그토록 어려워하는가

1판 1쇄 2020년 11월 27일

지은이 | 로빈 디앤젤로
옮긴이 | 이재만

펴낸이 | 류종필
편집 | 정큰별, 이정우
마케팅 | 김연일, 이건호, 김유리
표지 디자인 | 석운디자인
본문 디자인 | 박애영
교정교열 | 오효순

펴낸곳 | (주) 도서출판 책과함께
　　　　주소 (04022) 서울시 마포구 동교로 70 소와소빌딩 2층
　　　　전화 (02) 335-1982
　　　　팩스 (02) 335-1316
　　　　전자우편 prpub@hanmail.net
　　　　블로그 blog.naver.com/prpub
　　　　등록 2003년 4월 3일 제25100-2003-392호

ISBN 979-11-88990-96-2　03330